아프더라도 알아야만 하는 진실, 그리고 국민의 알 권리를 위해...

당신은, 진실과 마음의 평안 중
어느 쪽을 원하는가?

만약 당신이 철천지 원수라 여기며 증오하던 사람과
생명의 은인이라고 알던 사람이 뒤바뀌는 게 진실이라면?
마음의 평안은
크게 흔들릴 수도 있다.
그러나 올바른 미래를 찾기 위해서는
진짜 기억을 찾아야 할 것이다.

**아프더라도 알아야만 하는 진실...
그리고 국민의 알 권리를 위해 이 책은 쓰여졌다.**

한국의 역사조작 이념사기극

한국은 거대한 대국민사기판,
한국사 교과서의 80%는 거짓이다.
일본 관련 한국사의 99%는 소설이다.

새미래북스

우리 국민들에게는

교과서에 나오는 이야기들은

당연히 진실일 거라는 고정관념이 있다.

하지만 그게 바로 함정이었다.

우리 국민들이 분열된 이유는

가짜 국사와 사기 이념에 속아왔기 때문이며,

그 뒤에는 거대한 배후 세력이 있었다.

프롤로그

"한국사 교과서의 80%가 소설이라니? 국가와 학교의 공신력이 있는데 말도 안돼" 라는 반응을 하실 분이 많을 것이다. 그러나 필자가 이 분야를 17년간 연구하면서, '내가 이렇게까지 속아왔나?' 라는 배신감과 참담함은 이루 말할 수 없다. 한국사 교과서의 거짓말은 그보다 더 많기 때문이다.
한국처럼 극단적으로 분열된 나라도, 이토록 과거사에 집착하는 나라도 찾기 힘든데, 그 원인도 정치적 목적의 가짜국사 세뇌교육 때문이며, 누구라도 가짜 기억을 주입당하면 정상인일 수 없을 것이다. 예를 들어보자.

조선이 굶어 죽은 시체들이 널려있던 나라임을 국사 교과서는 철저히 감춘다. 조선 말까지 해마다 수만~수십만 명씩 굶어 죽어 총 6천만 명이 굶어죽은 '아사(餓死)의 나라', 북한을 우러러 볼 지상 최빈국의 실상을 교과서는 속인다. 조선은 동족을 자자손손 노예로 부리던 지상 유일한 노예제 나라였고, 돈을 벌어봤자 지배층이 빼앗아 가버리니 백성들은 끝없이 굶어죽던 나라다. 하지만 그 사실은 물론 그 고통에서 어떻게 벗어났는지를 국사 교육은 감춘다.

심지어 을사조약 후에 그런 굶어 죽음과 노예제의 참상이 사라지는 것을 본 조선 백성 100만 명이 뭉쳐서, 반봉건 한일합방 운동을 통해, 봉건 지배층을 굴복시켰던 역사의 기본 줄기조차 확 뒤집어서, 찬란한 나라를 강점 당했고 수탈 당했고 학살 당했다는 거짓말 역사만 가르친다.
가짜 국사를 주입 당하고 증오심만 배운 국민이 과연 정상일 수 있을까?

한국인 수십만 명은 대륙 진출 한다며 대륙에서 온갖 못된 짓을 자행했다. 그런데도 한국사 교과서는 한국이 마치 미국과 연합국 편에서 일본과 싸우기라도 한 것인 양, 피해자 행세까지 하며 자신들을 고난 당한 성자로 둔갑 시킨다. 조선인 일본군 지원자가 80만 명이 넘고 임시정부 광복군은 최대 339명

조선 말기의 서울

미만이라는 사실도 국민들에게 철저히 속인다. 조선인 일본군 입대 경쟁률이 평균 30:1을 넘고, 경쟁률이 62:1까지 치솟아서 일본군 자원입대에 낙방하여 자살한 사람들까지 있으며, 거의 전 국민이 대륙침략에 열광 동조했고, 태평양전쟁의 조선인 전범만 148명이라고 말하면 대부분 믿지 않을 것이다. **가짜 국사만 주입 세뇌 당하니 국민들은 자신들이 피해자인지 침략자인지마저 모르는 '기억 상실된 장님 국민'이 되어버렸다.** 한국사 교과서와 미디어를 사실이라 믿는 순간 국민은 바보가 되는 것이다. 사죄하는 침략자와 피해자 행세하는 침략의 공범 중 누가 더 나쁠까?

하나만 알고 넘어가자. 구소련의 공개된 기밀문서 등에 의하면, 김일성은 소련군 대위였다가 스탈린 앞 면접+필기 시험에서 박헌영을 누르고 합격된 사실이 드러났는데, 만약 북한 주민들이 이를 알았다면 김성주(김일성)를 지도자로 여겼을까? **"소련군 대위가 왜 우리의 지도자가 되지?"** 라고 국민들이 인식하게 되면 권력은 오래갈 수 없고, 권력을 위해 이미 수만 명을 죽였기 때문에 권력을 절대 내려 놓아선 안된다. 때문에 권력을 지키려면 반드시 **'영웅'**이 되어야 하는데, 그 수단이 바로 역사 조작이다.

1930년대의 서울

국사는 승자 멋대로 쓰는 거라서, 독립된 나라는 독립파가 영웅이고 합병된 나라는 합병파가 영웅이며 패자는 무조건 악당이 되는데, 영웅은 '구원자' 여야만 하고 **승자를 구원자로 만들기 위해 패자는 필히 악당으로 교육된다.** 그가 짠 하고 나타나기 전에는 끔찍한 생지옥 시대라고 주입 시켜야 하고, 그 악당에 의해 우리 민족은 굶주린 늑대에게 뜯어먹히듯 끔찍한 악몽의 암흑 시대를 살았다고 믿게 해야만 한다. 그러나 뒤에서 밝히겠지만, **일제시대는 현재의 북한보다 훨씬 더 자유와 풍요를 누리던 시대다.** **일제시대에 끔찍한 수탈 당했다는 교육만 받아온 한국인은 믿기 힘들겠지만, 그 끔찍한 굶어 죽음과 노예에서 해방시킨 세력이 일본과 친일파였고, 한국의 굶주림을 해결하기 위해 일본이 투입한 돈은 천문학적이었다.** 하지만 남북한의 교육은 이를 철저히 감추어야 한다.

만약 '북한이 일제시대보다 훨씬 빈곤하고 훨씬 끔찍한 인권 말살을 당하는 나라'임을 북한 주민들이 알게 되면 김씨 왕조가 지속될 수 있을까? 북한 주민들이 '괜히 독립해서 망했다'고 여기면 권력이 지속될 수 있을까? 북한이 망할수록 일제 시대는 북한보다 훨씬 나쁜 시대가 되어야만 한다.

조선 말기의 서울

'일제시대=악몽시대' 명제가 깨지면 김씨 왕조는 붕괴 위험에 처하며, 북한 정권을 추종해 온 남한의 김일성주체사상파 진보 진영도 뿌리채 흔들리게 되어있다. 그들도 대부분 사기 당하는 부류니까…

황장엽 전 노동당 비서가 남한 내 간첩이 5만 명임을 폭로했는데, 만약 당신이 김일성·김정일이었다면 간첩들에게 무슨 일을 먼저 시키겠는가? 남한에 거대 간첩망이 없다고? 북한이 간첩을 심을 능력이 없다고? 동독의 간첩이 2만 명이었고, 월맹이 자유월남에 심은 간첩도 3만 명이며, 자유월남의 유력 대통령 후보도 간첩이었는데 북한이 바보일까? 만약 필자가 김씨 왕이라면 남한 역사계와 사상계부터 장악했을 것이다. 내 사람을 학계에 심고, 학문의 자유를 악용하여 국사를 조작하며 내 사람을

1930년대의 서울

키웠을 것이다. 국민의 기억을 조작해야 적을 분열시키며 권력을 이어가고 적화통일 가능성도 커지니까. 그런데 권력을 이어가려면 그것만 가지고 될까? **하나가 더 필요한데 바로 이념·사상으로 대중을 세뇌시켜 정신적 노예로 키우는 것이다.** 물리적인 간첩 투입 작전에는 한계가 있으므로, 가짜 과거와 가짜 미래를 주입해서, 적진 속 내 추종 세력을 만드는 수법인데, 쉽게 말해서 "나는 너희들을 끔찍한 악몽에서 구해 준 영웅이고, 미래에도 유토피아로 인도할 초인이니 나를 잘 따르고 받들어 모셔" 이 컨셉이어야 한다.

역사·정치·이념은 사실 한 세트이며, 그 곳은 존경받는 극소수의 사기꾼과 사기 당하는 대다수의 용감한 바보들로 넘치는데, 그들 중 가장 쓸모 있는 바보는 자신을 정의롭다고 믿는 용맹한 바보다. 기억을 조작해서 증오심과 복수심을 유발하고 이념으로 세뇌시켜서 용맹스런 졸개를 만드는 것이다. 북한 정권이 깊이 개입할 수 밖에 없는 한국사 조작과 이념 사기극, 그 전체의 큰 판을 이해하지 못하고 교과서가 가르쳐주는 국사만 믿는다면 국민은

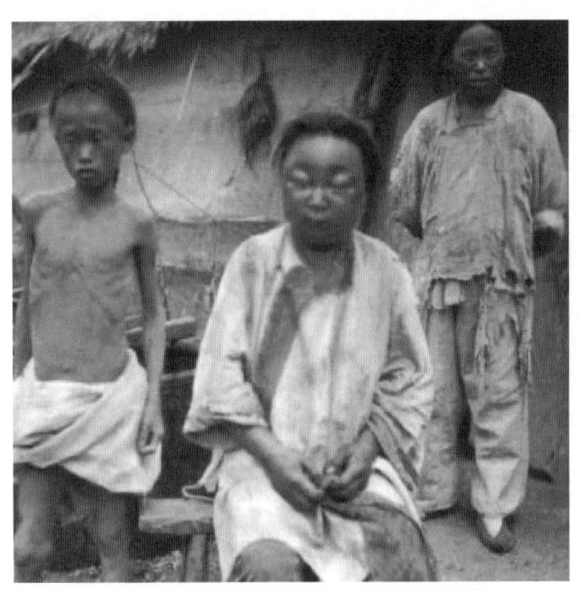
기아와 부황에 시달리는 조선 백성들

사기 당하기 쉽기 때문에, 이 책은 국사·정치·이념 사기극을 함께 언급할 것이다.

북한 정권 입장에서는 유사시 한국을 도와줄 나라는 미국·일본 밖에 없으니, 자유 우방인 미국·일본을 한국과 이간질 시켜서 한국을 외톨이로 만들어야만 중국과 함께 남한 적화 통일이 가능해진다. 중국정권 입장에서도 한·미·일이 뭉치는 것을 막고, 북한 정권을 지키기 위해서는 한·미·일 이간질 공작을 할 수 밖에 없다. **누가 북한과 중국 정권이어도 그리 할 수 밖에 없다.**

북한 권력의 유지를 위해 외부의 적을 필요로 하고, 한국인들이 누가 적인지

1930년대의 부산 송도 해수욕장

러일전쟁기의 일본군과 조선인들

분별하지 못하도록 분단의 원흉을 만들어 분열 시켜야만 한다. 때문에 간첩과 종북 인사들의 첫째 임무도 대한민국을 미국·일본과 이간질 시키는 임무일 수 밖에 없고, 누가 북한의 봉건 왕이어도 그 전략을 쓸 수밖에 없다.

그런데 한국에는 북한·중국 등 공산 진영의 어떠한 현재진행형 만행에도 일체 침묵하고 오로지 자유민주주의 진영인 미국과 일본의 과거완료형 잘못만 부풀려서 헐뜯고 이간질시키는 거대 세력이 분명히 존재한다.

최근의 한일 갈등도 국사조작이 원인이며, 그 본질은 좌우 대립·남북전쟁이다. 한국의 모든 문제는 북한 간첩 5만명의 공작을 빼고서는 퍼즐이 맞지 않으며, 북한이 대형 간첩망 조성을 하지 않았다면 바보·멍청이다. 황장엽 등의 폭로처럼, 그들은 침투·김일성장학금·포섭 등으로 학계·정치계·교육·법조·언론·문화계 등에 침투시킨 세력을 동원하여 국사조작과 반미·반일 선동 및 한일 이간질을 할 수밖에 없다. 자유 월남처럼…

조작을 누가 했는지는 둘째 치고 적어도 한국사 교과서의 80~90%는 거짓이며, 일본과 관련된 한국사의 99%는 정치적 목적의 소설이다.

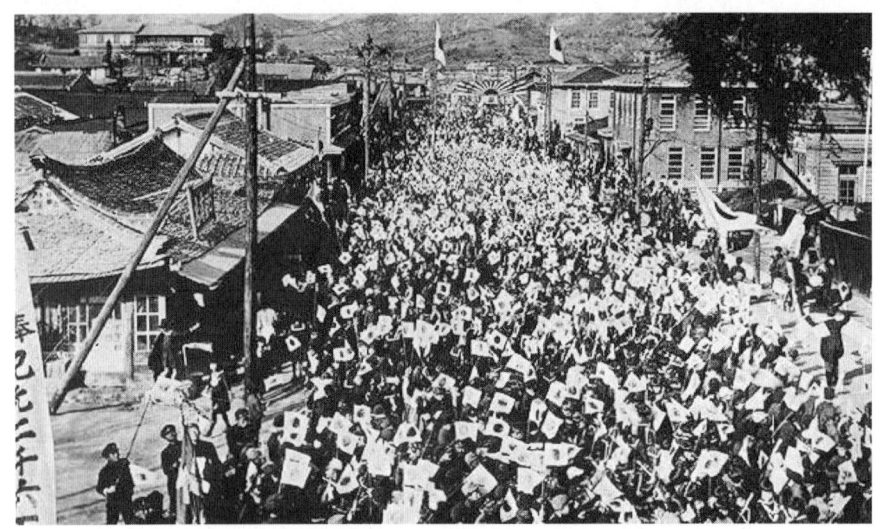
1941년 중국전선 연전연승에 환호하던 조선인들의 일장기 물결

임진왜란·늑약·밀사·강점·수탈·학살·위안부·징용·명성황후 등의 모든 국사 중 사기 아닌 게 없고, 정치 사기꾼들의 주요 수법이 가짜 역사 세뇌로 증오심과 정의감을 유발시켜 악용하는 것이며, 달콤한 술수의 '이념사기'까지 동원하는데, 극단적인 국민 분열의 이유도 통일이 안되는 진짜 이유도 바로 이거였다.

미국·일본이 한국에게 준 돈은 경부고속도로 200개를 만들 액수이며, 일본은 자국 총 외환 보유고의 35%를 떼어서 한국에 주기도 했다.
그런 우주학적 지원을 받았다면 미국·일본 수준의 경제가 되어 있어야 맞지만, 그렇지 못한 것은 가짜 국사와 이념 사기에 속아 분열형 손실이 많았기 때문이다. 가짜 국사에 세뇌 당해서 누가 적이고 누가 우군인지조차 분별 못하는 국민이 어떻게 통일을 할 수 있으며, 그런 국민은 나라의 주인인가, 누군가의 노예인가?

교과서와 미디어가 가르쳐주는 국사만 배워서는
국민은 영원토록 정치 사기꾼들의 노리개에서 벗어날 수 없다.
정치판은 사기판이며, 국사·이념·사상은 그 사기꾼들의 권력을 위한 도구다.

한일합방 시대의 노예 해방과 굶어 죽음에서의 해방 및
박정희 시대를 능가하는 초비약 발전과 함께,
일본의 대륙 침략에 철저히 동조했던 침략의 공범 한국....
그러나 갑작스런 패전 후,
미·소 점령군에게 임명되어 권력을 쥔 남북한 집권 세력이,
점령군에게 아부하고 자신들이 영웅 되어 권력을 지킬 목적으로
대대적으로 조작하여 국민들에게 세뇌시킨,
강점·수탈·학살 등 일본 악당화 목적의, 승자가 쓴 역사조작 농간...

그 역사 조작을 바로잡기는 커녕, 확대 재생산한 한국인의 무개념과,
미국·일본을 이간질시켜 한국을 외톨이로 만들려는 북한의
간첩단 공작과 함께 이념·사상 사기극조차 분별하지 못하여
북한을 추종하는 김일성 주체사상파 진보 진영이 생겨났고,
그들로 인해 국민들은 분열되어, 악마의 인민납치범 왕조는
3대째 호화향락을 누리고 동포들은 죽어가고 있다.
한국사의 80%가 거짓이고
일본 관련 한국사의 99%가 소설인 나라...
영웅과 악당이 뒤집히고, 은인과 원수가 뒤집힌 나라,
정의로 가장하여 국민을 망치는 국사·정치·이념 사기꾼들의 나라....
북한 왕조와 정치사기꾼들을 위해 존재하는 한국사 교과서, 이념사기극
우리 국민들이 분열된 이유는 가짜 국사 세뇌교육 때문이고,
통일이 안되는 이유도 국사조작 세뇌교육 때문인데,
이것이 대체 누구를 위한 가짜 국사인지를,
도대체 언제까지 이어갈 것인지를,
17년간 한국사와 이념 사상을 파고든 필자가
한국사 교과서 사기꾼들과 우리 국민들에게 묻고자 한다.

목 차 (1권)

00 프롤로그···05

제1장 한국은 거대한 대국민사기판

01 반드시 감추어야 하는 한국의 중대 국가기밀·····················20
02 정치 사기판 타짜들의 자기 지지층 뒤통수치기 술수··············35
03 거대한 사기판 한국, 전체를 이해하기 위해 먼저 알아야 할 이야기···61

제2장 외국인의 눈에 비친 찬란한 나라

04 외국인의 눈에 비친 조선의 사회상······························110
05 외국인의 눈에 비친 조선의 정치계······························141
06 외국인이 바라본 조선의 모습들·································152
07 역사의 전환기를 바라보는 외국인들의 눈························176

제3장 국민을 손쉽게 속여 넘기는 역사 타짜들의 기초 술수

08 국민을 손쉽게 바보 만드는 역사사기 타짜들의 기초 술수·········192
09 폭군 세종대왕, 세종에 비하면 김정일은 천사다··················202
10 가짜성웅 이순신과 한국사 교과서의 임진왜란 조작 사기극········241
11 역사 조작의 나라 한국의 명성황후 사기극······················274
12 후진국형 지배 술수 민족주의 사기극···························299

제4장 한국사 교과서의 일제강점기 사기극

13 반봉건 한일합방 운동을 한 100만 명의 조선인들··············**312**
14 남북한의 사악한 역사조작 세뇌교육, 과연 무엇이 정의인가?···**335**
15 안중근과 동학, 그리고 악당화 된 국민영웅 이토오 히로부미···**350**
16 한 줌의 독립파를 위해 전 조상을 바보로 만든 한국사 교과서···**369**
17 매국노와 매민노(賣民奴)·······································**379**
18 그냥 한번 웃고 넘어갈 을사늑약 코미디극·····················**386**
19 또 하나의 코미디 헤이그밀사 조작극····························**396**
20 한국과 일본, 고대에는 언어가 같았다···························**399**
21 한국사 교과서가 감추는 진실, 백제와 일본은 사실상 같은 나라···**401**
22 일제가 이 땅에 처음 발 디뎠을 때································**409**

목 차 (2권)

00 프롤로그···**05**

제1장 실컷 얻어먹고 나서 수탈 당했다고 사기교육 하는 나라

01 한국사 교과서의 일제 쌀수탈 거짓말, 토지수탈 거짓말········**20**
02 실컷 얻어먹고 나서 수탈 당했다고 사기교육 하는 나라········**33**
03 너무 쉽게 속는 사람들, 한국인이 모르는 정치 구조적 심리학···**47**
04 한국인이 알면 곤란해지는 한글의 비밀·························**59**
05 진실 기반이 아닌 목적의식 기반의 역사만 가르치는 나라······**71**
06 한국인이 알아선 안되는 일제 시대의 진실·····················**89**
07 쓰레기통 속에서 장미 꽃이 피어난 이유·························**126**

제2장 피해자 행세하는 침략자, 이제는 한국이 사죄할 차례다

08 한반도 전역을 휩쓴 한국인들의 광적인 전쟁참여 열풍·········150
09 피해자 행세하는 침략의 공범, 부도덕한 한국·················167
10 숨겨진 진실, 한국이 발전한 또 하나의 이유·····················179
11 참 허접한 역사조작, 난징대학살 사기극························192
12 허접해도 통해 먹히는 역사조작, 관동대학살 사기극··········204

제3장 독립투쟁, 한국인이 알아선 안되는 진실들

13 독립 영웅들 염장 지른 어느 친일파의 팩트폭격···············216
14 어느 친일파의 일기를 통해 보는 우리가 몰랐던 진실·········228
15 일기장에 적힌 생생한 3.1운동·····································267
16 3.1운동, 유관순열사 조작극과 역사 사기판의 비밀············281
17 뒤바뀐 영웅, 뒤바뀐 악당, 한국의 역사조작 사기극···········302
18 3.1운동과 함께 가르쳐야 할 조선인들의 중국인 학살 폭동···309

제4장 알고나면 멘붕, 그래도 알아야 할 우리의 진짜 역사

19 8천만이 속아온 한국 독립의 충격적 비밀························322
20 태평양전쟁의 진짜 도발자, 마침내 드러난 진실···············342
21 가짜 국사 제작의 공범이었던 우파, 그 감추고 싶은 비밀·····370
22 시작은 어리석었지만 끝은 좋았던 한일 국교정상화 반대투쟁···396
23 '숭배족'들의 나라, 박정희의 중대 실착·························400
24 한국인이 알아선 안되는 독도의 진실·····························409

목 차 (3권)

00 프롤로그··05

제1장 종북·친중 좌파와 '위안부 사기극'

01 달을 볼 것인가 손가락을 볼 것인가?···················20
02 위안부 할머니들의 절규, 우리를 팔아 사익을 취하는 악당들···34
03 쉿 비밀, 조선인들의 호황 산업이었던 위안소업과 마약 밀매업···47
04 쉿 절대 비밀, 한국군 위안부와 중국군 성노예···········54
05 한국인이 알아선 안되는 위안부의 진실···················60
06 자기 얼굴에 똥칠하는 위안부 소녀상······················94
07 진짜 위안부와 가짜 위안부, 그리고 수입된 위안부············108
08 무한반복 일본의 사과, 도대체 몇 번이나 더 사과 해야 돼?···137

제2장 친일파 청산 코미디극과 바보들의 합창

09 징용 피해자의 후손이 쓰는 강제 징용 사기극··················146
10 역사 조작의 나라 한국의 군함도 사기극·······················159
11 친일파가 한 일 30가지와 반일파가 한 일 30가지···············169
12 청산하지 못한 일제 잔재 50가지······························171
13 조작된 영웅, 조작된 악당, 친일파 청산 코미디극과 바보들의 합창···176
14 과거사 문제에 대한 일본 정부의 잘못된 대응··················190

제3장 손에 손 잡고 함께 새미래로

15 권력 목적의 이념사기, 마르크스·레닌주의 사기극··············198
16 권력 목적의 이념·철학 사기, 주체사상 사기극·유교사기극···208
17 멸망과 도약의 기로에 선 인류, 지상낙원으로 가는 진짜 진보의 길···226
18 외계인 우주선의 관점에서 본 한반도의 역학적 지형···········252
19 한국어의 소멸, 일본어의 소멸································256
20 미래혁명, 한·일 연합국(U·S·K·J)과 한·미·일 연합국가(U·S·W·E)···272

80년 전 조선의 전국적인 진풍경

무려 20만명, 미혼여성 140만 명 중 1/7이
위안부로 강제연행 당했다고 가르치는데....

제1장 종북 친중 좌파와 위안부 사기극

01 달을 볼 것인가 손가락을 볼 것인가? ············20
02 위안부 할머니들의 절규, 우리를 팔아 사익을 취하는 악당들···34
03 쉿 비밀, 조선인의 호황 산업이었던 위안소업과 마약 밀매업···47
04 쉿 절대 비밀, 한국군 위안부와 중국군 성노예···54
05 한국인이 알아선 안되는 위안부의 진실········60
06 자기 얼굴에 똥칠하는 위안부 소녀상···········94
07 진짜 위안부와 가짜 위안부, 그리고 수입된 위안부···108
08 무한반복 일본의 사과, 도대체 몇 번이나 더 사과 해야 돼?···137

01. 달을 볼 것인가 손가락을 볼 것인가?

⊙어떤 학교에서 생긴 일

'행국이'와 '일번이'는 같은 반 옆자리 친구다. 그런데 일번이는 모범생이지만 그의 증조 할아버지는 깡패였다고 한다.

또 같은 반에는 '떼국이'라는 힘 센 깡패 학생과 그의 옆자리에 그의 꼬붕 '북헌이'가 있는데, 북헌이네는 행국이의 가족을 찔러 죽이고서 사과한 적도 없지만, 그래도 행국이의 18촌 친척이라고 한다. 떼국이도 전통적으로 행국이 집안을 삥 뜯던 조폭 집안인데, 일번이의 할아버지와 아버지는 행국이네를 많이 도와주었다.

같은 학교에 '민국이'라는 힘 센 부잣집 애가 있는데, 걔는 일번이네보다 더 많이 행국이네를 도와주었다.

그런데, 떼국이와 북헌이는 '종북이파'라는 꼬붕 애들을 시켜서 일번이를 욕하도록 행국이를 부추겼다.

"쟤네 증조 할배가 깡패였대, 니네 증조할배 한테도 못된 짓 했대, 언능 사과 받아, 언능!" 하면서 행국이를 부추겼다.

떼국이와 북헌이가 종북이를 시켜 행국이를 민국이랑 일번이와 이간질 시키는 이유는, 행국이를 삥 뜯고 싶은데 일번이와 민국이가 행국이를 돕는 상태라, 걔들을 행국이와 이간질 시켜 놓아야만 행국이를 삥뜯을 수 있기 때문이다.

종북이파 일진 애들은 숫자는 적지만 몰려 다니므로 힘이 세다.

민국이나 일번이한테 약간의 꼬투리만 생겨도 "쟤 나쁜놈이야"라고 부풀리면서 행국이를 꼬득인다.

그런데 행국이는 상황 분별을 잘 못하는 띨한 애라서 요즘 들어 자꾸만 일번이를 욕하고 있다.

"야 이 나쁜 놈아 니 증조부가 깡패라며? 우리 증조할배 괴롭혔대며? 무릎 꿇고 사과해, 이 xx 놈아....안그러면 우리 사이는 끝이야!
역사를 잊은 인간에겐 미래는 없단 말야. 우리 동네 형아가 그랬어...!!!"

◉ 달을 볼 것인가, 손가락을 볼 것인가?

손자병법에 '성동격서'라는 전술이 있다.

서쪽을 공격하려고 동쪽에서 소리 내는 전술인데, 누가 달을 가리킨다고 해서 달만 보면 속을 수 있으니, 달을 가리키는 손가락도 보고, 가리키는 이유도 생각할수 있어야 한다.

위안부 문제도 성동격서 전술과, 북한의 '갓끈전술'과 연계해서 이해해야 이해할 수 있는 문제다.

김정일이 언급한 북한의 '갓끈전술'은 한국은 미국과 일본이라는 두 조력자 즉 두 '갓끈'을 기반으로 서 있는 나라이므로, 그 중 하나만 떨어져도 한국은 무너지게 되어 있다는 대남전술이다.

북한이 종북세력 등을 총 동원하는 한일 이간질을 하는 이유다.

하지만 한국의 역사 조작을 통한 반일 선동이 너무 진실처럼 되어 있어서, **한국인의 상당수는 위안부 문제의 진실 따위에는 관심 없고, 믿고 싶은 방향이 정해져 있다. 일본을 부모 죽인 원수인 것 마냥 세뇌 당해 왔기 때문에 "일본 놈들을 혼내 주어야 한다"는 의식만 있는데 그게 사기꾼들이 유도한 술수의 결과다.**

그러니 위안부 단체가 미국 법원에 일본정부 상대 소송을 걸었다가 패소한 사실 조차도 관심 없다.

이 문제는 북한·중국의 대남공작, 역사조작 공작, 좌파 정치세력의 조직적인 이념전쟁, 권력전쟁 등과 얽혀 있는 정치적인 문제다. 이를 종합적으로 보지 못하면, 위안부 문제는 이해 될 수 없다.

위안부 피해를 주장하는 여성의 숫자는 총 238명이다.
돈 받을 게 예상 되는데도 수십 년간 신고된 총 인원은 그게 전부다.
그런데 238명은 서류상일 뿐이고, 살아 있거나 나서는 사람은 적은데, 그마저도 그 중 33명의 위안부 할머니들은,
"우리가 진짜 위안부고 정대협의 위안부 대다수는 가짜다. 진짜 위안부는 저런 위안부 시위에 나가지도 않는다"
라고 주장하면서 따로 단체를 만들어 나가기도 했었다.

수십 명 미만의 단체는 언론에 한번 나오기도 어려운데, 몇명 안되는 위안부가 마치 수백만 명처럼 나라를 흔드는 것은 정치적 배후 때문이다.

대체 진실이 무얼까? 진실을 알기 위해, 우선 손가락부터 좀 보자.

위안부 주변 세력과 관련, 인터넷 신문 '미디어워치', '미래한국'과 '디시 인사이드'가 상세히 보도 했는데, 이에 따르면 위안부 단체와 주변 세력들 상당수가 간첩단사건관련자, 김일성주사파, 극좌종북파 등으로 줄줄이 얼룩져 있다.

위안부지원 단체라는 정대협(최근에 정의기억연대로 개칭) **정미향 대표의 남편 김삼석도 북한에 군사 정보를 넘기다 발각되어 징역형을 살았던 '남매간첩단사건'의 관련자다.**

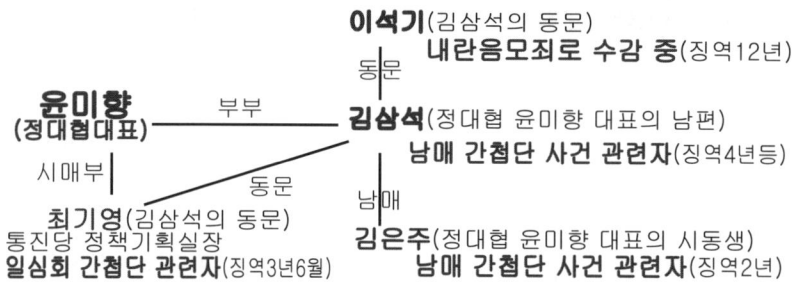

<미디어워치가 폭로한 정대협 윤미향 대표의 '종북 관련 인맥관계도'>

당초 남매간첩단 사건의 당사자인 간첩이라 대법원 확정 판결까지 났었지만 좌파정권 하의 재심에서 간첩 죄만 피해나갔다.

윤 대표의 남편과 시누이도 사건 관련자이고, 시매부도 간첩 전과자다. 김삼석은 김대중 정권에게 사면되고 노무현 정권에 등용되어 전직 국방장관을 조사하고 현직 기무사령관도 조사했다.

⦿간첩사건 관련자와 종북세력으로 둘러싸인 정대협

정대협 윤미향 대표의 남편과 시동생, 시동생의 남편 등 주변 인물들 다수는 간첩사건 당사자이거나, 국보법 위반 전력이 있다.

윤대표의 남편과 시동생의 남편은 모두 내란음모자인 이석기와 한국외대 동문이며, 그 주변에는 수많은 간첩전과자 또는 종북세력들로 뒤엉켜 있다. 정대협은 2011년에 김정일 사망과 관련 "김정일 국방위원장의 서거라는 비보에 북녘동포 여러분에게 깊은 애도를 전한다"면서 조전을 보내기도 했다.

북한 중국 등의 공산권과는 잘 지내고 오직 미국,일본,자유 진영만 헐뜯는 좌파의 공통점은 이들도 같다.

◆정대협 윤미향 대표의 남편, 시동생은 '남매간첩단사건' 관련자

정대협(한국정신대문제대책협의회) 윤미향 대표는 1990년 '정대협'을 만들 때부터 23년간 반일 수요집회를 해 왔는데, 윤대표의 남편이자 '수원시민신문' 대표 김삼석은 1993년 남매 간첩단 사건으로 구속되어 4년간 복역 한 바 있다. '남매 간첩단 사건'은 김삼석과 그 여동생(김은주)이 북한 공작원의 지시에 따라, 군사기밀 자료를 수집, 북한 공작조직에 넘겨주고 공작금을 받은 혐의 등으로 대법원에서 징역 4년을 선고받고 복역한 사건이다.

김삼석은 주한미군 철수와 한미동맹 폐기를 주장하는 좌파 단체 '평화와 통일을 여는 사람들'의 전신인 '반핵평화운동연합'의 정책위원이던 지난 1993년 일본에서 북한 공작원을 만나 금품을 수수하고, 국가기밀을 탐지·수집한 혐의 등으로 실형을 받았다.

이에 대해 김삼석과 김미향은 "안기부 프락치 백흥용의 양심선언으로 그 사건이 조작됐다"고 주장 했으나, 백흥용은 그 후 북한으로 몰래 망명했다. 이런 사건들은 미국에서는 종신형 감인데, 한국에서는 고작 2~4년 정도로만 처벌되고 있다.

특히 좌파정권 하에 그런 간첩들과 공안사범들이 수 없이 풀려났고, 그렇게 풀려난 자들이 또 같은 짓을 하거나 월북하여 영웅 칭호를 받기도 했다.

김삼석은 1999년 2월 김대중 정권의 사면복권을 받은 후 2003년 노무현정부(당시 문재인실장)에서 의문사진상규명위원회 조사관으로 지내기도 했는데, 군사령관, 전직 국방부 장관을 조사하고, 현직 기무사령관에게 수 차례 출석요구서를 발부하기도 했다.

김삼석은 자신을 '간첩'이라 지칭했다는 이유로 2004년 '반핵반김 국권수호 국민협의회'의 위원장인 서정갑 위원장을 상대로 민사소송을 제기했다가 패소한 적이 있는데, 관련 판결문은 다음과 같이 적시하고 있다.

▲내란음모사건의 이석기와 간첩단사건의 김삼석
'정대협 22주년(2012년 12월) 후원의 밤'에 참석한 이석기(내란음모 사건으로 복역 중인 전 통진당 의원)와 김삼석이 '정대협 후원의 밤'에서 두손을 꽉잡은 사진.

*돈을 받고 군사 기밀을 북한 공작 부서에 넘겨 주었다가 구속돼 4년간 복역하고 나온 사람을 간첩 또는 간첩 전과자로 표현하는 것은 허위의 사실로 볼 수 없다 [서울중앙지법 2015.12.16. 2004가단275759]

김삼석과 김은주는 '간첩사건 조작'을 주장하면서도 정작 '남매간첩단 사건'의 재심 신청은 않다가, 자신들의 간첩사건 관련 기사가 발표되자 한달후(2014년 3월경) 재심을 신청했는데, 그 후 2016년 3월 25일 선고된 재심판결에서도 김삼석의 간첩 전력은 사실임이 거듭 확인되었다. 하지만 아니나 다를까 2017년 좌파정권 당시 대법원 재심판결문은 국가보안법 위반만 인정하고 간첩죄에 대해서는 무죄를 선고했다. 한국 법원이 팩트를 검토해서 대법원까지 5회에 걸쳐 판결한 사건인데, 이러한 간첩죄에서의 탈피가 좌파 정권과 무관한지에 대한 의혹이 크다.

◆윤미향 부부, 위안부 쉼터서 탈북자 월북 회유

[탈북 류경식당 지배인이 폭로]
"정대협, 류경식당 종업원에 돈주며 北으로 돌아가라"
목숨 걸고 넘어온 사람에게 '탈북은 죄'라고 해… 기가 막혔다.
윤미향 남편, 수령님·장군님 단어 수시로 쓰며 北 혁명가 불러
[조선일보 2020.05.21]

◆윤미향 정대협 대표의 시매부는 '일심회 간첩 사건'의 당사자

김삼석의 여동생인 김은주의 남편, 즉 윤미향(더불어민주당의원-탈당)의 시매부인 최기영 전 통합진보당 정책기획실장은 '일심회 간첩사건'으로 2007년 12월 대법원에서 국보법 위반으로 징역 3년 6월을 선고받고 복역했다. 최씨도 이석기, 김삼석과 한국외대 동문이고, 전대협 2기 사무국장, 민주노동당 사무부총장, 통합진보당의 정책기획실장으로 활동 했다.

◆윤미향 대표의 남편 김삼석은 미군 철수와 국보법 폐지 주장

김씨는 2004년 좌파 매체 '통일뉴스'에 기고한 글에서 '국가보안법이 적대시하는 것은 이남의 통일·진보세력이자 동시에 동족인 이북인 점이다.…진정한 과거청산은…국보법 철폐와 미군철수'라 주장했고, 자신의 저서 '반갑다 군대야' 홍보 글에서도 한국을 '식민지'라 밝히고 있다.

◆윤미향 대표는 '종북상'으로 불리우는 '늦봄통일상' 수상

윤미향 대표는 종북단체로 불리우는 (사)통일맞이의 '늦봄통일상'까지 받았다. '늦봄 통일상'은 주로 종북 활동을 해온 이들에게 수여돼 온 상이다.

▲문익환과 김일성, 좌측은 문익환의 조국통일상 기념 북한의 우표

◆윤미향 대표는 '종북대부'로 불리우는 문익환의 제자

윤미향(더불어민주당 의원) 대표는 한신대 신학과 83학번이다. 한신대 신학과는 종북 활동의 대부라 불리우는 문익환 씨의 오랜 터전이다.

⊙전 통합진보당 인사들과 깊이 연관되어 있는 정대협

최근에 이슈가 된 류석춘 연세대 사회학과 교수의 '발전사회학' 수업 내용 중에서는 위안부 지원 단체인 정대협(현 정의기억연대)을 겨냥한 다음과 같은 대목이 나온다.

"정대협 핵심 간부들이 통진당 간부들이다. 정대협이 정말 순수하게 위안부 할머니들 위하는 단체 아니고, 대한민국을 망가뜨리려는 단체다. 그 단체가 북한과 연계됐을 가능성이 크다. 통진당의 이석기 같은 인간은 북한 앞잡이다. 북한 추종하는 사람들이 외연을 넓히기 위해서 청년들 의협심에 불 지르려고 정신대문제협의회란 단체 만들어서 위안부 할머니들 이용하고 있다."

정대협은 통진당 관련설을 부인했는데, 이 발언이 과연 거짓일까? 그러나 미디어워치의 취재 결과, 현 정의기억연대의 방용승 이사와 최진미 이사, 그리고 구 정대협의 손미희 전 대외협력위원장 등이 통진당에서도 주요하게 활동해온 인물이었던 것으로 드러났다.

방용승 이사는 대표적인 통진당 간부 중 한 사람이다.

그는 극좌성향 시민단체인 전북겨레하나 공동대표를 지내며 통진당 전북도당위원장을 지냈다.

최진미 이사도 극좌성향 시민단체인 전국여성연대 집행위원장을 지내며 2012년도에 통진당 19대 총선 공동선거대책위원회에 참여했고, 통진당의 후신인 민중연합당의 김선동 대선후보 공동선거대책위원장을 맡은 사실도 있다.

손미희 전 대외협력위원장은 통진당 19대 총선 공동선거대책위원회의 위원장을 맡았다. 손 전 위원장은 통진당의 후신인 민중연합당(당시 가칭 새민중정당) 창당 발기인을 지낸 사실도 확인됐다.

◆손미희 대외협력위원장은 수십 회 방북, 김정일 애도성명, 김정일 조문투쟁

손미희 정대협 대외협력위원장은 전국여성연대 상임대표이며, 2013년에 '한미연합 군사연습 중단 및 평화협상 촉구 여성 기자회견'을 했고, 2011년에는 "김정일 위원장의 서거에 애도의 뜻을 표한다"며 조문투쟁을 했으며, 수십 차례 방북한 것으로 알려진다.

◆손미희 대외협력위원장 남편 한충목, 주한미군철수투쟁, 반미투쟁

손미희 정대협 대외협력위원장의 남편 한충목 한국진보연대 공동대표 는 지난 2004년 인천 맥아더 동상 철거집회 등 각종 반미투쟁

주도 혐의로 기소돼 징역 1년6월에 집행유예 3년을 선고 받았다. 이 외에도 다수 임원의 배우자들이 간첩 혐의나 국보법 실형 등 종북좌파 이력으로 어지럽다.

한 대표는 '중국과 북한 개성에서 북한통일전선부 소속 공작원 등을 만나 주한미군 철수 투쟁의 전면화와 탈북 귀순한 황장엽에 대한 응징 지령 등을 받고 이를 실행에 옮긴 혐의' 등으로 기소됐다.

법원은 국가보안법 위반은 점은 인정하면서도 북한 공작원을 만나 지령을 받은 혐의(회합·통신) 등에 대해서는 무죄를 선고했다.

한씨가 공동대표로 있는 한국진보연대는 강령에 한미동맹 청산과 주한미군 철수가 포함돼 있고, 2010년 6월 무단 방북해 북한을 찬양한 혐의로 구속 기소된 한상렬 목사가 상임고문이다.

한씨는 국가보안법 철폐·주한미군 철수·남북연방제를 주장하는 민주주의민족통일전국연합의 집행위원장, 국보법폐지국민연대 운영위원장, 미군 장갑차 여중생 살인사건 범국민대책위 공동집행위원장 등을 맡으며 반미 좌파 최일선에서 활동했다.

◆신미숙 실행이사의 남편도 국가보안법 실형

신미숙 정대협 실행이사(새정치민주연합 이미경 의원 보좌관)의 남편 최동진 씨도 전 범민련 편집위원장으로, 지난 2013년 북한을 찬양하는 이적 표현물 500여 점을 소지·배포한 혐의 등으로 징역 2년 자격정지 2년을 선고 받았고, 정대협 주요 인사들 상당수가 다른 좌파 단체의 임원을 겸직하고 있다.

◆**노무현 정부(당시 문재인 비서실장)가 이석기를 2차례나 사면**

김삼석과 최기영은 모두 내란음모 등의 혐의로 12년 형을 받고 수감중인 통진당 이석기 전 통진당 의원의 한국외대 선후배 사이다.

이석기는 내란음모죄 및 국보법 위반 혐의로 징역 12년을 선고 받았고, 과거에도 국보법 위반으로 복역 중 노무현 정부(당시 문재인 비서실장)에게 2차례나 사면을 받은 적이 있다.

이밖에도 정태효 정대협 복지위원장은 좌파 목회자 모임으로 불리우는 전국목회자정의평화협의회 상임의장이다.

◉**정대협 주변의 수많은 종북 또는 극좌 단체들**

정대협은 지난 2016년 1월 한국과 일본 정부의 일본군 위안부 문제 타결 무효를 선언하며 소위 '정의로운 행동을 위한 전국행동'을 발족했는데, 이 단체에도 이적단체 등의 단체가 상당수 포함된 사실이 드러났는데, 대법원이 이적단체로 판결한 '범민련 남측본부', 우리민족연방제통일추진회의(연방통추), 민족자주평화통일중앙회의(민자통) 등이 소속되어 있다. 특히 이적단체 구성 혐의를 받는 '자주통일과 민주주의를 위한 코리아연대'까지 참가하고 있다.

이들은 천안함 음모론, 국가보안법 철폐, 미군철수, 3대 세습 옹호, 사드 반대, 세월호 음모론 등 각종 종북 행위를 벌여왔다.

윤미향·김삼석은 김일성·김정일을 xxx라 생각할까, 영웅이라 생각할까? 그들에게 꼭 물어 보아야 할 질문이다.

그 배후를 알기 어려운 '반미·반일·종북·친중 좌파' 집결장, 현재까지 드러난 종북 의혹들만 산더미 같다.

만약 그게 빙산의 일각이라면, 그 배후의 빙산은 누구일까?

◉ **위안부 단체가 술 마신 돈이 할머니들에게 지급한 돈보다 많아.**

정의연(정의기억연대, 구 정대협)이 '일본군 위안부 피해자 문제 해결'을 명분으로 기부받은 기부금 지출을 실제보다 과도하게 부풀려 회계 처리한 것으로 확인됐다. 2018년 정의연(당시 이사장 윤미향)은 결산 자료에서 **그해 맥줏집 옥토버훼스트에 3339만원을 지출했다고 밝혔다.** 그해 11월 종로구 옥토버훼스트에서 '정대협(정의연의 옛 명칭) 28주년 후원의 밤' 행사에서 지출한 돈이다. **이는 그해 정의연이 '위안부 피해자 지원'에 쓴 총액 2320만원**(1인당 86만원씩 27명에게 지급)**보다 많았다.**
방호권 옥토버훼스트 대표는 "그날 정의연이 결제한 972만원 중 542만원을 되돌려줬다"고 말했다.
정의연이 실제 결제한 금액은 430만원이지만 회계 처리는 그보다 8배 가까이 많은 금액으로 한 것이다.
이에 대해 정의연 한경희 사무총장은 "그해 여러 곳에서 지출한 모금행사 지출 총액을 장부상 옥토버훼스트 상호 아래에 몰아놓은 것"이라고 해명했다. 조용근 전 한국세무사회장은 "그런 식의 회계 장부 정리는 있을 수 없는 일"이라고 말했다.
앞서 위안부 피해자인 **이용수**(92) 할머니는 지난 7일 "성금·기금 등을 할머니들에게 쓴 적이 없다"며 의혹을 제기했다...
이에 정의연은 11일 기자회견을 가졌으나,
"세상에 어떤 시민단체가 활동 내역을 낱낱이 공개하느냐"며 세부 내역 공개를 거부했다.[2020.05.11. 조선일보]

◉ **모금액 중 위안부 할머니들에게 지급한 돈은 2.3% 쥐꼬리**
*조해진 당선인은 CBS라디오 '김현정의 뉴스쇼'에 출연해..."(정대협은) **1993년도에** (위안부 할머니에게) **250만원씩 지급**

하고, 24년 지나서 2017년에 1인당 1억원씩 지급했다"며…"1994년도에 지급하고 나서 23년간 전혀 지급하지 않았다"고 밝혔다. 그는 "2016년부터 2019 4년 동안에 (연대에) 49억원이 모금이 됐다"며 "그중 할머니들께 지급된 건 9억원이고 나머지 40억원 중 일부는 다른 용도로 지출이 됐고 절반 가까이(23억원)는 현금으로 가지고 있다"고 강조했다. 조 당선인은 "성금을 주신 분들의 다수는…"할머니들이 연세가 많으셔서 계속 돌아가시는 상황이니 '시간 있을 때 많이 지급을 하고 있을 것'이라고 기대했을 텐데 안 맞는다"고 비판했다. [2020.05.11 이데일리]

이에 대해 정의연은 지난 3년간 기부수입 중 41%를 피해자지원사업비로 사용했다고 해명했다. 국내·국제 연대와 홍보사업 등에도 지출했으며, 정의연의 역할은 후원금 전달에만 있는 것이 아니라고 주장했다. ☞구체적인 내역은 공개하지 않았다. 할머니들에게 1%도 지급하지 않다가, 많은 할머니들이 돌아가신 23년 후 8명에게 1억원씩 지불했는데, 이는 일본이 주는 1억을 거부한 대가의 어쩔 수 없는 지급으로 보이며, 그마저도 당시 모금액의 18%일 뿐이니, 모금액 중 할머니들에게 지급된 돈은 보통 1~2% 가량의 쥐꼬리 라는 것이다.

*민관합동조사단은 "나눔의 집이 2015~2019년 5년간 받은 후원금 88억여원 중 위안부 할머니들이 생활하는 나눔의 집 시설로 보낸 금액은 2.3%인 2억원"이라는 조사 결과를 발표했다. [한겨레신문 2020-12-18]

이용수 할머니는, "정대협은 나눔의 집에 있는 할머니들에게만 지급하고 나머지 위안부 할머니들에게는 돈을 주지 않았다"고 폭로했다. 이용 가치가 있는 할머니들 외에는 거의 지급하지 않았다는 소리다.

⦿정대협, 위안부 피 빨아 먹는 거머리

*'현금 3억원 윤미향'에 "집에 돈 찍어내는 기계 있나",
"수억원의 현찰 통장 尹 최소한 증빙서류라도 내놓았어야"
[이태규 의원 2020.06.01]

*"정대협, 위안부 피빨아먹는 거머리" [故 심미자 위안부 할머니 일기장]

*"30년간 재주는 곰이 부리고 돈은 되놈이 받아먹었다"[이용수 할머니] ☞되놈이란 단어는 원래 중국인을 욕하는 비속어지만, 이 발언의 의미는 윤미향과 정대협을 일컫는 말로 풀이된다.

⦿올해 20억 걷겠다는 정의연, 할머니 지원액은 그 중 2.5%

정의기억연대(정의연)는 올해도 '위안부 피해자 지원'을 전면에 내걸고 20억원을 모을 계획이다. 하지만 실제로 위안부 피해자 지원 사업에는 5000만원(2.5%)만 쓰겠다고 정부에 등록한 것으로 드러났다…정의연은 올해 2월 1일부터 12월 31일까지 20억원을 모금하겠다는 계획서를 제출했다.
그 20억원에 대한 사용 계획표에서 '피해자 지원 사업'이 차지하는 비율은 2.5%, 금액으로는 5000만원이었다.[조선일보]

⦿윤미향 비호에 나선 북한 정권

북한이 더불어민주당 윤미향 의원에 대한 각종 의혹 제기를 '친일(親日) 적폐 세력의 비열한 음모'라고 규정하며 "남조선 인민이 친일 청산 투쟁을 끝까지 벌려야 한다"고 했다. [조선일보 2020.05.31]
☞위안부좌파, 이들의 진짜 목적은 무엇일까?
이들이 반일에 올인하는 진짜 이유는 무엇이고, 북한 정권까지 나서서 윤미향과 정대협을 비호하는 이유는 무엇일까?

02. 위안부 할머니들의 절규, 우리를 이용해 사익을 취하는 악당들

◉'진짜 위안부' 단체와 '가짜 위안부' 단체

위안부 단체 하면 정대협만 생각하는데, 그와 별개로 위안부 할머니들이 비자발적으로 끌려간 '진짜 위안부'를 자기들끼리 추려서 만든 단체가 있다. 위안부 피해 신고자 총 238명 중 당시 남아있던 사람들은 125명 정도였는데, 그 중 "진짜 일본군위안부"라고 자기들끼리 확인한 33명이 그들이다.

그렇게 서로 확인된 사람들끼리 모임을 결성한 단체가 '무궁화회'이며, 그 33인의 회장이 심미자(1923~2008) 할머니다.

그런데 심할머니는 훗날 정대협을 격렬하게 비난한다.

"북한을 추종하는 정대협이 위안부 할머니들을 앵벌이 시키고 있다. 정대협과 나눔의 집 등의 단체들이 위안부 할머니들의 어려운 처지를 이용해서 개인영달을 위해 위안부들을 이용해 먹고 있다" 라며 분노를 표시했다.

그리고 정대협이 '일본 총리의 사죄와 인도주의적 배상이라는 화해의 손짓조차 거부하는 북한을 추종하는 조직'이라며 수요집회를 해서, 국민감정을 불러 일으켜야만 정대협이 생존하고 모금도 하고, 후원도 받을 수 있다는 것이 수요 집회의 존재 이유라고 성토했다. 당시 언론들은 심할머니의 목소리에 귀를 기울이지 않았다.

심미자 할머니는 2005년 당시, 매주 수요 시위에 나오는 할머니 중 언론에 얼굴이 가장 많이 비친 할머니는 두 분 정도인데, 그 두 분은 일본에서 "저 분들은 (위안부가)아니다"라는 평을 받은 분들이라고 했다. 또 당시 홈페이지에는 10명의 위안부 얼굴들이 나타나 있지만 이들 중 약 5명 정도는 중국에서 온 할머니들이라 했고, 이 중국 할머니들 중 몇 명씩이 하루에 3만원씩 받고 수요일 일본대사관 앞 집회에 나간다고 말했다.

⊙위안부 할머니들의 절규 "정대협은 우리를 이용해 사익을 취하는 악당들"

다음은 고 심미자 할머니(2008년 타계)가 회장으로 있었던 〈태평양전쟁피해자인 위안부할머니들의 모임 세계평화무궁화회〉의 성명이다.

[성명] 위안부 두번 울린 정대협, 문닫아라
- 33인 위안부 할머니들의 이름으로 고한다

만약 누군가가 위안부할머니들에게 한국정신대문제대책협의회(정대협)가 무슨 일을 하는 곳이냐고 묻게 된다면 이렇게 말할 것입니다. '명칭을 액면대로 해석해보면 한국을 대표한 시민단체로 태평양전쟁 당시 일본군 정신대로 끌려간 위안부 문제를 총체적으로 다뤄 왜곡된 역사를 바로 세우는 일에 앞장서는 한편 위안부 할머니들에게는 큰 버팀목 역을 제공하고 있는 것 같지만 이 모두가 허구일 뿐,

실제는 위안부할머니들을 팔아서 자신들의 잇속만 채운 사람들의 집단'이며 '**위안부할머니들을 두 번 울린 사람들**'이라고.

정대협이 발족될 당시인 1990년 11월 16일. 당신들은 정대협 간판을 내걸며 '위안부 피해자들의 인권회복과 한일간의 왜곡된 역사 바로잡기 위해 정대협을 발족한다'고 선언했습니다.

정대협은 위안부 할머니의 피를 빨아 먹는 거머리
심미자 할머니의 육필 일기장. "정대협은 위안부 할머니의 피를 빠는 거머리다. 일본 대사관 앞에서 데모하는 것도 정대협 먹고 살기 위해서 하고 있다" 라고 말하고 있다.

당시만 해도…우리 위안부할머니들에게 얼마나 가슴 벅찬 구호처럼 들려왔는지 지금도 그때의 일을 기억하면 눈물이 날 정도였습니다. 그러나 우리가 그렇게 흘린 눈물은 당신들의 본래 모습이 하나씩 들춰지면서 분노로 바뀌기 시작했습니다.

우리 위안부할머니들이 정대협을 분노에 찬 눈으로 바라볼 수밖에 없는 이유는 크게 두 가지입니다. 하나는 발족의 변에서 밝힌 바 있는 **'위안부 피해자들의 인권회복'과는 정반대의 길을 달려왔다는 것이며 다른 하나는 정대협 관계자들이 위안부 문제를 빌미로 자신들의 부귀영화를 누리고 있다는 데 있습니다. 좀더 거칠게 말하자면 당신들은 언제 죽을지 모르는 위안부 할머니들을 역사의 무대에 앵벌이로 팔아 배를 불려온 악당들인 것입니다…특히 당신들이 말한 위안부 인권회복 운운에 대해서 위안부할머니들은 치를 떨고 있습니다…**

> 함께, ~~~
> 윤미향이 가로채슴) ~ 윤미향은 ~~~ . 윤미향은
>
> 정대협은 정부에서 할머니 모시고 관광 가라고 돈주면 정대협에
> 마음대로 할머니를 이용하는 할머니는 관광을 되리고가고, 바른말하는
> 할머니는 관광을 되리고 가지안습니다. 정부에서 관광비를 두배정
> 도는 윤미향이 도둑질 해먹습니다.

정대협은 이용 가치 없는 위안부 할머니는 소외시켜.
심미자 할머니의 육필 일기장. "윤미향은 xxx. 정대협은 정부에서 할머니 모시고 관광 가라고 돈 주면 정대협이 마음대로 이용하는 할머니는 관광을 데려가고 바른말 하는 할머니는 데려가지 않는다. 정부에서 주는 관광비의 절반 정도는 윤미향이 도둑질해 먹는다"고 말하고 있다.

대체 15년 동안 위안부 인권회복을 위해 무엇을 해왔는지 우리 위안부할머니들로서는 전혀 체감할 수 있는게 없습니다…

아울러 아시아여성기금에 대해 말하지 않을 수 없습니다. 공창이라는 말까지 듣게된 그 기금이 당신네들이 주는 돈입니까? 한 가지 예로 지나가는 길에서 술취한 미X놈이 여자 행인을 강제로 끌고가 윤간을 했다손 칩시다.
당시에는 그가 누군지 몰랐다가 세월이 한 참 흐른 뒤에 그 취객의 자손이 나타나 피해배상 문제와는 별도로 가족들이 모은 위로금이니 이것이라도 받아 준다면 우리가족들 마음에 조금이나마 죄스러움을 씻을 수 있겠다며 애원해 그 피해 여성이 그 돈을 받았다면 그것이 창녀 짓의 댓가로 받는 것입니까?
가해자가 피해자에게 주는 위로금을 당신들이 뭔데 공창 운운하며 우리를 두 번 울리는 것입니까? 그리고 그것도 모자라 7

심미자 할머니의 육필 일기장. "**나쁜년들**"이라며 정대협의 부정을 고발하고 있다. 정부에서 125명분 관광비를 주었는데 자기 편 15명만 데려가고 나머지 115명 분을 정대협이 착복했다는 내용의 글

명의 위안부할머니들이 아시아여성기금을 받았다고 해서 당신들 무슨 짓을 했습니까? **공개적으로 7명의 위안부할머니들을 대놓고 매도하는가 하면 정부가 위안부할머니들을 가엽게 여겨 일괄 지급해주기로 한 보상금 3150만원을 받지 못하도록 방해한 사람들이 바로 당신들입니다.**…
우리 할머니들은 이미 오래전부터 당신들의 속셈을 알고 있었습니다. **그나마 수요집회를 지속해야 정대협이라는 배가 항해할 수 있고 자신의 정체성을 유지할 수 있기 때문이라는 사실을.**
국내에 있는 위안부할머니들이 한결같이…수요 집회를 꺼려하는 이유도 바로 거기에 있습니다.
다시는 우리를 앵벌이로 삼는 노름에 놀아나지 않겠다는 이유인 것입니다. **그런 이유로 현재 수요 집회에 참석하는 위안부**

할머니들이 누가 있습니까. 기껏해야 중국에서 온 중국 위안부 할머니들이 고작 아닙니까?

경고합니다. 이제 다시는 할머니들을 앵벌이 삼아 자신들의 명분 쌓기에만 급급한 수요집회를 당장 중단할 것을 촉구합니다... 그리고 지금까지 당신들이 위안부할머니들을 위한답시고 전국에서 손을 빌려 걷어들인 성금이나 모금액이 전부 얼마입니까. 그 많은 돈 대체 어디에 사용했습니까. 모르는 국민들은 그 성금이 우리 위안부할머니들에게 전달됐을 것으로 알고 있을 것입니다. 그러나 **우린 당신들이 걷어들인 성금이나 모금으로 수혜를 받은 적 없습니다. 당장 고해성사 하고 국민들의 호주머니를 턴 돈들을 모두...토해낼 것을 촉구합니다.**

우리를 슬프게하는 것은 또 있습니다. 99년 3월 3일 교육관을 개관한데 이어 2001년 6월에는 전쟁과 여성인권센터(가칭)를 설립했더군요. 위안부할머니들은 홀로 어렵게 생활하며 병마와 싸우고 있는데 위안부할머니들의 인권을 회복시키는 일을 한다는 당신들은 정대협이 살아날 길만 찾는데 혈안이 된 것 같습니다. 그곳에서 지금 무엇을 하고 있습니까. 위안부할머니들이 피를 토하는 심정으로 세상에 알린 위안부 실태 증언을 비디오로 제작해 돈을 받고 상영해주는가 하면 책으로 엮어 **책 장사 하고 시민들을 상대로 강의료 받아오며 호의호식하는 장소로 사용하고 있지 않습니까.** 다시 말하지만 하나님은 분명 당신들의 하는 행실에 대해 죄라 말할 것이며 언젠가는 그 죄값을 지불하실거라 믿어 의심치 않고 있습니다.

또한 같은 정대협 사무실에서 이름만 달리하고 있는 한국정신대연구소, 소위 피해할머니들에 대한 조사와 위안부 관련 자료를 연구하고 위안부 문제에 대한 교육 홍보활동 및 관련 운동단체와 연대사업을 한다는 그곳은 정대협이 위장한 또하나의 정대협이 아닙니까…정신대연구소 이름으로 대체 얼마나 많은 국민혈세를 흡혈귀처럼 빼먹고 있습니까.

얼마전 당신들이 여성부로부터 3억원의 예산을 타내 위안부할머니들에 대한 실태조사를 했다는 것을 알고 있습니다. 누구를 대상으로 실태조사를 했다는 것입니까.

적어도 실태조사를 했다고 한다면 위안부할머니들이 살고 있는 집을 직접 찾아 어떻게 살고 있고 확인을 해 그 실정을 조사해야 하는 것 아닙니까. 그런데 어찌된 영문인지 우리 33명의 무궁화회 할머니들은 그 어떠한 곳으로부터도 전화나 방문을 받은 적이 없습니다. 무엇을 가지고 실태조사를 했다는 것이며 그 돈 어디에 사용했습니까.

당신들은 분명 국고를 유용하거나 횡령을 한 것입니다……

우리 33명의 무궁화자매회 소속 위안부할머니들은 매일 밤 십자가 앞에 두 손 모아 기도를 드리고 있습니다.

'하나님 하나님이 정말 살아계시다면 우리를 두 번 죽이고 있는 정대협 사람들을 몰아내 주시고 다시는 위안부 할머니들을 팔아 배를 불리게 하는 일 없도록 강구합니다'라고 말입니다.

우리의 기도가 들린다면 같은 하늘아래서 같은 하나님께 머리 숙여 기도하는 우리들의 작은 기도를 듣게 된다면 정대협의 간판을 내리고 그동안 위안부할머니들에게 지은 죄 속죄하십시오. 그 날이 속히 오기만을 서원하며 우리 33명의 위안부할머니들은 지금도 기도를 하고 있습니다.

2004년 1월

태평양전쟁피해자인 위안부할머니들의 모임 세계평화무궁화회 33인 일동

⦿ '정대협과 나눔의 집'은 위안부 할머니들을 돕기 위한 단체일까?

정대협과 나눔의 집이 무슨 의미가 있으며, 매일 같이 일본 대사관 앞에서 벌이는 위안부 시위는 무엇을 위한 것인가?

'정대협'과 '나눔의 집'에 대해 무궁화회 심회장은 이렇게 표현했다.

1) 두 기관들은 위안부를 이용하여 국내외로부터 모금도 하고, 자신들의 명예를 올리기 위해 일하며, 모금한 돈을 나누어 주지도 않는다.

2) 몇 명 안 되는 할머니들을 앵벌이로 삼아 국제 망신을 시키고 다닌다. 언론이나 TV에 나오는 할머니중 일부는 일본에서 진짜가 아니라고 본다.

이로 인해 한국이 국제적 망신을 당할 우려가 있다.

한편 심 회장은, 정대협과 나눔의 집 등의 위안부 단체에 대해, "이들이 한 일이라곤 정부에 대해 위안부 할머니들에게 생활지원금을 더주라고 요구한 것 밖에 없다"고 말했다.

또 모금한 돈의 액수나 사용 용도를 알 수가 없다"면서 이들 단체들의 모금활동에 대해 의구심을 나타내었다.

위안부 할머니들을 돕고 있는 일본인 단체에서 정대협 측에 돈을 전달해도 그들은 돈을 나눠주지 않았다고 한다.

또 '내가 위안부 문제로 일본에 갈 일이 있으면 이들은 "심미자 할머니는 아파서 못가니 우리가 대신 가겠다"고 일본 측에 거짓말하며 여기서 성금 등을 받으면 자신들이 챙기곤 했다고 하고, 여성부에서 위안부 할머니들을 위해 책정한 예산이 있는데, 무궁화회에는 그 예산이 오지 않는다'고 했다.

이와 함께 지은희 전 여성부 장관도 정대협(공동대표) 출신이라 했고, 열린우리당 이미경 의원도 "정대협 출신"이라며 "위안부를 팔아 국회의원이 된 인물"이라고 했다.

이 의원은 의정활동보고서에서 '자신은 40명의 위안부 할머니들과 함께 간담회를 가졌다'고 보고했지만, 실제로 이 간담회에 참석한 위안부 할머니는 2명이었고, 이 의원이 숫자까지 부풀려서 위안부를 정치적으로 이용했다는 것이 심회장의 주장이다.

⊙ 누가 위안부 할머니들을 위하는 사람들일까?

1995년 일본에서는 무라야마 전직 총리가 "재단법인 여성을 위한 아시아평화국민기금"(아시아여성기금)이라는 기구를 만들어 일본 사회에서 광범위한 모금 운동을 전개했다.

일본군으로부터 피해를 본 12개국 여성들을 위한 단체인 것이다. 실제적인 주택개선, 간호 및 의료, 의약품 보조 등 본인의 실정과 의사를 반영하여 지원하겠다는 것을 문서로 약속했다. **이에 따라**

한국 위안부들에게는 500만 엔씩 주겠다고 제안해 왔다.

할머니들이 이 돈을 받으려 하자 정대협과 정부에서는 할머니들에게 "당신들이 이 돈을 일본으로부터 받으면 창녀가 된다. 절대로 받지 말라"고 했고, 일본 '아시아여성기금'에 대해서는 "한국정부가 받아서 기념관과 위령탑을 건립할 것이니 정부에 달라"는 말을 했다 한다.

이에 따라 공식적으로는 7명이 500만엔을 받았는데 정대협은 이 할머니들을 가르켜 창녀라고 비난했다고 한다.

심미자 할머니는 "개인이 받으면 창녀이고, 정부가 받으면 당연한 것"이라는 말이 어떻게 있을 수 있느냐며 분개 했다.

박봉순 할머니의 경우 33인중 한 분으로 82세의 나이로 세상을 떴는데, 17년간 내내 식사를 하지 못했다 한다. 그런데 일본인 자원봉사단체인 '학기리'(확실하게 한다는 뜻)의 대표 '우스끼'상이 할머니를 모셔다가 정밀검사를 받게 한 후, 할머니에 맞는 우유를 개발해 17년간 보내왔다 한다. 연 5회 정도 할머니를 찾아와 점검했고, 아프면 일본으로 모셔다가 입원도 시켰다고 한다.

장례식에도 일본인들 외에 한국인이 별로 없었고, 화장과 장례식 관련 비용도 일본인 시민운동가들이 냈으며, 유골을 운반하려는 사람도 없었다.

결국 82세의 심미자 할머니가 유골함을 메고, 추위에 버스 두 정거장 길을 걸어 봉고차를 타고 천안의 장지까지 무릎에 얹고 갔는데 그 후 심히 앓았다고 한다. 애국자인 체 하던 사람들은 없었다.

일본 봉사단체는 17년간 박 할머니에게 자식들보다 더 지극한 정성을 쏟았다. 한국의 위안부 단체는 무엇을 했는가?

우리 정부와 시민단체 등이 툭하면 위안부 할머니들을 내세워 일본을 비난하고 배상을 요구하지만 정작 정부와 시민단체 등이 위안부 할머니에게 해준 일이 거의 없고, 위안부 할머니들의 건강과 소송 문제, 또 장례식 등까지 세세한 부분에 대해 지속적인 관심과 보살핌을 펴왔던 사람들은 오히려 일본인들 이었음을 지적했다.

심할머니를 '일본군위안부'로 인정받기 위해 일본 법원을 상대로 투쟁 해 준 사람도 한국인이 아니라, 일본인 변호사들과 시민단체라고 한다.

'진짜 일본군 위안부 할머니들은 나서는 것을 꺼린다'는 말도 덧붙였다. 그 당시 남아 있다는 125명의 위안부 할머니, 그리고 그 중의 33명의 '일본군위안부' 할머니들, 그들은 한국의 위안부 봉사단체들로부터 얼마나 많은 도움을 받았는가?

한마디로 도움을 거의 받지 못했다는 것이 심 할머니의 증언이다. 그렇다면 한국 정부로부터는?

한국 정부는 오히려 일본의 '아시아여성기금'으로부터 받는 도움마저 못 받게 하는 방해꾼이라는 게 심할머니의 설명이다.

⊙위안부 기금을 수령한 할머니는 화냥년?

대부분의 언론들은 법적배상금이 아니면 절대 받을 수 없다는 극소수 위안부 할머니들의 의사만 전하면서 마치 위안부 할머니들 전체가 한일 위안부 문제 합의를 거부하는 것처럼 보도하고 있다. 하지만 화해치유재단 측에 따르면, 당시 40명의 위안부 할머니들 중에서 9명은 접촉을 하지 못했으나, 접촉한 31명 중에서 29명(94%)이 일본의 위로금을 수령하겠다는 의사를 전해왔다고 하며, 대부분의 할머니들은 위로금 1억원 받으면 한이 풀린다고 한다.

위안부 할머니가 세상을 떠날 때마다, 일본을 비난하는 사람들이 많다. 그런데, 일본이 수 없이 사과와 배상도 했고, 적지 않은 수의 위안부 할머니들이 보상금을 받았다는 사실은 모르거나 알아도 알리지 않는다. 위안부 할머니의 죽음에 대해 기금을 반대한 이들의 책임은 없는 걸까.

*나이 많은 할머니들은 1억 5천이 어디가 있느냐. 우리는 나이 먹고 자꾸 죽어간다, 주는 돈 받아서 쓰고 죽겠다. 다수가 이거야. 그냥 딴 뜻은 없는 것 같아. 할머니들 요구가 무리도 아니고. 거기서 인제 또 정대협에서 (국민기금을) 주지 말라고 일본에 소문을 퍼뜨려 놨더라고. 그래서 기금을 주지 말라는 얘기지….(그러니) 보상을 주나? 안 주지….주면 주는 대로 할머니들 타먹게 내버려두지. **죽는 놈 죽고 사는 놈 살고 오래 살면 이제 보상 타는 놈 타고 이렇게 해결 져야지. 하는 일이 답답해요. 할매들은 다 죽어가잖아. 그런데 모금을 받지 말라, 그것 받으면 더러운 돈이다, 화냥년이다, 이런 귀 거슬리는 소리만 하더라고**[석복순, 증언집 5권]

시민연대의 성금은 그야말로 순수한 도덕적 성금이기 때문에 국민기금이 부당한 줄 알면서도 돈 때문에 그것을 받은 할머니들에게 이 성금을 나누어 줄 수 없다.[시민연대 김성재]

(해설:일본이 준 돈은 더러운 돈이고 그 돈이 더러운 걸 알면서도 받은 위안부 할머니는 우리가 모금한 돈을 받을 자격 없다.)

위안부 할머니들 숫자는 1997년 당시 160여명에서 위안부 합의 직전 46명이었고, 최근에는 16명 이내로 줄었다.

급격히 줄어드는 생존자의 수와 대폭 늘어난 기금의 규모에도 정대협은 '기금 수령=불명예'라 여긴다.

할머니들은 보상금 받지 말고 명예롭게 죽으라는 것이다.

이게 과연 할머니들을 위하는 행동일까?

이들은 왜 일본 정부의 사죄와 배상을 받아들이지 않았을까.

이들의 진짜 목적은 무엇일까?

03.숏 비밀, 조선인들의 '호황 산업' 이었던 위안소업과 마약 밀매업

⊙조선인들의 블루칩 호황산업 이었던 위안소업과 마약 밀매업

1936년 말 상해영사관의 '재류방인(在留邦人)'의 특종부녀 현황 및 단속' 이라는 문서에는 해군위안소에 종사하는 전체 작부 131명 중 조선인이 29명이라 되어 있다. 이 무렵 상해에는 290명의 조선인 사창도 존재했다. 조선인 여성 댄서가 37명, 조선인 여급도 48명인데, 이들은 성매매를 하여 주인과 반반씩 나누었다. 그렇다면 중일전쟁 이후에는 과거의 '윤락녀'가 갑자기 사라지고, 조선의 소녀들이 인간 사냥 당하게 되었을까?

1940년 5월, 당시의 대표적인 시사 잡지 '삼천리'에는 '무한(武漢)의 조선 동포'라는 제하의 기사가 나온다.

★'무한, 삼진에 거주하는 동포의 수는 내지인 약 육천 명, 반도인 약 2천 명이다. 각 人의 직업은 각색각종이나 주로 무역상 잡화상 여관업 음식점 위안소업 등이다. **제일 경기 좋기는 위안소업이다. 여인의 매일 수입금이 50원 이상이다.'**

1941년 6월1일의 '삼천리' 기사에도 일본군 점령하의 한구의 화평일어학교 교장 유근상이란 사람의 '조선인 근황 현지보고'를 싣고 있는데, 한구의 경기가 매우 좋으며 심지어 위안소 여인의 매일 수입금이 50, 60원이라고 이야기하고 있다.

당시 식모의 한달 수입이 10원 정도였다고 한다.

★*여성의 월수입은 여의사 70~80원, 여자사원 20-35원* [삼천리1938년10월]☞ **위안부들이 여의사 수입의 10~20배를 벌고 있었다.**

기자: 한구(漢口)에서 조선인은 무얼 하는가?

유근상: 황군 세력 하에 활동하는 조선 동포들은 주로 무역상, 잡화상,여관업,음식점,위안소업을 한다. 전지(戰地)의 경기가 좋아서 어느 여관이나 만원 상태다....조선인이 경영하는 카페도 많다. **위안소는 육군위안소, 해군위안소, 일반위안소 등이 있다. 위안소업도 경기가 좋아서 여인 1인의 매일 수입금이 5, 60원 이상이다.**

유근상은 무한의 조선인에 대해서도 동년 5월 기사에서 보고하고 있는데, **무한의 조선인들이 대개 부유하며 '일지사변(중일전쟁)'에 편승하여 반수 이상은 '막대한 물질'을 적립하고 있다고 말하고 있으며, 제일 경기가 좋은 사업은 '위안소업'이라며 여인 1인당 수입금이 엄청나다고 말하고 있다.**

"조선인의 생활은 대개 부유하며 또한 일지사변(중일전쟁)으로 인해 반수 이상은 막대한 물질을 적립하고 있다. 각 人의 직업은 각색각종이나 주로 무역상 잡화상 여관업 음식점 위안소업 등이다. 其外에 과수원을 경영하는 인사도 있고 교육기관을 설치한 사람도 있다. 그런데 전지인 것 만치 경기가 호경기지만 물가가 매우 비싸다. **제일 경기 좋기는 '위안소업'이다. 여인 1인의 매일 수입금이 5,60원 이상이다.**"

위안부라 하면 흔히 악마같은 일본군에 의해 고문과 착취를 당하고 노예 같은 삶을 살고 있을 줄 알았는데, 식모의 100배 수입, 일본군 육군 중장의 1년치 연봉에 맞먹는 수입을 올리고 있었다는 것이다.

같은 '삼천리'의 1941년 4월1일의 대담 형식 기사를 보면, 상해시보 총경리 최경수라는 사람이 **상해에 거주하는 1000여명의 조선인들이 대부분 위안소, 즉 유곽업**(성매매업)**에 종사하고 있음을 개탄하고 있다.**

*기자:在상해의 조선인의 경제생활상태는 어떠합니까.

*최경수:대체로 상업에 종사하는데 그 경제생활상태가 사변(일중전쟁) 전보다는 몇 배나 부유 하다고 할 것입니다. 그러나 그 중에는 부정(不正) 업자가 아직도 다수 있어서 우리들의 수치로 이것이 재외동포의 발전에 큰 암이 되어있습니다....

돈을 위해서는 체면도 돌보지 않는 족속이라는 것에 탄식을 갖지 않을 수 없습니다. 하기는 지나 신정부가 막대한 경비를 써가면서 아편 근절에 노력해 왔는데 지금 와서 이 아편 밀매업을 우리 가운데 하는 이가 있을 뿐 아니라 그 외에도 환매매, 부정 업자 등 우리의 중대 문제라고 볼 것입니다.

그러나 이 문제에 있어서는 현재의 제국총영사관과 군당국에서 단속과 선도를 하고 있으니 차츰 나아질 것입니다.

*기자:남경에 있는 1천여명의 조선동포는 어떤 사업에 종사하고 있습니까?

*최경수:**부끄러운 말이지만 대부분 위안소, 즉 유곽업에 종사하고 있습니다.**

1942년 8월. 흥아원 화북연락부. '지나아편대책에 관한 협의회의 제출서류'에서는 화베이 거주 조선인의 7할 가량이 현지 중국인 상대 마약 밀매에 종사하고 있다고 보고하고 있다.

'화북의 마약제도 창시에 가장 우려하고 신중히 고려해야 할 것은 반도인, 이곳에 거주하는 전체 주민 약 7만 2천 명 가운데 약 7할로 칭해지는 이 같은 업자의 문제로서 이 문제에 대해 잘못 처리하면 화북의 치안을 어지럽히고 황국의 위신에 관한 사건을 만들어낼까 두렵다.' 따라서 그것의 선후책에 대해 대사관 측과도 신중히 연구 중이다. 외무성 당국에서도 이 문제에 대해 충분한 지도, 원조를 요망한다.

1940년 조선총독부 북경출장소에서 작성한 '재북지조선인개황'에서도 화북의 조선인들이 아편 밀매와 군 위안소로 큰 돈을 벌고 있음을 보고 하고 있다.

[일지사변을 계기로 대륙에 진출한 조선인 다수는 당초부터 마약 밀조, 밀매를 목표로 밀업의 중심지인 경진(북경과 천진)을 중심으로 전선으로 전선으로 황군의 진격을 따라 화북 전체로 이동하였다...**적어도 황군이 주둔한 곳이라면 어떠한 전선의 소도시에도 조선인 밀업자가 없는 경우가 없으며**(그들의 90%는 마약과 관련이 있다) **마약의 밀조, 밀수입, 밀매에 관계하는 수는 약 6만 명 정도다.**]

[황군이 주둔하면 반드시 조선인이 와서 앞서 언급한 바와 같은 영업을 하였는데,....그들이 중국에 온 목적은...
헤로인의 밀매를 지향한 것으로 그들은 군 의존관계의 영업에 의해...폭리를 얻는 헤로인을 밀매하는 것이다.]

마약문제 연구의 대가인 박강 교수의 저서 '20세기 전반 동북아 한인과 아편'(선인, 2008년)의 내용에 보면,
수만 명의 조선인들이 중국에 가서 마약과, 아편과, 위안소업을 영위하는 모습들이 더 자세히 나온다.

'1937년 중일전쟁 발발 후 특히 일본군 점령 하의 화북 지역으로 진출하는 조선인들의 수가 폭증하였다. 조선인들이 목적하는' 사업'의 태반은 바로 법적 일본인 신분을 활용한 치외법권을 무기로 삼아 현지 중국인을 상대로 마약 매매를 하거나 주로 현지 일본군을 상대로 하는 위안소(성매매업) 경영이었다.' 조선인들은 현지 일본군과 유착되어 때로는 중국인들에게 갖은 행패를 부리기도 하고, 일본군의 스파이가 되어 마약을 사러온 중국군 패잔병에 대한 정보를 제공하기도 하였다.

중일전쟁 발발 직전 불과 8천여명 정도였던 在화북 조선인의 수는 1938년 7월에는 1만 8천여명, 1940년 6월 말에 이르러서는 6만 8천여명으로 급증하였다.

'在화북 조선인의 경우 농업 종사자는 거의 없었고, 일본 관공서나 회사, 은행 등에 근무하는 소수의 조선인을 제외한 다수는 법적 일본인으로서 치외법권의 이점을 업고 아편, 마약을 밀매하거나 일본군 상대로 위안소를 경영하여 일확천금을 하겠다는 꿈을 안고 온 자들이었다....(수만 명의 조선인들은) 황군의 진격과 함께 군을 따라....군대가 필요로 하는 잡화를 소지, 혹은 특수 부녀자의 무리를 거느리고 군 위안소를 개업하거나....커

다란 이윤을 챙기면서 전선으로 전선으로 진출하였다...'

당시 조선인들은 나라 잃은 설움에 겨운 비참한 사람들이고,
이를 불쌍히 여긴 위대하신 독립투사님들이 악당 일제를 상대로 혈전을 벌인 줄 알았는데, 오히려
침략국 국민으로서 중국인들을 업신여기고, 중국인들에게 못된 짓을 하며 마약과 위안부를 통해 큰 돈을 벌었던 것이다.

◉ 조선인들의 호황산업이었던 위안소, 떼부자 된 조선인 포주들

'총독부 경찰국 화중, 화남, 북중미주 거주지 조선인 개황'에 따르면,
1937년 기준으로 상하이 재류 위안소 경영자들이 나온다.
그 속에, 많은 조선인 업주들이 있는데,
그들의 자본금은 1500원~2000원 가량이었고,

그들의 '위안소업'은 크게 번창해서,
업주들 대부분이 수십배 성장 했다.

상하이 재류 조선인의 풍속영업, 위안소 경영(1939년)

업종, 상호	경영자	자본금	본적
극동 댄스홀	안세호	20,000원	서울
카페 베이비	조동현	20,000원	평안남도
위안소	박일석	30,000원	평안북도
위안소	김일준	20,000원	평안북도
위안소	이창조	20,000원	경기도
위안소	이상우	20,000원	서울
위안소	이치운	20,000원	평안남도

(원 자료에는 자본금 2만원 이상만 열거 했다고 부기 되어 있음.)

이들의 2년 전 자본금은 1500원~2000원에 불과했었다.
그 중 박일석이 경영하던 위안소 '카페아세아'는 1937년도의 자본

금 2천 원에서, 1940년도에는 자본금 6만 원으로 3년 만에 3000% 성장 했으며, 위안소와 무역업을 겸한 김우봉도 자본금 80,000원으로 초고성장 했다.

동남아로 진출하여 국위 선양(?)한 위안부 사업가들 일부만 더보자

위안소 관리인의 일기에 나타나는 버마 랑군과 싱가포르의 위안소 (일부)

위안소명	경영자명	출신	적요
랑군회관	오오야마호일	조선인	버마 랑군
시라미주관(白水館)	오오하라	조선인	버마 랑군
우치조노(內蘭) 위안소	우치조노	조선인	버마 랑군
이치후지루(一富士樓)	무라야마	조선인	버마 랑군
쇼유게츠관(松月館)		조선인	버마 랑군
쿄우라쿠관(共樂館)	키무라	조선인	버마 랑군
김천관(金泉館)		조선인	버마 랑군
장교클럽 수이코엔		조선인	버마 랑군
키쿠수이 클럽(菊水)	니시하라 주복	조선인	싱가포르
타이요우관(대양관)	니시하라 무시	조선인	싱가포르
홍남클럽		조선인	싱가포르
나고야(名古屋) 클럽	타키 미츠지로우	조선인	싱가포르
쿄우에이(共榮) 클럽	타카지마	조선인	싱가포르
도남(圖南) 클럽		조선인	싱가포르
후지(富士) 클럽	카야마 형락	조선인	싱가포르
하나조노(花園) 클럽	토쿠야마 내외	조선인	싱가포르
다이이치시로이보탄		조선인	싱가포르

☞모두가 창씨개명한 조선인들이다.

위안소업은
조선인들의 '고소득 호황산업'이었던 것이다.

04. 쉿 절대 비밀, 한국군 위안부와 중국군 성노예

⊙감추고 싶은 한국의 흑역사, 한국군 위안부

한국군도 위안부를 운용 했다는 것은 공공연한 비밀이다. 영국,프랑스,러시아 등 대부분의 나라에 위안부가 있었지만, 한국에서는 위안부가 오직 일본에만 있는 제도여야 한다는 믿고 싶은 관념이 있어서 공공연한 비밀이 된 것이다.

육군본부가 1956년에 편찬한 〈후방전사(인사편)〉에 자료가 실려 있는데, 군 위안대 설치 목적은 다음과 같다.

"전쟁에 따르는 피할 수 없는 폐단을 미연에 방지할 수 있을 뿐 아니라 장기간 교대 없는 전투로...이성에 대한 동경에서 야기되는 생리작용으로 인한 성격의 변화 등으로 우울증 및 지장을 초래함을 예방하기 위하여 본 '특수위안대'를 설치하게 되었다." -대한민국 육군본부 군사감실 "후방전사 인사편",1956

북파공작특수임무동지회 사무총장 김영대씨의 인터뷰를 보자 [2002-4-9]

Q.설악 개발단에는 위안부가 있었다는 말이 있는데.
A.있었다. 3개월에 1번씩 위안부를 접할 수 있었는데, 안전가옥이라는 곳에서 이들과의 만남이 이루어졌다. 보통 1개조가 7~9명씩으로 이루어져 있었기 때문에 이 숫자에 맞춰서 온 것 같다...성행위가 끝나면 보안과에서...

이는 군이 한국전쟁 당시 위안부 제도를 전투력 손실 방지와 사기

앙양을 위해 불가피한 '필요악'으로 간주했음을 보여주는 것이며, 그 후에도 국가가 위안부를 동원 했다는 증거다.

하지만 이런 진실 앞에 위안부 좌파는 일체 침묵한다.

왜냐하면 그들 위안부 좌파는 구실만 여성 인권일 뿐, 진짜 목적은 여성 인권이 아니기 때문이다.

한성대학교 김귀옥 교수가 2002년 발굴한 '후방전사'는 한국군이 1956년 편찬한 것인데, 여기에 실린 '특수위안대 실적통계표'를 보면, 1952년도에 **특수위안대로 불리우는 4개 소대로 편성된 위안대 89명이 연간 20만4560명을 '위안'했다고 기록하고 있다.**

일부 장군들의 회고에 따르면 사단이나 연대 단위에서 사창의 여자들을 위안부로 이용하고 사단이나 연대 인사처가 돈을 지급하는 비정규적 임시 위안소도 운영 했다고 한다.

한국전쟁시 연대장으로 복무한 채명신 장군의 회고록〈사선을 넘고넘어〉에 보면 위안소는 중대 단위로 운용 되었다고 하는데, 그 인원은 약 180~240명 이상으로 추정되고 있다.

1952년의 '특수위안대 실적통계표'에 따르면, 최소 89명의 위안부를 연간 20여만명의 군인이 이용 했음을 보여준다.

이는 위안부 1인당 하루 7명에 해당한다.

*위안부 등록 시행 [마산일보 1952-04-22]

*UN軍 상대 위안부 13日부터 등록실시 [동아일보 1961-09-14]

*군위안부로 강요된 일본여성 松下 중공 만행 폭로기 [동아일보 1954-05-31]

*위안부들의 데모, 미군 외박 금지 항의 [매일경제 1970-2-11]

*미군 위안소에 화재 5동 전소(全燒) [동아일보 1957-2-26]

*전쟁이 장기화함에 따라 많은 젊은 여자들이 생계를 위해 미군에게 몸을 팔고 전선 근처에까지 밀려드는 시절이었다.

당연히 사창에는 성병이 만연했고 방치할 경우 성병으로 인한 전투력 손실도 우려되었다. 따라서 군에서 장병들의 사기 진작과 전투력 손실 예방을 위해서 위안대를 편성해 군의관의 성병 검진을 거쳐 장병들이 이용케 한 것이다.

어찌 보면 (창녀들을 군 위안대에 흡수함으로써) 당시 사회의 필요악으로서 인권 사각지대에 방치된 창가 여자들의 인권을 보호한 측면도 있다. [한국군 위안부에 대한 채명신 장군의 증언록]

⊙일본군 성노예와 조선의 성노예

한일합방 전으로 거슬러 올라가면, 우리는 일본군 위안부보다 훨씬 끔찍한 '진짜 성노예'가 있었다.

바로 국가공인 세습 성노예인 '관기'와, 양반지배층이 맘대로 성노예로 부릴 수 있는 '계집종'이 그것이다.

일본군 위안부는 일시적이지만, 우리는 강제 세습이었고, 일본은 돈을 주었지만, 우리는 돈을 주지 않았다.

옛말에 '계집종 xxxx는 누운 소 타기 보다도 쉽다'라는 속담이 있었고, 계집종이 낳은 자식은 똑같은 노비이므로 조선은 재산증식 목적으로 계집종을 겁탈하는 일이 많았다.

관기를 성폭행 하건, 계집종을 성폭행 하건, 첩질을 하건 말건,

그런 것은 죄가 아니었다.

심지어 남편 있는 계집종을 주인이 겁탈 했어도 계집종의 남편이 주인을 고발하면 고발자만 처벌했다.

*여성은 재판 없이도 남편이나 친척에게 살해당할 수도 있다.
[내가 본 조선인]

*노비 중에서도 관가의 여성 관비는 거의 짐승 취급을 받는다. 그녀들은 수령 뿐만 아니라 아전,포졸,사령 등 누구라도 마음대로 할 수 있다.[샤를르 달레]

제도적으로 세습 성노예를 두던 나라가, 그 수백분의 일도 안되는 작은 악행의 종군 위안부를 비판할 자격이 있는지는 의문이다. 심지어 똑같은 종군 성노예제를 자기들도 했으면서....
남을 비난 하는 것은 쉽지만 비난할 자격을 갖추는 것은 어렵다.
또 상대를 비난하려면 적어도 동 시대의 상황을 가지고 비교해야 마땅하지, 현재의 우리와 80년 전의 일본을 비교하는 것도 옳지 않다.

⊙뉴욕타임즈의 위안부 진실 폭로

뉴욕타임즈 2009년 1월7일 인터넷판 및 지면을 통해 한국전쟁 후 한국에 주둔한 미군을 위해 한국 정부가 여성 위안부들을 운용 했다는 내용을 보도했다. 1960~1980년에 한국 정부가 성병 검진 등 기지촌 여성들을 직접 관리했고, 그 여성들은 정부의 보상도 없이 비참한 말년을 보내고 있다는 내용이다.
또한 기사는 한국은 일본에 대해 위안부 여성을 일본군의 성노리개로 활용했던 추한 역사를 공개하고 있지만, 이는 (한국 정부가 관리했던 여성들에 대한) 또 다른 학대라며 비판했다. 그런데 문제는, **'위안부 좌파'는 이 문제에 대해 철저히 입을 닫는다는 것이다. 위 사건이 일본군 위안부와 관련 되었어도 '위안부 좌파'가 입에 자물쇠를 꽈악 채웠을까?**
만약 북한과 중국 소련 등 공산주의 진영과 관련이 있었다면, 위안부 좌파는 더더욱 입을 닫고 더 감추었을 것이다.

⊙중공군 성노예로 강요된 수많은 일본 여성들

★군위안부로 강요된 일본여성 송하(松下) 중공 만행 폭로기

중공군은...전 관동군들을 강제로 중국군 정규군에 편입 시키는 한편, 수많은 일본인들을 억류, 강제 노역에 종사 시키고 있음은 주지의 사실이거니와 금번 한국 육군에 투항한 일본인 송하(松下,당31세)에 의하여

중공 당국의 야만적 행동이 더욱 명백하게 폭로 되었다...

송하에 따르면...**중국에 억류된 일본인 여성들은 대부분 중공군 위안부로 이용되고 있다고 한다.**[동아일보 1954-05-31]

☞좌파의 우상 중공군은

여성을 정말 강제 납치하여 '진짜 성노예'로 부리고 있었다.

그들이 진짜 '위안부 성노예범'들이다.

좌파여, 이념적 동지 나라의

중공군 성노예도 다루어 볼 의향은 없는가?

좌파는 오로지 미국·일본·우파의 과거 잘못만 수천 배 부풀리고,
북한·중국·소련의 만행은 일체 입을 꾸~욱 닫아버리시는데,
좌파의 정신적 종주국인 중국군 위안부를 연구한다면
일본군 위안부와는 비교조차 안되는 만행들이 드러날 것이다.

중국 소련의 8천만 명 학살 쯤은
별거 아니라서 연구 가치가 없는가?
북한 정권이 하루 평균 40명 이상씩을 계속 죽이고 있는 일,
소련군이 독일여성 100만 명을 강간하고
독일여성 수만 명을 강간살해 했던 일도 연구 해볼 법 한데…
북한 여성들을 강간한 소련군들도 그렇고…
같은 이념권이라는 이유 만으로
무슨 짓을 해도 용인하는 게 진보인가?

중국·소련을 감히 건드리지 못한다면,
6.25 때 인민군과 좌파가
전라남도 지역의 민간인 7만명을 학살한 사건이라도…
그것도 감히 못건드리나?
7만명 학살 따위는 별거 아니고,
그보다 훨씬 옛날의 238명 피해만 엄청나게 중차대하고?

이게 그대들 나라의 상식인가?
위안부좌파, 그대들은 대체 어느 나라의 국민인가?

05. 한국인이 알아선 안되는 위안부의 진실

⊙한쪽 주장만 듣고 흥분부터 하는 나라

한국인들은 보통 10%의 이성과 90%의 감성으로 구성되어 있다. "아이고, 우리 소녀들이 20만명이나 끌려가서 강제 성노예 당했대, 나쁜 일본놈들" 이러면서 흥분하는 것은 잘 하지만, 앞뒤 따져보며 판단할 줄은 모르는 게 대다수의 한국인들이다. 한국인들은 이성적 분별보다는 믿고 싶은 것만 믿는 성향이 강해서, 한번 성역이 된 곳은 어떤 객관적인 증거의 반론으로도 통해 먹히지 않고, 건드리기만 하면 '민족감정'에 의해 인민재판처럼 공개 처형 당한다.

책도 안읽고 이성 대신 감성만 있는 사람들 속에서 무슨 변을 당할 는지 모르지만, 목숨을 걸었으니 이 책을 쓰는 것일 뿐이다.

필자가 일본군 위안부를 비판하는 수십 명과 대화 해 본 결과, 그들 중 위안부 관련 일본의 공식 입장을 알고 있는 한국인은 단 한명도 없었다. 미국 법원에 제기한 일본 상대 위안부 소송에서 패소했다는 사실을 아는 사람도 거의 없었다.

감성을 자극하는 한쪽 주장만 무작정 믿는다. **정치 사기꾼이 들끓는 이유도 이성 대신 감성만 가득한 국민성 때문이다.**

양쪽의 주장이 다른 상태에서 국민은 재판장이 될 수 있어야 하며, **한쪽 말만 듣고 단정하는 재판장은 어리석은 재판장이다.**

그런데 한국인 대다수는 일본이 뭐라고 하는지조차 모르면서 **흥분한다.** 적어도 객관적인 자료 하나라도 살펴본 후 진실을 찾아야 한다. 국사편찬위원회 사료관에서 확인 가능한, 미군의 '버마 미트키나' 함락 후, 1944년 8월에 포로가 된 20명의 한국인 위안부들과 2명의 일본인 민간인에 대한 미군의 '위안부 취조 보고서' 등 객관성이 입증된 기밀 해제 자료 몇개만 보자.

⊙일본군 전쟁 포로 심문 보고서 제 49호 : 한국인 위안부들

일본군 전쟁 포로 심문 보고서 제 49호: 한국인 위안부들 (Japanese Prisoner of War Interrogation Report No. 49: Korean Comfort Women)

이 보고서는 버마 미트키나 함락 후 1944년 8월 10일에 포로가 된 20명의 한국인 '위안부들'과 2명의 일본인 민간인에 대한 심문에 기초한 것이다. '위안부'는 '병사들을 위해 일본군에 붙여진 창녀' 혹은 '직업적 종군 민간인'이다.

위안부란 용어는 일본인 특유의 표현이다.

이 보고서는 일본인에 의해 모집되어 버마의 그들 군대에 붙여진 한국인 '위안부'들에 대해서만 다룰 것이다.

◆모집(RECRUITING)

1942년 5월초, **업자들은 여성들에게 풍성한 돈, 가족의 빚을 청산할 기회, 쉬운 일, 새로운 땅에서 새로운 생활을 하게 된다는 장밋빛 전망 등으로 모집했고, 이러한 거짓된 설명 하에 많은 여자들이 모집되었고 선금으로 몇 백 원의 보상을 받았다.**

여자들의 대부분은 무식하고 무학이었는데, 그녀들 중 일부는 모집 이전에 '지구상에서 가장 오래된 직업(윤락녀)'의 종사

자였다. 그녀들이 서명한 계약은 미리 선금으로 지급된 가족 연대채무의 액수에 따라 6개월에서 1년까지의 기간 동안 그녀들을 위안소 업자와 군의 통제하에 놓이게 하였다.

◆**인성**(PERSONALITY)
심문은 평균적인 한국인 '위안부'가 **대략 25세 내외**이며, 무학이며, 유치하며, 이기적임을 보여준다.
낯선 자들 앞에서의 그녀의 태도는 조용하며 점잖 빼는 모습이지만, '여자의 속임수'를 알고 있다.

◆**생활과 업무 조건**(LIVING AND WORKING CONDITIONS)
위안부 여성들은 대개 큰 2층 가옥에서 생활했으며 각 여성마다 하나의 독립된 방을 제공받았다.
그 방에서 각각의 여성들은 생활하고, 자고, 비즈니스를 하였다.
그들은 비교적 호사스러운 수준으로 살았다.
그들은 가지고 싶은 물건들을 구매할 많은 돈이 있었기 때문에 잘 살았다. 그들은 옷, 신발, 담배, 화장품을 살 수 있었으며 병사들로부터 많은 선물을 받았다. **그들은 장교들과 다른 남자들과의 운동 경기에 참가하였으며 소풍과 각종 오락, 사교적 저녁 식사 등에 참가하며 스스로를 즐겁게 하였다. 그들은 축음기를 가지고 있었으며 도시에서 쇼핑을 하는 것이 허락되었다.**
그들이 일하는 조건은 군에 의해 규제되었으며, 붐비는 지역에서는 규칙이 엄격히 적용되었다. 군은 (직위에 따른) 차등 가격, 우선 순위, 다양한 부대의 스케줄 등을 고려한 위안소 시스템을 정착시켰다.

1. 사병 : 오전 10시에서 오후 5시. 1회 20분에서 30분. 요금 1.5엔
2. 하사관 : 오후 5시에서 오후 9시. 1회 30분에서 40분. 요금 3엔
3. 장교 : 오후 9시에서 자정. 1회 30분에서 40분. 요금 5엔
장교들은 20엔을 내고 하룻밤을 보낼 수 있었다.

◆일정(SCHEDULES)

병사들은 종종 위안소가 붐비는 것에 대해 불평하였다. 많은 상황에서 그들은 이용을 하지 못하였으며, 군은 이용 시간 초과에 대해 매우 엄격하였고, 특정 부대에 대해 특정 이용 일자를 지정하였다. 부대에서 2명이 차출되어 위안소에 상주하며 병사들이 중복 이용하지 못하도록 확인하였고, 장교들은 아무 날이나 이용이 가능하였다. **위안부 여성들은 이러한 스케줄에도 불구하고 붐빔이 너무 심하여 모든 손님을 다 받을 수가 없어서 많은 병사들이 기분이 나쁘게 되었다고 불평하였다.** 군인들은 위안소에 와서 돈을 지불하고 표를 샀는데, 위안부들은 고객을 거절하는 **특권이 허락되었다.**

◆급여와 거주 조건(PAY AND LIVING CONDITIONS)

위안부 업자는 여성들이 처음 계약시 받은 돈(선대금)이 얼마냐에 따라 수입의 50에서 60퍼센트 가량을 차지하였다. 이는 평균적인 **한 달 동안 한 위안부가 1500엔 가량의 수입을 올리며 이 중 750엔을 업자에게 준다는 것을 의미한다.**

많은 업자들은 식료품이나 기타 물품을 위안부들에게 고액을

받고 팔아 이들을 힘들게 하였다.

◆건강 상태와 귀국 허가

이 여성들은 건강이 매우 좋았다. 이들은 모든 종류의 피임 기구들을 잘 공급받았으며, 위안부들은 자기 자신들과 고객들을 위생 측면에서 세심하게 보살피도록 교육받았다.

일본군 군의관이 주 1회 정기적으로 방문하였고 병에 걸린 여성이 발견되면 누구든 치료를 받고 병원으로 이송되었다.

1943년 후반에 군은 (위안소 업자에게) 빚을 다 갚은 여성들은 귀국할 수 있도록 명령하였다.

그리하여 위안부들 중 일부는 한국으로의 귀국을 허락받았다.

◆일본 군인들에 대한 반응(REACTIONS TO JAPANESE SOLDIERS)

일본군 고위 장교들 중, 마루야마 대좌는 이기적이고 부하들에 대해 배려가 전혀 없었고, 미즈아키 소장은 선하고 친절하며 훌륭한 군인으로 자기 밑에서 종사하는 모든 사람들에게 최대한의 배려를 하였다.

마루야마 대좌는 위안소 요금을 절반으로 낮추어 업자와 위안부들의 원성을 샀고, 본인 스스로가 위안소에서 살다시피 하였으나, **미즈아키 소장은 한 번도 위안소를 이용한 적이 없었다.**

미트키나 함락 때 마루마야 대좌는 아마도 탈출한 것으로 추정되지만 미즈아키 소장은 부하들을 탈출시키지 못한 책임감으로 자살하였다.

◆군인들의 반응(SOLDIERS REACTIONS)

평균적인 일본군은 '위안소'에 나타나는 것을 당황스러워 하였다. 한 위안부는 이렇게 말하였다.

"위안소가 붐빌 때 (군인들은) 줄을 서서 차례를 기다려야 한다는 것에 수치스러워 하는 경우가 많았어요."

그러나 (위안부에게) 청혼하는 경우도 많았으며, 실제로 위안부와 결혼을 하기도 하였다.

(1944년 10월 1일 인디아-버마 전역에 부속된 미합중국 전쟁 정보국 심리전팀)

다음은 한국사 데이터베이스 [일본군 위안부 전쟁범죄 자료집]에 나오는 남서 태평양지역 총사령부 연합군이 조사한 자료다.

●연합국 조사를 통해 보는 위안부의 진실

버마 위안소 조사보고서 [제120호(1945. 11. 15)[연합국 최고사령관]

(1) 1944년 8월 10일에 와잉마우 근처에서 자신의 처와 20명의 군위안부들과 함께 체포된 전쟁포로 위안소 업주의 진술을 기록한 것이다.

*이 전쟁포로와 그의 처, 처제는 경성에서 음식점 업주로 얼마간 돈을 벌었으나, 장사가 부진해지자 더 많은 돈을 벌 기회를 찾다가 조선에서 버마로 '위안부'를 데려 갈 수 있게 하는 허가서를 경성 육군사령부에 제출했다. **이 전쟁포로는 22명의 조선인 여성을 매수했고, 그녀들의 양친에게 그녀들의 성격, 용모, 연령에 따라 300엔부터 1000엔까지 지불했다.**

*이 22명 여성의 연령은 19세부터 31세였다. **그녀들은 그의 유일한 재산이 되었고, 일본군은 이들에게서 어떤 이익도 얻지 못했다.**

*이 전쟁포로와 그의 처는 음식점 영업을 처제에게 맡기고, 22명의 여성과 함께 1942년 7월 10일에 부산을 출항했고 고 동년 8월 20일에 랭군에 도착했다. 그의 위안소에는 22명의 조선인 여성들이 있었다.

*모든 위안부는 다음과 같은 계약조건으로 고용되었다. **위안부는 자신의 총 수입 중 50%를 받았고**, 교통비, 식비, **의료비는 무료였다**. 교통비와 의료비는 군 당국이 부담했으며, 식료품은 군 보급대의 협력으로 위안소 업주가 구입했다. 업주는 의복, 필수품, 사치품을 터무니없는 가격으로 위안부에게 팔아 또 다른 이익을 얻었다.

*위안부 한 명의 최대 총수입은 한 달에 약 1,500엔, 최소 총수입은 한 달에 300엔이었으며, 이 위안소의 규칙에 의해 위안부는 위안소 업주에게 한 달에 최소한 150엔을 바쳐야 했다.

*요금 액수와 시간표는 연대의 지시에 따라 정해졌고, 시간표는 장교와 하사관과 병사가 같은 시간대에 마주치지 않도록 짜여졌다. **시간표는 엄격하게 준수되었다.**

하사관과 병사는 1주일에 한번만 위안소를 찾기로 되어 있었고, 장교는 원하는 한 찾을 수 있었다.

요금지불은 티켓제로 했다. 다음과 같은 시간표를 걸어두었다.

- 병사: 10시부터 15시. 요금 1엔 50전
- 하사관: 15시부터 17시. 요금 3엔
- 장교: 21시부터 23시 59분. 요금 5엔
- 장교: 23시 59분부터 아침까지. 요금 20엔

당시 실제 위안부들의 모습

⦿위안소 규정(마닐라) [조사보고서 제120호(1945. 11. 15)]

마닐라 병참지구대가 1943년 2월 발행한 '위안소 규칙' 소책자

제1부 총칙
1. 이 규정에서 인가 위안소란...병참담당관이...지정한 장소를 가리키며...군인 및 군속 민간인의 여흥을 위해 여급(접대부)을 둔다.
2. 업주는...허가를 얻은 경우에만 영업을 정지하거나 일시 정지할 수 있다.
3. 만일 각 업주가 어려움에 봉착할 때엔, 마닐라지구 병참 담당관은 영업을 정지 또는 일시 정지시킬 수 있다. 이 경우에 업주는 손실을 보았거나 기타 불편 사항이 있다면 그에 대한 보상 신청서를 제출한다.

제2부 영업
5. 위안소를 운영하려는 자는 다음 서류를 마닐라지구 병참담당관에게 제출해야 한다. 업주는 사업 경험이 있는 일본인이어야 한다.
   a. 개업허가신청서 (부록 A의 서식1)   3통
   b. 사업계획서 (부록 A의 서식2)   3통
   c. 서약서 (부록A의 서식3)   3통
   d. 이력서   3통
6. 개업허가를 받은 자는...사업은...검사 및 종업원 건강검진 후에 개시될 수 있다.
7. 종업원을 변경하려는 업주는 마닐라지구 병참담당관의 허가를 얻어야 한다. 시설에서 떠나기 원하는 여급은 퇴소허가신청서를 제출해야 한다.
8. 종업원을 증원하려는 업주는 이를 마닐라지구 병참담당관에게 통지한다. 의무당국의 건강검진 일시는 그 때마다 고지된다. 건강검진 종료와 동시에 검진기록은 이력서 또는 신분 증명서와 함께...병참담당관에게 제출된다.
9. 위안소로 이용되는 장소와 건물은 마닐라지구 병참담당관의 승인을 얻어야 한다. 장차 규율을 지키지 못하는 업주는 추방될 수 있다.

10. **여급은 원칙적으로 계약기간 종료시 재고용 될 수 있다.** 계속 고용을 원하는 자는 이를 마닐라지구 병참담당관에게 알리고 승인을 구한다.
11. 위안소 업주는 다음 사항을 준비한다.
 a. 모든 침실에는 침구 구비 b.모든 침실 및 대기실에 타구(唾具) 설치
 c.화장실 및 기타 지정된 장소에는 지정된 소독장치와 의약품 설비
 d.대기실에는 규약과 요금표 게시
 e. 대기실 및 개인실에는 여급의 명단. 이와 별도로 고객을 위한 오락 및 휴식 설비의 설치와 그 외의 위안 수단의 개설이 장려된다.

제3부 운영
12. 업주는 군인이나 군속 민간인이 아닌 모든 자들의 출입을 거부한다...
13. 업주는 위안소 이용객에게 군표를 받고 위안권을 주며...모두 기록한다.
14. 인가 위안소의 영업시간은 다음과 같다. – 24시까지
15. 인가 음식점 및 위안소 요금은 마닐라지구 병참담당관이 군의 승인을 받아 결정한다....업주와 종업원은 이 규정 이외의 요금을 청구하지 않는다.
16. **여급 수입의 반은 업주에게 배분된다.**
17. 위안소 업주는 모든 수입이 수익 일계표와 일치하도록 할 책임이 있으며, 총소득의 배당 현황을 기록한다. 위안소 업주는 아래와 같이 보고한다.
18. 매월 말일, 업주는...병참담당관에게 영업상황 보고서를 제출한다.
19. 여급을 위한 음식, 조명, 장작, 목탄, 침구의 비용은 업주 부담이다...과로에 의한 질병 치료비는 업주가 70%, 여급이 30%를 지불한다. 질병이 과로에 의한 것인지 여부는 군의의 진단에 근거하여 판단한다.
20. 행실이 나쁜 난봉꾼의 성명 및 소속 부대명은...병참담당관이 보고한다.
21. **업주는 여급의 저금을 가능한 한 장려한다.**
22. **종업원에게는 한 달에 한 번 휴일을 줄 수 있다.**

제4부 위생
23. **여급은...일주일에 한번...검진을 받는다. 검진 비용은 업주가 지불한다.**
24. 군의는 매번 검진 후에 건강상태에 관한 보고서를 작성하고 날인한다.
25. 건강검진의 부적격 진단을 받은 자는 치료기간 중 접대가 금지된다.
26. 성병에 관한 통상적 검진 및 진단과는 별도로 세균검사도 실시할 수 있다. 이와 동시에 특히 결핵, 전염병...등에 관한 전면적 검진을 할 수 있다.
27. **위안소 업주는 성병예방기구를 준비하여 여급에게 사용하게 한다.**(중략)

제5부 규율
29. 질서 유지를 위해 마닐라지구 병참담당관은 수시로 장교(군의)에게 시설 검사를 지시한다. 필요할 경우 헌병대의 협조를 구한다.
30. 여급은 병참담당관 허가 없이는 지정된 구역을 떠날 수 없다. 또한 위안소 외에서의 xx는 금지한다. 여급이 군인 또는 군속 민간인을 위한 만찬에 참석하기 위해서는 마닐라지구 병참담당관의 허가를 받아야 한다.
31. 위안소 업주는 원칙적으로 손님에게 음식물이나 술을 제공하지 않는다.
32. **위안소 시설을 이용하려는 자는 어떠한 술도 가져 올 수 없다.**
33. 아래의 자들은 위안소 출입 또는 위안소 사용 허가가 거부될 수 있다.
 a. 술에 취한 자 b. 주류 소지자 c. 그 외에 악영향을 미칠 수 있는 자
34. 위안소를 출입하는 자는 다음 규정을 준수해야 한다.
 a. **요금 지불은 미리 군표로 한다.**
 b. 군인과 군속 민간인답지 않은 고성방가나 유사한 행동은 금지한다.
 c. xx 때는 콘돔이나 여타의 예방기구를 사용해야 한다. 질병을 예방하기 위해 최대한 더 주의를 기울여 책임지고 적절한 세탁을 실시한다.
 d. 여급에게 입맞춤을 하지 않는다.
 e. 군사 보안 조치를 준수해야 한다.
35. **이상의 규칙을 위반하면 영업허가 취소가 뒤따른다.**
(연합군번역통역부 문서번호 제17910호)

◉위안부는 임금을 받지 못하고 강제 성노동 당했다?

문옥주씨의 '전시 우체국 저금의 환불청구소송', 시모노세키 재판 이라는 것이 있었다. 문옥주씨는 '종군위안부'를 하면서 모은 26,245엔을 우체국 저금으로 예치 했었고, 그 중 5,000엔을 조선의 친가에 보냈지만, 패전 후의 혼란 중 통장을 분실했고, 수십년 후 일본에 지급 요구한 것이다. **그러나 재판 과정에서 그녀가 짧은 기간에 집을 여러 채 살 만한 큰 돈을 벌었다는 점들이 밝혀졌다.** 대동아전쟁 육군 급여령(쇼와 18년)에 의하면, **당시 병사의 수입을 평균하면 월액 30엔 정도로, 문옥주씨는 손님인 병사의 약 30배나 벌고 있던 게 드러났고, 그 배후 세력이 의도하던 '종군위안부=성노예' 라는 도식이 거짓임이 드러난 것이다.**

*내 이름으로 된 저금통장이 만들어졌고, 거기에는 오백엔이라고 적혀있었다. 태어나서 처음 한 저금이었다. **대구에서 어려운 생활을 벗어나지 못했던 내가 그런 큰 돈을 저금할 수 있다니 믿을 수 없는 일이었다. 당시에 천원이면 대구에 작은 집 한 채를 살 수 있었다.**(버마전선 일본군 위안부 문옥주)

문옥주 할머니는 1946년 4월, 태국에서의 승선 광경을 이렇게 증언한다. "귀국하는 날이 가까워졌다. '짐은 가져갈 수 없다. 배에 가지고 탓다가는 압수당한다'는 소문이 사실인 양 흘러나왔다. 나는 가지고 있던 **악어가죽 핸드백과 다이아몬드 등을 모두 팔아치우고** 너무 속이 상한 나머지 술을 마셨다. 인양선을 타자마자 바로 그 소문이 의도적인 거짓말이었다는 것을 알았다. 나는 속은 것이 분해서 몇 번이나 땅을 걸어찼지만 이미 엎질러

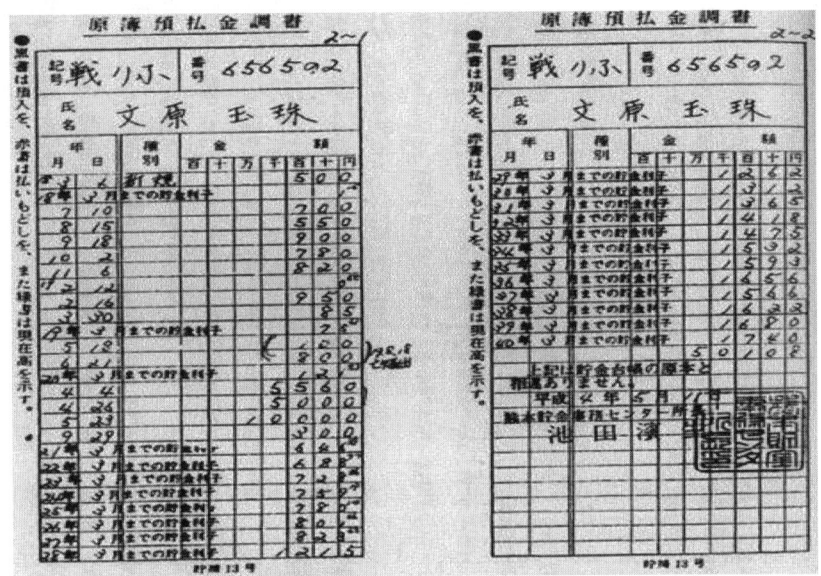

문옥주 위안부의 예금 관련 자료 1천원이면 대구의 작은 집을 샀다고 했는데, 그녀의 매달 수입액이 보통 1천원 내외였다. (성이 두글자인 것은 창씨개명 때문으로 보인다)

진 물이었다. 내 짐은 달랑 핸드백 하나였다"

문옥주 할머니는 귀국 후, 오빠는 "큰 돈(5천엔)을 잘 받았다"며 고마움을 표했다고 한다.

일본은 위안부들에 대한 '계약'을 충실히 이행한 듯 하다.

김정란 박사의 학위 논문(일본군 '위안부' 운동의 전개와 문제 인식에 대한 연구)에 실린 이용요금 통계에 관한 주석에 따르면, **돈을 받지 못했다는 증언은 1.6%**(3명)**에 불과하다.** 반면에 군인들이 군표나 돈을 냈다(47.9%,92명), 파악불가(32.8%,63명), 모르겠다(8.9%,17명), 기타(8.9%,17명)으로 나타난다.

모호한 응답이 많은 이유에 대해서는

"대가가 있었다면 매매춘으로, 즉 문제 삼을 수 없는 것으로 용인하는 태도를 이 사회가 견지하고 있었기 때문"이라고 설명한다.

⊙ 위안부는 '성노예'였다?

위안부좌파는 위안부를 '성노예'라고 말하는데, 문옥주 씨의 수기를 보면, **일본군을 찔러 죽였는데, 정당방위로 무죄판결 받은 이야기가 나온다.** 이는 인권을 보장 받았다는 것이다.

노예는 재판 받을 권리도 없다.

'버마전선 일본군 위안부 문옥주'나 '일본군 위안소 관리인의 일기' 등을 보면 위안부는 한 달에 두번 휴일이 주어졌고, 휴일에는 근무지를 자유롭게 이탈할 수 있었으며, 다이아몬드와 악어가죽 핸드백 하이힐 등 사치물품을 소비 한 자료도 있다.

위안부들 중에는 일본인과 결혼하여 나간 사람도 적지 않고, 당시 즐거웠던 추억을 말하며 그 때가 그립다고 말하는 위안부도 있다.

*랑군 시장에는 보석가게도 있었다. 버마는 보석이 많이 나는 곳이었기 때문에 루비나 비취가 특히 싼 편이었다. 친구들 중에는 보석을 많이 모으는 사람도 있었다. 나도 하나 정도는 가지고 있는 게 좋을 것 같아서 큰 맘 먹고 다이아몬드를 샀다.

일본의 활동사진이나 일본에서 온 가부키 공연을 보러 간 적도 있었다....가지고 있던 팁과 군표를 모아 저금하기 시작했다…

나는 악어가죽 핸드백에 하이힐을 신고 녹색(프랑스산)레인코트를 입은 멋진 차림으로 사이공의 거리를 활보했다.

아마 누가 보더라도 내가 위안부로 보이진 않았을 것이다.

지금도 그 날의 기억을 떠올리면 아주 그립고 그 때의 자신만 함이 되살아나는 기분이 든다. [버마전선 일본군 위안부 문옥주]

*매달 한번 휴일이 있었다. 휴일이 되면 거리로 나가 물건을 샀다. 바나나, 망고, 파파야 등을 사먹는 일은 하나의 재미였다. [버마전선 일본군 위안부 문옥주]

문옥주 위안부가 5000원을 본가에 송금하고 2만5000원을 저축했다는 돈은 상당한 거금으로서 그녀의 수입은 일본군 3성장군의 연봉보다 많았다. 참고로 1942년 당시에는 식모가 한 달에 10~15원을 받았다. 돈도 벌고, 놀러도 가고, 빚도 갚고, 계약 기간 끝나면 재계약 하거나 집에 돌아갈 수도 있고, 일본 군인을 죽여서 무죄판결 받는데도 노예일까?

'버마전선 일본군 위안부 문옥주'에 따르면, 병이 났다는 이유로 '폐업신고'를 했고 일본군이 이를 허가해 귀국하는 장면도 나온다.

하기 싫으면 '폐업신고'를 해서 관둘 수 있는 노예도 있는가?

그런데도 한쪽 주장만 믿는 감성만땅 상태로
"아이고 우리 소녀들이 20만명 씩이나 성노예로..."
이러는 상태의 국민이라면 정말 답이 없다.

⦿ 일본군이 사적인 폭력을 마구 행사 했다?

'일본군 위안소 관리인의 일기'는 위안부가 군 병참부에 의해서 엄격하게 관리된 사실을 알려준다. '만달레이 위안소 규칙'을 보아도 위안부에 출입하는 장교와 병사는 계급장을 부착할 것과 어떠한 경우라도 구타와 폭행을 해선 안 된다는 점을 명시하고 있다.

순찰장교와 오락담당 하사관은 위안소의 군기 단속을 실시했고, 매주 1회 위안부의 신체검사를 실시했다.

자칭 위안부들은 일본군에게 끔찍한 폭행을 당했다고 주장을

실제 조선인 위안부들

하고, 일본군이 자신의 몸 곳곳에 흉칙한 문신을 새겼다는 주장도 하지만, 폭행, 문신은 위안소를 관리한 군이 용납하지 않았고, 있을 수 없었다. 심지어, 성기가 안들어간다며 음부를 칼로 찢었다는 황당한 주장까지 하는데, 신체감정을 받는다면 거짓으로 드러날 공산이 크고, 포주에게 가혹 행위를 당했을는지는 모르나, 당시 일본의 군 시스템상 그런 일은 불가능했다.

위안부는 관계를 거부할 권리도 있었는데, 거부하지 못하도록 가혹 행위를 한 것은 업자(포주)였다며 진짜 나쁜 사람은 조선 업자였고, 그 조선인보다 더 미운 사람이 자기를 팔아먹은 자기 부모라는 증언들도 있다. 주장만을 덮어놓고 믿고 의심할 줄 모르는 우리 국민은 문제가 없을까? 필자는 한 위안부가 끔찍한 일을 당했다면서, **"나라가 없었어"** 라고 말하는 것을 보고,
'저들이 거짓말을 하는구나'라는 조직적인 거짓말을 직감했었다.
그녀들은 일본인으로 태어나 일본인으로 산 사람들이며, **그 당시에 나라가 없다고 생각하는 사람들은 이 땅에 없었기 때문이다.**

◉일본군을 사랑한 조선인 위안부

일본 군인과 사랑도 하고, '위안'을 '애국'으로 생각했던 조선 여성들도 많았다. 문옥주 할머니의 증언을 들어보자.

*밖으로 나와서 달을 보며 울고 있었는데…돌아보니 야마다 이치로(가명)가 서 있었다. "조선에 있는 엄마가 보고 싶어요" 이치로는 "그렇겠지, 이런 곳에 와서 힘들지. 나도 내일 최전선에 가게 됐다. 부모님께 받은 이 목숨을 드디어 버려야 할지도 몰라. 그래도 나는 일본인이니까 어쩔 수 없지. 그럴지만 당신은 조선인이니까 죽지는 마. 살아남아 조선으로 돌아가서 효도해"라고 말했다. 우리는 같이 울었고 함께 방으로 들어가 술을 마시며 서로에게 이별을 고했다.

'2달 후였다. "야마다 상등병, 무사히 돌아왔습니다.", 이치로는 나에게 경례했다. **나와 이치로는 끌어안고 기뻐했다. 이치로는 나의 첫 사랑이었다. 이치로는 익살스럽고 멋있는 남자였다. 많은 일본 병사들은 우리 사이를 부러워하기도 했고, 때론 질투 어린 시선을 보내기도 했다.**'

*(이치로가)어느 날 전쟁 끝나면 일본 가서 살자고 하기에 "나는 조선인이니 조선으로 돌아가야 해요. 그럴순 없어요"라고 했다. 그러자 "그렇다면 **내가 조선으로 가지. 당신이 일본인이 되어도 좋고, 내가 조선인이 되어도 좋아. 사랑에는 국경이 없다고 하잖아. 넌 바보구나**"라고 하면서 이치로는 울었다. 나는 이 말을 잊지 않는다. 이치로는 정말 좋은 남자였다.

문옥주 할머니는 1주일에 한번 야마다 이치로를 보는 것이 삶의 큰 기쁨이었다고 증언한다. 그러나 이치로는 1945년 3월 버마 전선에서 사망한다. 문옥주 할머니와 일본 병사의 사랑 이야기 같은 일화는 한국에서 보도조차 되지 않는다.
오로지 악당 일제와 흉악한 일본군 이미지만 필요할 뿐이다.

⊙일본군은 악마들이었다?

미군 보고서에 나온 '군인들의 반응(SOLDIERS REACTIONS)'을 보자. '평균적인 일본군은 '위안소'에 나타나는 것을 당황스러워 하였다. 한 위안부는 이렇게 말하였다. "위안소가 붐빌 때 (군인들은) 줄을 서서 차례를 기다려야 한다는 것에 수치스러워 하는 경우가 많았어요." 그러나 군인들이 청혼하는 경우도 많았으며 실제로 위안부와 결혼을 하기도 하였다.'

일본 군인들 중에는 가난한 조선 위안부 여성의 딱한 처지를 위로하는 병사들도 많았고, 심지어 사랑하고 청혼한 경우도 적지 않았다. 두고 온 고향의 처자식 얘기를 하면서 우는 일본군도 많았고, 일본군과 위안부들은 같이 운동회도 하고, 화목하게 지냈다.

위안소에 들어온 일본군의 상당 수가 육체 관계보다는 대화 하고 싶어서 심적으로 외로워서 온 사람들이었다는 증언들도 있으며, 우리가 배워 왔던, '일본군은 짐승들이고, 14세 소녀들을 강제로 납치해서 죽을 만큼 성노예로 부려먹던 악마들이었다' 라는 '주입식 세뇌교육'과는 전혀 다른 증언들이다.

*일본 병사들 중에는 조선인도 있어서 그 중에는 대구에서 온

사람도 있었다. 조선인이 많이 있는 부대는 아주 강하다고들 했다. 우리들은 조선인 병사들과 무사히 고향에 돌아가자며 서로 격려하곤 했다'[문옥주]

*나이 든 일본군이 "같이 마시자"며 술을 한 병 가져왔다. "너희들도 고생했지. 먼데까지 와서. 고향에 돌아가면 효도하고, 행복하게 살아. 여기 와서 고생한 건 다 잊어버리고. 다른 사람이 뭐라고 하던 마음에 상처받을 필요는 없어"라고 말했다. 그 사람은 우리들이 불쌍하다며 울어 주었고, 우리들도 따라 울었다'[버마전선....문옥주]

'**그 사람들은 늘 아내와 아이들을 생각 하는 것 같았고, 그 중에는 울면서 이런 노래를 부르는 사람도 있었다. 전장에 있는 군인들의 마음과 우리들의 마음은 결국 같았던 셈이다.**'[버마전선....문옥주]

박유하 교수의 〈제국의 위안부〉에는 이런 내용이 나온다.

'나눔의집에서 100미터 떨어진 곳에 혼자 나와 사는 위안부 할머니가 있었다. 그녀는 혼자 살고 있었는데, 나눔의 집이 싫다고 했다. **할머니는 착오로 일본 군인과 헤어지게 된 안타까운 사랑 얘기를 들려주었다. 일본군을 사랑한 위안부들의 이야기는 한국에서는 절대로 '위안부 이야기'가 되어선 안되는 것이다**'

그 할머니에게 나눔의 집은 그 공간이 (일본군에 대한)사랑의 기억을 품어주는 공간이 아니었던 것이다.

☞위안부 좌파는 오로지 악마같은 일본군, 참혹한 위안부 이미지만 기억하라고 강요하는데, 만약 성기가 안 들어간다며 음부를 칼로 찢었다는 주장이 사실이라면, 일본 군사법정에서 무기징역을 당했을 것이다. 덮어놓고 믿는 사람들에게는 정말 문제가 없을까?

⊙어떤 기사: 한국은 '윤락녀 수출 초강대국'

*미국 코네티컷주 남부의 워터베리에서 6월 2일 오후 9시 한국 여성 33명이 체포됐다....미국 내에서 밀입국 한국 여성들에 의한 성 매매가 사회문제로 번지고 있다.

한국 정보 당국은 "미국 LA시 경찰국에서 **2004년 이후 성 매매로 의심되는 한국 여성의 유입 규모가 8000여 명에 달하는 것으로 추정한다**"고 밝혔다...원인 중 하나로 2004년 9월 발효된 '성매매 근절 특별법'을 꼽고 있다....

◆미국 내 '반(反) 한류'의 주범=지난해 6월 30일 400여 명의 미 연방수사국(FBI).국토안보부.경찰 합동 단속반은 LA와 샌프란시스코 일원에서 성 매매 혐의 여성 150명 등 모두 192명의 한국인을 체포했다. 미 NBC 등은 이 사건을 보도하며 태극기까지 화면에 내보냈다. 올 들어서도 뉴욕주.버지니아주 등 한인 밀집지역에서 한국 여성들이 성 매매로 잇따라 체포되고 있다. LA 경찰국 관계자는 "매달 체포되는 70~80명의 매춘여성 중 90%가 한국인"이라고도 했다.[중앙일보 2006.06.21]

위의 기사처럼, 한국은 '윤락녀 수출 초강대국'이다. '형사정책연구원'의 **'성산업규모와 성매매실태에 관한 전국조사'에 따르면, 2002년 기준 최소 33만명의 여성이 성매매에 종사하고 있다. 일본 동경의 한국인 성매매 여성은 3만 명이라는 언론의 보도도 있다.** 한국의 원정 성매매 여성들이 해외에서 검거 되는 인원만도 한해 수백명이며, 그 검거율은 '새발의 피'라는 상식에 비추어 볼 때, 현재의 원정 성매매 여성은 10만 명을 넘을 수도 있다.

한국의 원정매춘부 문제가 심각해서, 미국등 각국의 입국심사에서 한국여자는 집중심사대상이라 거부도 많이 당할 정도다.

1인당 GNP 3만 달러의 나라가 해외 '원정 성매매 인해전술'로 나서는 나라는 지구 역사상 한국이 최초일 것이다.

지금 깨끗하다면 과거에도 깨끗했었다고 말할 수 있지만, 지금도 그정도이니, 배고픈 시대에는 '생계형 윤락녀'가 더 많다는 상식에 비추어, 과거에는 더 많이 존재 했을 것이라는 게 상식이다.

한국인 위안부가 타국보다 많은 이유는, 한국의 여성차별 관습 때문이다. 그런 차별의 나라가 된 이유는, 전통적인 극심한 가난 때문이고, 가난해진 이유는, 사농공상의 무능한 지배층과 중국의 수탈까지 겹친 탓이다. 조선은 여성 교육을 시켜주지 않아서 여성의 사회 생활이라는게 기생과 위안부 외에는 없었고, 부모가 딸을 팔기까지 했다. 결국 가부장적 집안을 뛰쳐나와서 굶어 죽지 않으려면 위안부 외에는 별 할 일이 없었던 것이다.

먹고 살기 위해, 또는 가족이 팔아넘긴 수많은 지원녀들을 놔두고, 한국인의 협조가 절실했던 일본이 민심 잃을 짓까지 하며 강제 연행할 이유가 무엇인지를 위안부 좌파는 설명할 수 있어야 한다. 2004년 일본 대법원에 의해 '강제로 끌려간 위안부'라고 판결 받은 심미자 할머니에 의하면 위안부로 등록된 총 238명의 할머니 중에는 (자발적)종군위안부가 대다수이며, 비자발적 위안부는 많지 않다고 했다.

그 증언대로라면 강제로 끌려간 위안부는 많아봐야 수십명 이내이고, '나눔의집 위안부의 상당 수가 가짜'라는 것이다.

⊙ 대안 없는 비난, 비난을 위한 비난

좌파는 종군위안부를 만든이유 조차도 모르거나 알면서도 감추고, 전쟁범죄, 반인륜적 만행 등으로만 믿거나 그리 믿도록 선동한다. 그러나 **일본군이 종군위안부 제도를 만든 것은, 전쟁범죄를 막을 목적이었다.** 대부분의 점령군에게는 피점령지의 여성들을 강간할 특권이 있어 왔고, **점령지에서 아주 흔하게 벌어지는 일이 피점령지 여성 성폭행이다.** 좌파의 '정신적 종주국'이었던 구소련의 군대가 독일을 점령해서 독일 여성 100만명을 강간하고 수만 명을 강간 살해한 것이 그 사례다. 헬무트 콜 전 총리의 부인 하네로레 콜 여사도 12살 때이던 1945년 5월 독일에 진주한 소련군 병사들에게 어머니와 함께 성폭행을 당했다. 조선인 위안부 총 인원보다 좌파의 우상 소련군에 강간살해 당한 독일 여성이 훨씬 많았고, 북한에는 소련군에게 강제 임신당한 여성도 많았다.

*북부지방과 서부지방에서 가는 곳마다 잔학 행위를 저지르는 러시아인들. 러시아인들의 흔적은 불탄 마을, 살해된 여성과 아이들, 파괴된 들판으로 나타난다. 불과 피는 러시아인이 좋아하는 수단이다. 일본에게 패한 야만인들은 절망적인 조선인에게 자신들의 분노를 발산하고 있다.[윤치호일기]

이러한 전시 성범죄 등의 문제 발생을 우려한 일본 정부가 전시 성범죄를 예방하기 위해 고심 끝에 마련한 방안이 종군위안부 제도다. 일본의 위안부는 러시아에게 배운 것이고, 영국 프랑스도 있었다. 위안소는 공창과 같은 규칙이 적용되어 위생관리를 위해 법에 따라 영업허가를 받아야 했고, 일일 성관계 횟수까지 관리했다.

위안부의 몫은 보통 수익의 50%였고, 은행을 통하여 본가로 송금이 되거나 개인 별로 인출이 가능했고, 계약이 만료되면 위안부 생활을 계속할지 고향으로 돌아갈지 결정할 권리가 있었다.

모집은, 위안소 운영 업자들에게 위안부 동원을 위탁하는 방식으로 자신들은 직접 관여하지 않고 위안부를 징모 할 수 있게 한 것이다.

최악을 막기 위한 '필요악'으로서의 위안부...

'한국군 위안부'나 '일본군 위안부'나 그 목적은 동일했던 것이다.

단지 역사는 승자 멋대로 쓰기 때문에, 승자의 100만명 강간은 괜찮고, 민간인 성폭행을 막기 위한 위안부 제도는 전쟁 범죄가 되는 것일 뿐이다. 위안소를 만들건 안만들건 무조건 악당화 되는 게 패자의 숙명이다.

우리 나라는 '성매매 근절 특별법'으로 사창가를 없애 버렸다가 심각한 후유증을 앓고 있는 나라다.

필자도 당시 '성매매금지 특별법'에 반대하는 칼럼을 썼다가 '좌파 명분론자'들에게 '몰매' 맞은 적이 있는데, 명분론에나 집착하는 사람의 시각에서는 '성매매는 범죄인데 범죄를 허용하자는 소리냐?' 라고 생각할 수도 있지만, 결국 어찌 되었는가?

노무현 정부는 정의로운 척 성매매 특별법을 밀어 붙였지만, 결국 성매매가 주택가 곳곳에 퍼져서, 당시에 필자가 말했던 "성매매특별법은 '성매매 음성확산 촉진법', '강간 범죄 촉진법'이고, '윤락여성 보건검진 금지법'이며, '성병확산 촉진법'이다."라는 예측처럼 되어버렸다.

심지어 '윤락녀수출초강대국'이라는 국위선양(?)까지 하고 있다.

똥이 더럽다고 화장실을 없애면 온 동네에 악취가 진동하는 쉬운 이치조차 명분만 앞세운 좌파는 몰랐고 결국 아무도 책임지지 않는 것이다. 미국 등 서방 선진국들이 한국인 여성들은 입국 목적을 더 깐깐하게 따지고 애꿎은 다른 한국여성들까지 피해를 당하는게 그 때문이다.

우리나라에서도 1961년 5.16 이전까지 매춘은 불법으로 통제됐었다. 그래서 매춘은 은밀히 가정으로 스며들었고, 성범죄 등이 커져 갔다. 이에 박정희의 최고회의는 공창제를 채택했고, 결국 상당히 개선됐다. 당시 일본의 고민을 우리는 지금도 풀지 못하고 있는 것이다. 전쟁이 없는 평시에도 사창가를 없애면 강간 범죄가 급증하고, 성범죄를 통제하는 것이 어려운데, 법이 무너진 전시라면 위험성은 더 크다. 인간이라는 동물이 그런 동물이기 때문이다.

*부끄럽지만 나는 위안부 안의 창설자다. 쇼와 7년(1932)의 상하이 사변 때 두 세 건의 강간죄가 발생했으므로 파견군 참모부장이었던 나는 그곳 해군을 본떠 나가사키 현지사에게 요청하여 위안부단을 불러들였다. 그 후 강간죄가 완전히 그쳤기 때문에 기뻤다. [상해 파견군 참모부장 오카무라 야스지]

*싱가포르가 함락 될 때 사람들은 일본군이 싱가포르 여성들을 겁탈할까봐 두려워했다. 그러나 그런 일은 일어나지 않았다. 위안소 앞에서 수십 명이 줄을 서는 것을 보면서, 일본 나름의 현실적인 선택이라고 생각했다 [리콴유 총리]

종군 위안소를 만들거나 허가한 행위가 옳다고는 할수 없지만 마땅한 대안이 없었던 것도 사실이다. 대안 없는 비난은 무책임이다.

위안부좌파, 잘난 니들이 한번 대답해 보세요.
전지 여성에 대한 성범죄를 내버려 두라고?
대체 어쩌라고?
좌파 니들의 우상 소련군처럼 마구 강간 했다면 더 욕했을거면서?

⊙위안부 강제 연행 만큼은 명백한 사실이다.
강제 연행했다는 증거가 없잖냐? 라고 말하는데,
인정할건 인정하자.
위안부를 강제 연행한 것 만큼은 명백한 역사적 팩트다.
다만 그 주범은 조선 놈들이었고 일본은 단속했다.

***순천 지방에 인신매매 성행, 창기·작부등 매매의 중심지**[동아일보 1932-09-03]
*소녀 유괴하여 작부로 팔려던 범인, 경찰에서 엄중 취조 [조선중앙일보 1933-08-24]
*무지한 소녀들을 감언으로 꾀어 작부 노릇을 시켜 [1934-09-07 조선중앙]
*도시 동경 집 떠난 두 처녀, 작부 유인되어 신세 망칠뻔[1934-10-14 조선중앙일보]
***처녀 유인단 활개, 처녀 유인 작부로 팔려던 악당 체포** [1935-03-23 조선중앙일보]
*아내를 작부로 팔고, 돈 100원을 받아 [1935-06-06 동아일보]
*처제를 작부로 팔다가 서대문서에 잡혀 [1936-02-14 조선중앙일보]
***처녀를 유인, 작부로 팔아** [1936-02-25 조선중앙일보]
*애처(愛妻)를 속여서 주점 작부로 팔아 [1936-06-06 조선중앙일보]
*작부로 팔리기를 거절한다고 첩의 얼굴에 단근질, 파출소에 호소 [1938.4.8.동아일보]
*농촌소녀를 작부로 팔아 [1938.5.6. 동아일보]
*고용녀를 작부로 600원에 팔다가 법망에 걸린 사나이 [동아일보 1938-06-16]
*신체인도소송; 딸을 작부로 판 사람에게 딸을 돌려달라는 소

처녀 유인범 일본 경찰에 검거
1936.02.14 매일신문

처녀무역 유인마 검거 1939.8.05 동아일보
처녀 유인 매매하던 범인 일본 경찰에 검거

송[동아일보 1938-07-17]

*남편이 싫어서 작부로 매신(賣身) 17세 소녀의 탈선(대구) [동아일보 1939-02-04]

*인신매매 감행하는 악덕 소개업에 철퇴-인신매매 납치범 하윤명 부부의 100여명 인신매매 사건과 관련(요약) [동아일보-1939-03-12]

*동생 학비대려 작부생활 자원 처녀 매약(賣喫)직전 구출돼 [동아일보 1939-08-25]

악덕소개업자가 발호(跋扈) 농총 부녀자를 유괴, 피해 여성이 100명을 돌파한다. 부산 형사 봉천에 급행 [동아일보 1939-08-31] (너무 많아서 생략)

☞**강제 연행의 주범은 조선인이고, 일본은 단속했다. 조선인의 적은 언제나 조선인이다.** 조선인이 일본인에게 당했다는 사건은 찾아보기 힘들다. 전남 순천 지방이 인신매매의 중심지라는 기사는 사실이 아니고, 인신매매 수도는 전국 방방곡곡 모두였다.

즉 지역 균형발전(?)이며, 우리는 그런 균형 발전은 잘 하는 나라다. 그 아름다운(?) 지역균형발전의 전통은 21세기 직전까지 이어졌다.

소녀유인단의 수괴 은뽕어멈 검거, 소녀를 유인해서 인신매매 하던 수괴가 경찰에 검거, 1933.07.01 동아일보,

상해 매음굴로 전락된 조선여성 2천여명, 창기,무녀,여급으로 체면손상, 참담한 생활, 대책막연 1933.03.07 동아일보

⊙1990년대까지 이어진 위안부 강제 연행

*부녀자 120명 인신매매 5개파 12명 구속[조선일보1988-12-08]
*인신매매 21개파 176명검거[동아일보1988-12-28]
*치안부재 시민은 불안하다 강도,인신매매[동아일보1989-01-18]
*인신매매된 여종업원 돌려보내자[경향신문1989-01-19]
*인신매매 접대부 조건부로 풀어줘[한겨레신문 1989-01-22]
*인신매매조직 3명 구속, 부녀자 42명 팔아넘겨[한겨레신문1989-01-25]
*조직폭력,가정파괴,부정식품,인신매매,마약,5대사회악 추방[경향신문1989-03-13]
*YWCA 대대적 인신매매 추방운동[경향신문1989-03-28]
*인신매매 강력 단속을 산골서도 납치 잇따라[한겨레신문1989-05-02]
*인간화 시대(3), 한국판 "노예선" 인신매매[경향신문1990-01-16]
*인신매매 4개파 31명검거[동아일보1990-03-03]
*인신매매범 중소 도시까지 활개[동아일보1990-11-11]

☞위안부를 연행하던 악당 일제가 1990년대까지 남았던 모양이다.

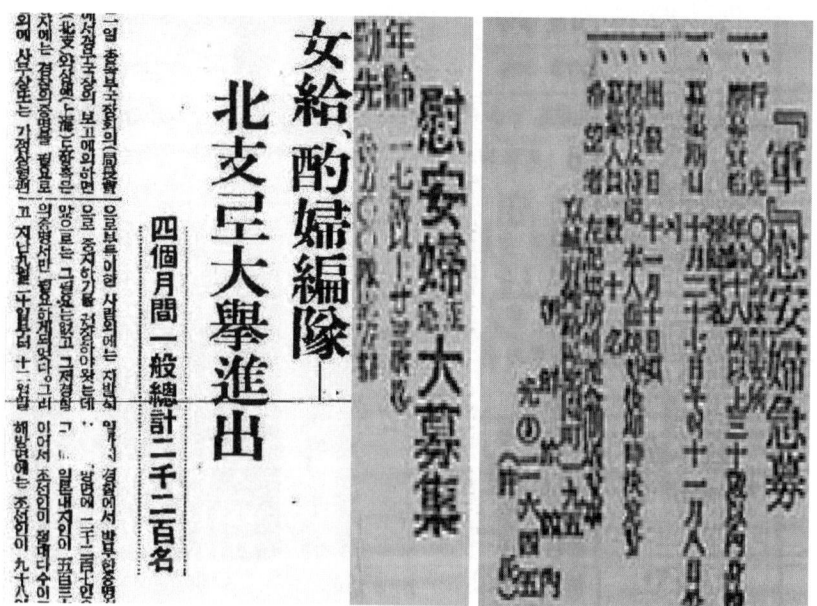

▲여급,작부편대 대거 북지로 진출, 동아일보   ▲위안부 모집 광고들(경성일보,매일신보)

◉조선부터 일제시대까지 관습적 제도로 존재했던 인신매매

*인신매매의 악제도 속히 혁청하라-인신매매가 원시봉건적 악제도인 것은 굳이 더 설명할 필요조차 없다.(요약)[동아일보 1931-02-10]

*인신매매 제도를 폐지하라. 인도상 풍교상 절대불가-조선의 인신매매 제도가 현재까지 이어진다는 것은 수치다(요약)[조선일보1936-10-07]

*춘궁기와 인신매매 문제-**자녀를 자신의 소유물로 알고 함부로 팔아버리는 무지한 부모가 많으니 이는 실로 한심한 일이다.** 매소부(매춘부)가 최근에 12000여 명으로 2배 늘었는데, 부모의 자녀 매매와 인신매매단 때문이며, 참으로 개탄스럽다(요약) [동아일보 1936-02-25]

☞조선은 부녀자 납치와 인신매매 정도는 죄가 아니었던 나라다. 혼자 사는 여성은 주인 없는 짐승처럼 먼저 납치하는 사람이 임자였고, 그런 납치를 '보쌈풍습'이라며 사회가 인정했다.

▲1987년 10월2일 경향   ▲1989년 7월3일 동아   ▲1984년 4월6일 경향

보쌈으로 납치해서 겁탈하고 나면 겁탈 당한 여성은 사실상 납치범의 소유가 되는 것이다.

주인 없는 무인도는 먼저 깃발 꽂은 자가 임자인 것과 같은 개념이었다. 또 남편에게는 아내와 자식을 팔 권리가 있었다. 이 또한 관습법이었다. 아내를 몸 팔게 해서 남편이 돈을 버는 일 정도는 흔했고, 딸이나 아내를 위안부로 파는 것 쯤은 조선에서는 남편의 관습법적 권리였다. 그러나 일제가 이를 차단했는데, 제도적 노력만으로는 한계가 있었던 것이다. 그런 악습의 해결책을 동아일보가 제시하고 있다.

*현 사회와 인신매매-악마에게 자식을 파는 사람들
-그 해결책은 도덕적 법률적 노력이 당연히 필요하지만, 그 행위의 근본 원인인 가난에서 벗어나야만 근본 치유가 될 것이다 (요약)[동아일보 1931-06-05]

☞동아일보는, 가난에서 벗어나지 못하면 딸을 팔아먹는 악풍이 사

▲1990년 08월23일 한겨레신문   ▲1990년 9월25일 한겨레신문   ▲1988년 12월7일 경향신문

라지기 힘들거라고 보았는데, 거의 적중했던 것으로 보인다.

'위안부 좌파'는 강제 연행의 주범 조선인의 범죄는 왜 따지지 않을까? 이유는 간단하다. 여성인권 따위는 관심사가 아니니까...
위안부 좌파의 뒤집어씌우기 전투 능력은 가히 천재적이다.
자기 조상들이 한 짓을 일본에게 뒤집어 씌우는 탁월한 실력을 지닌 '**뒤집어 씌우기 달인좌파**'
'위안부 좌파'의 뒤집어씌우기 전투 능력은 가히 세계챔피언 급이다.
필자도 그대들의 실력은 못당하겠다. 두 손 두 발 다 들었다. 존경한다.

⊙**쪽팔림을 모르는 것은 한국의 국민적 질병이다.**
위의 신문기사 제목에 있는 인신매매 인원만 2000명이 넘는다. 이것이 1990년 경이니, 과거에는 그보다 심했음을 초딩도 알 것이다. 굳이 다른 것을 설명하지 않아도, 이 쯤이면 깨달을 만도 하지 않은가? 필자가 이 책을 내면서 가장 우려했던 게 국가적 쪽팔림이다. 타국에 알리고 싶지 않은 우리의 과거 모습들, 자기 딸과 아내를 팔고 사는 일이 관습법이었던 지구 최악의 막장나라,

인신매매가 밥먹듯이 자행되던 조선시대와 일제시대 뿐만 아니라, 1990년대까지 이어지던 모습들을 외국인들이 읽게 되면 국가적 쪽팔림이 될 수 있는데, 필자 역시도 한국인이다.

내 조상이 무능한 거렁뱅이 양아치였음을 누가 인정하고 싶겠는가? 사람을 팔고, 딸까지 팔아먹던 인간말종 막장 나라의 악풍이 최근까지 영향을 주었음을 누가 인정하고 싶겠는가?

필자조차도 믿고 싶지 않다. 그러나 우리 국민들은 분별력과 자정력을 잃었고, 스스로 세뇌 상태에서 깨어나지 못하여, 갈 길이 어디인지도 모르고, 누가 적군이고 누가 우군인지조차 분별하지 못하는 상태이니, 차라리 쪽팔림을 당하는 편이 낫다는 결론에 이르렀다. 부끄러운 진실이더라도 그 진실을 알아야 마법에 걸린 국민들에게 약이 될 수 있다고 여겨져서 창피하지만 이런 폭로를 하는 것이다. 그래도 쪽팔림을 못느낄 수는 있지만....

*부녀자 인신매매 13명 구속, 퇴근길 여성들을 납치 및 인신...[경향신문1988-11-19]
*인신매매 직장여성 노린다 유흥가 구인난에"퇴근길 납치"극성[조선일보1988.12.07]
*인신매매 5개파 24명 적발 미성년 납치책등 11명구속[한겨레신문1988-12-08]
*부녀자 29명 인신매매 4개조직 적발,부녀자 납치 및 인신매매[조선일보 1988-12-15]
*인신매매 11명 구속,10대소녀,부녀자 유인 윤락가에 팔아[경향신문1988-12-27]
*인신매매조직 3명 구속 부녀자 42명 팔아넘겨[한겨레신문 1989.01.25]
*섬지방 선원 인신매매 선주 등 2명구속, 전남목포 경찰서는...[조선일보1989-07-21]
*자살부른 인신매매 '현대판노예,섬으로 팔려간 장애자들'[KBS2추적 60분]

*중국도 인신매매 성행 올해만 5천 명 팔려[동아일보 1989.06.02]
*청소년 100여명 인신매매, 7명구속, 연100여명 섬 등에[동아일보1989-07-03]
*어부들"인신매매당했다" MBC 김형사 강형사 밤8.05[동아일보 1990-02-01]
*인신매매, 신문광고 악용 부녀자 513명 윤락가에 판 조직[한겨레1990.08.31]
*인신매매 현장고발,추적60분,인신매매,덫에 걸린 소녀들[KBS2·오후9:00]

⊙그 많던 매춘부는 다 사라지고 순결한 소녀만 남아

한국은 한국군 위안부와 미군 위안부는 양공주, 창녀라 부르고, 일본군 위안부는 소녀라고 부르는 나라다.

좌파의 이미지 조작 술수 때문이다.

조선이 망하면서 노예해방, 성노예 해방은 이루어졌으나, 법의 테두리 안으로 들어온 매춘 산업은 국가에 의해 철저히 관리되기 시작했다. 1938년 이후 군위안소 시장이 열렸고, 많은 한국인들이 위안소를 경영 하거나 위안부로 일하기 위해 중국과 대만, 버마 등지로 군대를 따라 이동했다.

'동아일보' 기사를 보면 수백명의 매춘녀가 일본군 점령하의 북중국으로 대거 진출하기 위해 경찰증명서를 받았다는 내용이 나오는데, '여급,작부편대 북지로 대거진출'이란 다소 선정적(?)인 제목을 뽑고 있다.

*여급 작부 편대 북지로 대거 진출 4개월간 2천2백명[1938년 2월 2일]

또 1938년 6월11일 기사에는 부산에서 작부 3,048명에 대한 건강검진을 시행한 기사가 나온다. 그렇다면 전국적으로는 수만 명일 텐데, 이들을 놔두고 소녀들을 강제로 끌고 갔다? 넘쳐나는 기존의 수 많은 매춘부들은 모두 하늘로 솟고 소녀 20만 명을 강제연행?

⊙ 팔려 간다는 사실을 알고 있었던 조선의 소녀들

조선 시대는 굶주림에 지쳐 자기 딸을 중국인에게 팔아버리는 일이 흔했고, 제 아내와 딸을 매매하거나, 아내에게 성매매를 시키거나, 아내를 담보로 빚을 지고 아내를 사고 파는 일까지 흔했던 점에 비추어 보면, 부모가 자기 딸을 팔아 넘기는 일은 흔한 일이었다.

사회 풍속이 그랬기 때문에, 업자는 신문 광고와 회유 등으로 위안부를 징모 하였고, 그 부모에게 전차금으로 500-1,000원 정도를 지불하며 신병을 인수했다. '위안부 대모집'이라는 광고를 보면, 연령은 17~23세, 근무지는 후방, ○○대 위안부, 월수 300이상 전차금 3000원 가능, 이런 식이 대부분이다.

그런데 팔려가던 딸들이 자신이 위안부로 팔려 간다는 사실을 몰랐을까? 당시의 기사를 보면, 부모가 전차금을 받고 업자에게 자신을 팔아먹었다면서 경찰서에 부모를 고소한 여성들이 있었다.

업자는 부모에게 전차금을 지불 한 뒤 여성의 신병을 인수 했고, 그 과정에서 극소수 여성이 반항했지만 대다수의 여성이 가부장적 질서에 복종하였기 때문에 누구도 문제를 제기하지 않았던 것이다.

태평양 전쟁 당시 위안부 문제를 정리해보면 다음과 같다.

1) 대부분의 여성들 : 가족에게 팔려 갔거나 자발적으로 모집에 응했다.
2) 소수의 여성들 : 취업 사기를 당했다.
3) 극소수의 여성들 : 군이나 인신매매단에 의한 강제성이 있었다.

일본인 위안부는 정부에 배상을 요구하지 않았다.

동남아 여성들도 같다. 그녀들은 가정이 궁핍해서 팔렸거나, 형편상 그 길을 선택 할 수 밖에 없었음을 알기 때문이다.

그러나 위안부 좌파는 '극소수 사례'를 수천 배 부풀리고 왜곡, 조작해서, 조직적인 대국민 사기를 치고 있다.

위안부 좌파의 농간으로 인한

한일 이간질의 최대 수혜자는 북한 정권과 중국 정권이며,

그 최대의 피해자는 바로 우리 국민들 자신이다.

이제 우리는 더이상 놀아나지 말아야 한다.

'북한 중국 정권과 위안부 좌파'의

합동 농간이 의심되는

'가짜 역사'의 환각에서 벗어나

의심할 줄 아는 국민이 되어야 할 것이다.

(도대체 이 거대한 역사 조작의 배후가 누구일까?)

◉똑똑한 미국과 어리석은 한국

2015년 일본을 상대로 한 '위안부 집단소송'이 미국 법원에 제기됐다. 피고 명단에 아키히토 덴노와 아베 신조 총리 및 위안소 설치에 협력한 도요타·미쓰비시 등 20여 개 일본 대기업이 망라됐다.

그러나, 소송 개시 후 1년도 안 된 2016년 6월 21일 소송은 완패했다. 판결문 내용은 이렇다. "

원고들이 참혹한 고통을 겪었다는 점을 이해하며, 법원은 인내심을 가지고 **원고들의 주장을 뒷받침할 자료를 제출하라고** 여러 차례 기회를 줬는데도 자료를 제출하지 않았다.

법원은 더 이상 원고들의 주장을 논의할 수 없게 됐다."는 것이다.

여기서 중요한 사실이 있다.

**선진국 미국은 주장과 증거를 구분할줄 알지만
멍청한 한국은
이해당사자의 주장을 증거라고 믿는다는 것이다.**

이게 똑똑한 미국과 멍청한 한국의 차이다.

이 문제는 당신 앞에 어떤 할머니가 확성기 들고 나타나서
"당신의 조부가 나를 강간했어, 사과하고, 배상하고,
반성문 써서 거실에 붙여" 라고 외치는 상황과 동일하다.

그게 위안부좌파가 현재 하고 있는 짓이다.

이 때 당신이 정상인이라면
"증거가 뭐냐? 당사자가 살았을 때는 뭐 했다가
영문도 모르는 손자한테 이러느냐?
우기지만 말고 증거를 대라" 등의 반론을 할 것이다.

그러나 당신이 좌파스러운 바보라면,
상대의 주장을 무턱대고 증거라고 믿을 것이다.

수많은 진(성바)보들은 이해 당사자의 주장을 증거라고 믿지만,
**미국 법원은 이해당사자의 주장을 증거라 보지 않았고,
증거가 없으니 기각 시킨 것이다.**

증거가 있건 말건
이해 당사자가 "내가 증인이다"하며 울고불고 하면
한국인들은 그 주장을 증거라고 믿는다.

이것이 바로 정신적 선진국과 정신적 멍청국 간의 차이이며,

정치 사기꾼들이 난립하는 이유이고,

위안부 문제가 해결되지 않는 근본 이유다.

그리고 그런 어리석음이 통일을 못하는 이유다.

지나가는 사람 붙잡고 "내가 당신의 조부에게 성폭행 당했어
내가 증인이야 사과, 배상하고 반성문 써"라고 해보라, 뭔 소릴 듣는지…

그런데 한국에서는 그게 통해먹힌다.

**선진국 법원에서 증거가 없다며 기각되는 사건이
한국에서는 절대 진실에 절대 성역이 된다**

자신들이 속고 있을 가능성은 의심할줄 모르고,

누가 적이고 누가 우군인지도 분별 못한다.

**이성 대신 감성만 있는 국민성 때문에
문제 해결이 안되는 것이다.**

국민 의식을 높이지 않고서는 길이 없다.

문제는 국민이다.

이 중요한 말을 정치인들은 못한다.

필자는 정치할 사람이 아니므로

정신적 후진국 한국과 단세포 좌파가 듣기 싫어하는

불편한 진실을 말하는 것이다.

꼬우면 날 때려 잡아라. 반박해 보던가.

좌파, 어차피 니들은 진실 따위에는 관심 없잖아?

니들이 할줄 아는 게 강제로 입을 막는 것 외에 있기나 해?

06.자기 얼굴에 똥칠하는 위안부 소녀상

⊙한국 좌파의 멍청함을 전 세계에 홍보해 주는 위안부 소녀상

한국사 교과서는 '일본군이 조선 여성 8~20만명을 강제로 납치하였고, 증거를 숨기기 위해 많은 위안부들을 학살하였다'고 기술하며, 우리의 수많은 소녀들이 위안부로 끌려 갔다고 우리는 배웠다.

하지만 거짓말에는 허점이 있게 마련이다.

첫째, 자기 가족이 학살 당했다는 사람은 왜 전혀 없을까?
둘째, 그 많은 위안부 사진 중에 소녀 위안부는 왜 한명도 안보일까?
셋째, 연합군의 객관적 자료들 중에는 왜 소녀 위안부가 한명도 없을까?

20만 명이나 끌려 갔다며?

진보간판 무개념 좌파는 모두 '초등학생 수학'부터 다시 공부해라.

1200만명 여성 중, 미혼여성을 14-20세 중 3/4이라 보면
그 수는 140만 명이고,
소녀를 14세~19세까지 최대로 잡는다면,
그 수는 약 133만 명이다. 그런데 좌파의 주장은

전국의 소녀들 중 1/7이 끌려 갔다는 것이고,
전국의 미혼여성 중 1/7이 끌려 갔다는 것이다.

(미혼여성=14~20세 중 3/4,(평균수명 45세)=1200만*7/45*3/4)=140만 명)

(소녀=14~19세,(평균수명45세)=1200만*6/45)=133만 명)

한 반 여학생이 50명이라 치면,
모든 학교가 반마다 평균 7명씩 끌려간 것인데도,
전국의 교사도, 부모도, 친척도 아무 말 없었다는 것이다.
만약 당신의 딸이나 여동생이 끌려간다면 당신은 구경만 하겠는가?

자기 딸들이 끌려 가는데, 그것도 전체의 1/7이나 되는 딸들이 끌려 가는 것을 보면서 그 부모와 수백만 가족과 친척과 그들의 교사도, 동네 사람들도 모두 입 뻥긋 않고 구경만 했다는 것이다.

억울하다며 따진 사람도, 일기장에 써 놓은 사람도 없다.

그렇게 비겁하고 무책임했던 작자들이 당사자 세대에게도, 그 아들 세대에게도 입 뻥긋 않다가, 영문도 모르는 손자에게 악다구니를 한다면 창피함을 느껴야 정상 아닌가? 쪽팔림을 모르는 건 질병이다. 그런 '비겁자'들은, 조용히 나라 간판 내리고 지구에서 내려야 한다. 내 가족이, 내 친척이, 옆 집 딸이 인신매매 당하고 있다면, 신고를 하거나 소리라도 질러 주는게 도리다.

부모가 자기를 위안부로 팔려고 한다면서 경찰에 부모를 고소도 많이 했던 게 당시의 국민들이고,

남편이 아내를 위안부로 팔았다면서

경찰에 고소도 많이 했던 국민들인데

전국 소녀의 1/7이나 되는 어린 딸과 여동생들이 강제로 끌려가는데 2500만 국민이 일언반구 없었다? 3.1운동 때는 '고종독살설' 때문에 난리가 났었는데, 자기 가족 따위는 '고종독살설'보다 중요도가 떨어져서?

중국인들 때문에 일자리를 빼앗겼다면서

학살 폭동을 일으켜서 중국인 수백 명을 학살 했던 게 한국인들이다.

외국인 노동자 때문에 일자리 빼앗기는 것은 무차별 살인 폭동을 할 만큼 중대하고 자기 딸이 성노예로 끌려 간 것 쯤은 별거 아니니 관심 없고?

한국은 독립 투쟁도 열심히 했다면서
그 위대하신 독립투사 넘들은 다들 어디로 숨어버렸을까?

**강제로 끌려간 수가 20만이 아니라 그 1%인 2천 명이라고 쳐도
700명 중의 1명이니, 학교마다 한 명씩 쯤은 끌려간 것이다.
그런데도, 수십 년간 어느 누구도 말이 없었다는 게 말이 되는가?**

수치심 때문에 말을 못했을 거라고? 학살까지 당했다며?
제 가족이 끌려가서 학살까지 당했는데 창피해서 말을 못하는가?
목격담은 말로만 하는 것이니 학살이니 뭐니 조작 가능하지만
제 가족이 학살 당했다는 사람이 없다는 게
좌파의 대국민 사기극의 허점이다.
죽임 당한 소녀의 가족을 빼더라도 친척,교사,동네 사람들은 바보인가?
사기를 치려면 좀 똑똑하게 쳐야 하는 것이지.

'위안부 소녀상'은
한국 좌파의 멍청함을 세계 만방에 과시하는 수단,
즉 '우리는 모두 돌대가리요' 라는 '바보인증 홍보상'이다.
**위안부 소녀상의 철거를 주장하는 사람들이 있는데,
절대 철거해선 안된다.
한국 좌파의 멍청함을 세세토록 남길 중요한 인증상인데,
그걸 왜 없애는가? 반드시 그대로 존치 시켜야한다.**

위안부 소녀상에 리본 꽂을 인지력은 있지만,
의심 해 볼 능력조차 없는 정신적 반신불수자들이
떼로 뭉쳐서 자신을 정의롭다고 착각하고
진보라 착각하며 용감하기까지 하면 참 대책이 없다.

'강제'나 '납치'가 있었다손 치더라도
극소수의 예외적 일탈이라 보는게 정상적 이성 아닐까?
북한 중국은 일본을 못잡아 먹어서 안달인 정권이다.
권력을 위해 일본 악당화 구실만 찾는 북한과 중국조차
위안부 문제에 대해 수십 년간 입 뻥끗 안했다.
일본과의 수교배상금을 논의할 때라도
'우리 이렇게 억울한 일 당했소' 라는 사람이나 폭로자가
단 한명이라도 나왔어야 하는데, 전혀 없었다.
증거가 있을 때에는 거짓말을 못하니, 증거가 사라질 때 쯤
감성적인 국민성을 악용하여 사기 칠 가능성을 왜 생각 못하는가?
**감성만땅의 흥분만 하기 전에,
좌파 진영의 '조직적인 대국민 사기의혹' 또한
마땅히 의심의 범주에 넣어야 정상적인 국민 아닐까?**

⦿ 속는 사람이 있기 때문에 사기꾼이 존재한다.

한국인 위안부가 20만명이라면 전체 위안부는 50만 명이 넘고, 일본군이 총 400만 명이라는 점을 감안하면 군인 8명당 위안부 1명 이라는 소리다. **일본이 바보라서 총 병력의 1/8 인원을 위안부로? 전쟁 따위는 팽개치고 맨날 열렬히 '거시기'만 했다고?**
당신이 군 경험이 있다면, 사단부대 주변에 윤락업소 간판이 몇 군데 없다는 사실 쯤은 알 것이다.
관련 여성도 몇 안보이니 많아봐야 10-20명이다.
그런데, 1만명 사단 부대 주변에 사단전용 위안부만 1300명?

일본군을 특수목적의 변강쇠로만 구성했어도 유지 불가능하다.
속이는 사람이 문제인가, 속는 사람이 멍청한 건가?
이런 애들틱한 거짓말로 사기 치는 자들도 문제지만,
속는 사람들도 문제 아닌가?

6.25 당시의 '한국군 위안부'도 총 병력 70만명 중 250명 내외였고,
일본군 위안소의 총수는 300-500개소, 개별 위안소의 인원이 보통
20명 이내가 많았음에 비추어, 위안부 총 수는 8,000명 내외이고,
그 중에 한국인 위안부는 4000 명 이내다.
그 대부분이 팔려온 여성이라는 점과, '가장 오래된 직업'의 출신녀
들도 많음을 고려하면, 진짜 피해자는 수십 명 내지 238명 이하로
좁혀진다. 20만 명의 1/1000이내다.

위안부등록 당시의 나이가 60~65세로서, 사망할 연령대가 아니다.
그런데도 총 등록자가 238명이라는 것은,
진짜 피해자가 238명 이내라는 것이다. 그런데 20만 명?
초등생도 분별 가능한 거짓말에 속는 멍청한 어른들,
초등학교에서 대체 뭘 가르치는가? 이건 국민정신적 질병이다.

사기꾼은 사기 당하는 그룹이 만만하다고 여겨져야만 활개친다.
우리 국민들이 오죽이나 만만해 보였으면 이런 사기를 칠까?
속는 사람들이 있기 때문에 사기 치는 사람들이 있는 것이다.

사기꾼이 문제가 아니라 국민이 문제다.

▲한국사 사기 교과서와 위안부 좌파가 쓰는 대표적인 위안부 사진

◉위안부 좌파의 사진 왜곡 사기극

위 사진은 위안부 좌파와 한국사 교과서의 대표적인 위안부 사진이다. 현존하는 사진들 중 가장 처참해보이는 사진을 고른 후 당시 위안부들의 처참한 모습을 최대한 부각 시키려 보정한 사진이다.

이 사진만 보면, 위안부들 모두가 맨발에 처참한 환경이고, 모두가 참담한 표정들이며, 한 명의 위안부는 임신까지 했고, 그 처참한 모습의 위안부들 뒤에서는 총을 든 악당 일본군이 희죽거리며 웃는 모습이 보인다. 따로 설명이 없으니 누구라도 그리 여길 것이고, 그리 인식시킬 목적으로 만든 것이다.

하지만 이것은 포로가 된 위안부들의 모습고, 총을 든 군인도 일본군이 아니다. 그가 든 소총은 아래 사진의 M-1 개런드 소총이며, 미군의 것이다. 일본군의 소총은 멜빵고리가 총구에서 훨씬 멀다.

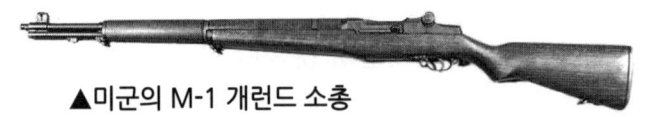

▲미군의 M-1 개런드 소총

▲더 참혹한 느낌으로 보정하기 전의 사진

위의 사진은 왜곡하기 전의 사진 원본이다. 영어로 찍힌 글씨가 보이며, 원본 사진에는 Four JAP Girls(4명의 일본 여성들)라고 적혀 있다. 당시의 우리 나라는 일본이니, 한국인일 가능성은 있다.

위 사진의 좌측 여성은 아래 사진의 좌측 여성과 동일인으로 보이며, 그 옆에는 미군과 중국군이 보인다.

이 위안부 사진은 중국군의 포로 상태인 위안부들이다.

포로가 된 참담한 모습의 위안부들을 평소의 위안부처럼 속인 것이고, 잔학한 일본군의 이미지를 연출하기 위해 최대한 노력한 사진이다.

▲포로가 되지 않은 자유로운 상태, 최첨단 패션의 위안부들

위 사진은 포로가 되지 않은 자유로운 상태의 위안부 사진이다. 세상에 누구라도 포로가 되면 기분과 표정도 참담할 것이다. 포로 상태의 위안부들이 평소에 비참한 모습이었던 것처럼 믿도록 만들기 위해 이미지 조작과 사기술까지 모두 동원하는 것이다.

◉'명백한 대국민 사기극' 위안부 소녀상

천진(天津)의 육군병원에서는 조선인 위안부의 성병이 심각하여 주의를 요한다는 자료가 나온다. 조선 여성에게 감염된 병사가 4,403명, 중국여성에 3,050명, 일본여성에게 2,418명으로 조선 여성에게 성병이 감염된 경우가 가장 많았다는 것이다. 그 비고 란에는 **'조선女들의 활약이 타지 출신을 압도하므로 참고를 요한다'** 는

▲**포로가 된 위안부들의 사진.** 수많은 위안부 사진들 중에 소녀 위안부는 단 한명도 없다. 20만 명 소녀는 모두 다 하늘로 증발했는가?

견해가 첨부되어 있는데, 그 '활약'이란 '조선녀는 성병이 많으니 주의하라'는 반어법인 듯 하며, 조선인 위안부만 소녀라는 주장은 거짓이라는 증거들 중 하나다.

좌파는 성병에서 벗어나려고 조선인 어린 소녀들을 강제연행 했다는 소설까지 쓰는데, 그렇다면 위와 같은 결과가 나오지 말았어야 하고, 성병 없는 조선의 소녀들은 화대가 더 비쌌어야 하는데, 위안부 화대가 일본 〉 조선 〉 중국인 이라는 공식은 달라진 적이 없다.

미군 측 자료에 의하면, 위안부의 평균 연령대는 25세였고, 2~4년 전에 들어갔다고 치더라도, 위안부들 대부분은 20세 이후에 시작했다는 것이 많은 자료를 통해 증명된다.

**현존하는 모든 위안부 사진들과 자료들 중에서
소녀 위안부는 단 한명도 없다.
사진에도 없고, 자료에도 없고, 오직 주장만 있다.**

▲포로가 된 위안부들의 사진. 수많은 위안부 사진들 중에 소녀 위안부는 단 한명도 없다.

20만 명이라면서, 소녀 위안부 사진이 한장이라도 있었다면, 좌파가 사진 왜곡까지 하면서 앞의 사진을 쓰지 않을 것이다. **사진이 있다면 소녀상 따위는 만들지 않았을 것이다. 유관순처럼 그 소녀의 사진을 써서 띄웠을 것이다.** 소녀상을 만든 것 자체가 '증거 없음을 의미'하는데, 그 사기극에 놀아나는 어리석은 한국인이여, 정말 느껴지는 게 없는가?

◉사기꾼과 바보들의 합창교향곡, 위안부학살 거짓말

지난 2018년 2월 서울대학교 인권센터의 정진성 교수의 연구팀이 '조선인 위안부 학살'의 증거라며 미군의 기록 영상을 공개했다. 이에 여러 언론이 일본군이 위안부들을 학살했다는 증언을 뒷받침하는 영상이 드디어 발굴됐다며 이를 대서특필했다.

27일 국내 언론은 일제히 〈일본군의 조선인 위안부 학살 있었다…영상기록 최초 발굴〉 등의 제목으로, '위안부가 학살된 장면이 담긴 영상이 공개되었다'고 보도했다.

그런데 그 기사는 조선인 위안부들이 일본군에 의해 학살된 것이라고 주장하지만, 그냥 시체들의 사진일 뿐이다. 심지어 영상의 촬영 날짜는 텅충 함락 다음날인 1944년 9월 15일이다.

정교수팀이 공개한 19초 분량의 영상은 1944년 9월13일 미군과 중국 국민당군이 중국 남부 윈난(雲南)성 텅충(騰衝)을 점령한 이틀 후인 1944년 9월15일 미군이 촬영한 영상에서 발췌한 것이다.

연구팀은 1944년 9월13일 일본군이 30명의 조선인 위안부를 사살했다는 내용의 보고서도 같이 찾아냈다고 밝혔다.

정진성 당시 서울대 인권센터장은 언론과의 인터뷰에서 "증언, 문서, 사진, 동영상, 더 이상 뭐가 필요하겠느냐?"며 "더 이상 움직일 수 없는 역사적 사실을 구축해 가는 것"이라고 말했다.

그러나 정교수와 언론들은 이렇게 호들갑 떨기 전에 기본적 분별부터 할 줄 알았어야 했다. 중국군이 텅충(騰衝)을 점령한 날짜는 14일이고, 그 사람들을 학살했다는 날짜는 9월 13일이며, 미군이 촬영한 영상과 기록의 날짜는 9월 15일이다.

즉 미군은 학살 동영상을 찍은 게 아니라, 단지 시체들의 사진만을 찍었을 뿐이고, 중국군의 주장을 받아 적었다는 것이다.

중국군은 그 시신들이 일본군이 죽인 거라 주장했지만, 그들을 죽인 것은 일본군이 아닌 중국군일 수도 있다.

자기들이 죽인 시체를 늘어놓고서 일본군이 죽인거라고 뒤집어 씌우는 것은 쉬운데, 왜 그 기본적 의심조차 못하느냐는 것이다.

'일본군 위안부' 문제를 집중 탐구해 온 김병헌 국사교과서연구소 소장(시민단체 '위안부법폐지국민행동' 대표)이 정규재 펜앤드마이크 고문과의 대담에서 문제의 동영상 속 시신들이 여성들이 아니었다는 사실을 밝히면서, 남성기(男性器)가 확인 되었음을 밝혔다.

미 국립문서관리청은 영상과 함께 영상을 설명한 문서 자료도 함께 공개하고 있는데, 해당 문서의 내용을 보면,

연구팀이 '학살당한 위안부'라고 주장한 부분은 '중국 병사들이 사망한 일본 병사들에게서 양말을 벗겨내고 있다'(Chinese soldiers strip socks off dead Japanese soliders), '개방된 구덩이 속 죽은 양민, 여성과 어린이들'(Dead civilians, women and children in open pit)로 각각 설명돼 있음이 확인된다.

일본군 병사의 시체들과 함께 섞여 있는 점을 볼 때, 오히려 중국군이 여성과 아이들을 죽였을 것으로 추정되는 자료다.

일본군이 스스로 자기들의 동료들을 죽일 턱은 없으므로,

그 여성들과 아이들은 중국군이 죽이고서 일본군에게 덮어 씌운 거라 보아야 더 타당하다는 것이다.

그 동영상을 보면 단지 시체들이 있을 뿐인데, 중국군의 주장만 가지고 일본군이 죽인 위안부라 결론 내는 언론들도 문제지만, 이런 무논리의 주장을 믿는 국민들도 문제다.

한국인들은 시체 사진만 보고서도 금방 일본군의 만행이다 식으로

단정한다. 최고의 대학진학률을 자랑하는 이 나라 사람들이 이토록 선동과 세뇌에 취약한 현실을 보면 나라의 미래가 어두워 보인다.

⊙소녀들을 20만 명이나 강제 연행할 때 우리는 뭐 했을까?

우리의 딸,누나,여동생 20만 명이 위안부로 끌려갔다고 주장하는 그 시기, 우리 국민들은 80만 명이나 일본군에 지원하는 등 열심히 대륙 침략에 동조했고(평균입대경쟁률 32:1),
전 국민이 돈을 모아서 애국기(애국전투기)모금 헌납 운동에 동참해서 전투기 1700대 분 성금을 헌납했다.

농민은 소 팔아서, 어부들은 고기 팔아서 헌납하고, 전 종교교단, 전 연령, 전국 방방곡곡이 적극적으로 동조했다.

**그렇게 열심히 침략에 동조 하다보니
자기 딸, 여동생이 강제로 끌려가는 것 쯤은
별로 중요한 문제가 아니어서
신경 쓸 겨를이 없었던 모양이다.**

**"내 딸이 끌려가던지 말던지
그런 데 신경 쓸 겨를 없어.
전쟁이 중요해.
우린 전쟁에 동참 할거야…아자…!!!"**

07. 진짜 위안부와 가짜 위안부 그리고 수입된 위안부

◉진짜 위안부와 가짜 위안부

"일본측에서 가짜 위안부라고 판명나서 돌려보낸 할머니가 일본 대사관 앞 시위에 단골로 나와요."

심미자 할머니의 증언이다. 그녀는 또 이렇게 말한다.

"버마에서 위안부 생활을 했다며 눈이 왔었다고 증언했는데, 버마는 열대 지방이라 눈이 올 리가 없고,

계속 심문하자 거짓으로 판명났어요. 술집을 운영하는 양부 밑에서 작부 노릇을 하던 여인으로 판명났어요.

이런 개망신을 당하고 어떻게 위안부 문제를 따질 수 있을까요?"

위안부 문제는 이미 반세기가 지나서야 알려진 사건으로서, 관련 공식 자료가 워낙 적은 탓에 학계의 연구는 대부분 구술에 의존하여 왔다. 어쩔 수 없는 한계이긴 하나 증거도, 교차 검증도 없이 이해 당사자의 주장을 100% 맹신하는 한국인의 어리석음이 오늘의 문제를 만들었다.

우리는 흔히 위안부 단체의 주장을 모두 진실이라 단정하는 이유로 "할머니들의 증언이 있지 않느냐?"라고 말하는데, 재판에서는 이해관계와 맞물려 있을 경우, 증언이 아닌 증거를 필요로 한다.

만약 위안부들이 자신의 혼인 등에 장애 등, 피해가 예상되는 상황임에도 불구하고 폭로 했다면 그 진술은 진실이라 인정 받을 가능성이 높겠지만, 그로 인한 손해 배상이나 주변 세력의 정치적 이득 등이 예상되는 경우이므로, 증언만으로 단정짓는 것은 옳지 않다.

위안부 주변 세력은 간첩사건 관련자, 종북세력 등으로 포진해 있는데, **좌파 정치 세력에 둘러 싸여있는 몇 명의 할머니들이 오로지 진실만을 말할 거라고 믿는 근거는 무엇인가?** 감성만 앞서서 한쪽 이해당사자의 주장을 맹신하는 행위, 과연 옳은가?

⊙자발적 위안부에서 강제 납치로, 이용수 할머니의 수퍼 변신술

이용수 할머니는 미 의회 증언으로 위안부결의안 채택에 결정적 역할을 한 인물이며, 30여 년 위안부 운동의 상징격인 대표 위안부다. 그런데....

● 1993년의 증언: **"1944년, 내가 만 열여섯 살 때 가을의 일이다.** 그때 우리 아버지는 미창(米倉)에 가서 쌀을 져나르는 잡역부로 일하고 있었다. 내 동갑내기 친구 중에 김분순이라는 아이가 있었는데 그 어머니는 술장사를 하고 있었다. 하루는 내가 그 집에 놀러가니까 그 어머니가 "너 신발 하나 옳게 못 신고 이게 뭐냐, 너 우리 분순이하고 저기 어디로 가거라. 거기 가면 오만 거 다 있단다. 밥도 많이 먹을 거고, 너희집도 잘 살게 해준단다"라고 했다. (중략) 그런데 며칠이 지난 어느날 새벽, 분순이가 우리집 봉창을 두드리며 "가만히 나오너라" 하며 소곤거렸다. 나는 발걸음을 죽이고 살금살금 분순이를 따라 나갔다. **어머니에게도 이야기하지 않은 채, 분순이를 따라 집을 나섰다.** 집에서 입고 있던 검은 통치마에 단추 달린 긴 면적삼을 입고 게다를 끌고 있었다. 가서 보니 강가에서 보았던 일본 남자가 나와 있었다. 그는 마흔이 좀 안되어 보였다. 국민복에 전투모

를 쓰고 있었다. 그는 나에게 옷보퉁이를 건네주면서 원피스와 가죽구두가 있다고 했다. 옷보퉁이를 들춰 보니
빨간 원피스와 가죽구두가 보였다. 그걸 받고 얼마나 좋았는지 모른다. 그래서 다른 생각도 못하고 선뜻 따라 나서게 되었다.
[위안부 증언집 '강제로 끌려간 조선인 군 위안부들, 정대협]

●1998년 발언: "1942년 **14살 때 일본군에 강제로 끌려가**, 성노예로 학대당했다." ☞분명히 '16세에 자발적인 위안부가 되었다'고 했다가
'14세에 소녀 위안부로 일본군에게 끌려갔다'로 확 바뀌었다.

●2006년 7월6일 발언(동아일보 인터뷰) 1942년경 집에서 자다가 일본군에 의해 대만으로 끌려갔다. 이후 내 몸과 삶은 만신창이가 되었다. 그런데 정부는 아무 것도 한게 없다. 우리는 한국의 어머니도 딸도 아니란 말인가?

☞**집에서 자다가 일본군에게 끌려갔다로 확 바뀐다.**

●2007년 미의회 증언: 1944년 16살 때 대만에 위안부로 끌려가 3년간 일본군의 성노리개가 되었다. 하루 평균 4-5명에게 강간 당하며, 죽으로 연명하고, 툭하면 폭행 당하는 생지옥에서, 개돼지보다 못하게 살았다. 나는 역사의 산 증인이며, 위안부 재단의 사적인 보상은 모욕이다.

☞**일본군 철수 후에도 2년이나 더 성노예**였다고 말한다.

●한일 정부간 위안부 합의에 대해: "지x하고 있네 진짜. 협상은 무슨 협상입니까", "용납 못한다. 우리가 살아있는데 무슨 협상. 아무것도 없는 협상이다. 왜 무엇 때문에, 내 인생을 지가 살아주나?

내 인생 돌려놔라. 15살에 카미카제 부대에 끌려가 온갖 전기 고문, 매를 맞아가지고 지금도 아야아야 죽지 못해서 이렇게(산다)"

● 2016년 12월20 박유하 교수 재판 진술(한겨레 2016년 12월 20)
"16살에 자다가 군인에게 불들려갔는데 군인 방에 들어가지 않는다고 전기고문 등 갖은 고통을 당했다.
박유하가 망언으로 책을 냈다. 저런 교수가 어떻게 학생을 가르치나. 엄벌해달라. 너무나 억울하다."

☞ 잠 자다가 일본군에 끌려 갔다로 바꾸고 전기 고문까지 나온다.

● (최근에 윤미향을 비판한 이용수 할머니와 관련 더불어시민당 윤미향 국회의원이) 2020년 5월 8일: "1992년에 신고 전화를 했을 때 제가 사무실에서 전화를 받았고, 모기소리만한 목소리로 "저는 피해자가 아니고, 제 친구가요..."하던 그 때의 그 상황을 바로 어제 일처럼 기억하고 있다"고 했다. 윤 당선자는 이날 페이스북에 이같이 쓴 뒤...[조선일보]

☞ 윤미향도 이용수가 가짜임을 알고 있었다는 말로 풀이 된다.

지금껏 울고불고 미국,프랑스 등 세계 곳곳에서 외쳤던 소리들이 죄다 사기였다는 소리다. 이것이 정대협과 위안부가 짜고 친 고스톱이라면, 모든 퍼즐이 맞게 된다.

"친구 말고 당신이 당한걸로 증언해 줄 수 있느냐?" 라는 딜이 된 것 같고, 당신에게 부와 명예를 주겠다는 꼬임도 있었을 수 있다.

자발에서 강제로, 점점 더 끔찍한 증언으로 바뀐 이유도 그거였다.

노인의 거짓말은 쉽지 않다. 지난 거짓말과 맞추어야 하니까.

진실이라면 자주 말바꿀 필요가 없지만, 거짓말이라면 오락가락하

자칭 위안부 이용수 할머니
(위안부 증언의 대표적 인물)

전 정대협 대표 윤미향
(더불어민주당(탈당) 국회의원)

기 쉽다. 정대협이 위안부에게 돈을 안주고 인색한 이유도, 가짜인 걸 아는데다, **'사실을 폭로해 봤자 당신도 다친다'**는 것일테니 모든 퍼즐이 맞추어진다. "저는 피해자가 아니고"부분은 이용수에 대한 간접 위협일 공산이 크다.

다 까발려지면 당신부터 다치니 함부로 떠들지 말라는 위협...

*정의연의 내부 사정을 잘 아는 한 관계자는
"이용수 할머니에 대해 '가짜 피해자'라는 등의 공격이 있었는데 이 할머니가 공개적인 자리에서 **'시키는 대로 증언을 해왔는데 왜 나를 보호해주지 않냐'**고 정의연에 서운함을 토로한 적도 있다"고 말했다.[한겨레신문2020-05-08]

☞ **윤미향과 정대협이 시키는대로 증언을 했다는 것이다**. 그런데 자기가 국회의원 되는 것은 막고, 윤미향만 국회의원이 된 데다, 돈도 자기는 별로 못벌고 윤미향과 정대협만 사업 대박치니 배신감을 느낀 듯 하다. 시키는대로 허위 증언을 해서 정대협은 사업 성공

부자되고, 자신은 얻은 것이 별로 없는데, 폭로해 봤자 자기도 다칠 지경이니 벙어리 냉가슴이 된 것 같다.

국민을 가지고 노는 대국민 사기판, 국가 안보를 해치는 좌파진영의 조직적인 대국민 사기 의혹이 있는 사건인데도 정대협과 위안부가 성역인 이유가 뭔가?

⊙ 정학수 할머니의 증언

●1996년 3월 6일 연합뉴스 「북한 국적 정신대 할머니 영주귀국」 제하의 기사를 보면 *"외무부에 따르면 정할머니는 지난 39년 14살때 부산 어느 부잣집에서 식모살이 하다 청년들에 의해 하얼빈으로 강제로 끌려가 군대 위안부가 됐다."* 이렇게 나와 있다.

☞ 그러나, 정대협에서 채록한 증언에는 이렇게 바뀌었다.

● 갑자기 뒤에서 일본 군인들이 나타났다. 나는 반항하지 못하고 입과 눈을 틀어막힌 채로 군용 트럭에 실렸다. 그 때 나는 열네살(1938년) 이었다.

정대협을 거치면서 일본군에게 납치된 '소녀위안부'로 바뀐 것 이다. 정할머니의 증언은 일제의 위안부 모집에 있어 공권력에 의한 폭력과 강제가 수반된 사례로 학계에서 널리 인용되어왔다.

⊙정서운 할머니의 이상한 증언

●*14살 때(1937년) 인도네시아에 연행 되어 7년간 성노예 생활을 하였다.* ☞ 그러나 일본의 인도네시아 점령 통치는 그보다 5년 후인 1942년 이후, 즉 14세가 아닌 19살 때의 일이다.

●*14세였던 1937년에 부친은 창씨개명 거부하다 일제의 미움을*

샀고,그 후 놋그릇 공출까지 거부하다 일제에 잡혀갔다.

☞창씨개명은 1939년의 일이고, 놋그릇 공출은 1941년 <유기 제작 및 판매 금지령>이후의 일이다. 즉 14세가 아니라 18세 이후다.

●메칠 후에 이장이 와 "아가씨, 일본에 센님바리 맨드는 공장에 가서 한 일년 아니 이년 내지 이년 반만 고생하시고 나오시면 됩니다." 그래. 그러면 내가 가는 날 아버지가 풀려 나온다 이기라." ☞센님바리는 일종의 부적이며, 센님바리 공장이란 없다. 다른 증언자료에서는 '방직공장'이라 정정되고 있는데, 아버지가 잡혀갔다는 시점과 위안부로 끌려갔다는 시점이 너무 안맞다.

어떻게 14살과 19살을 혼동할 수 있는가?

◉김학순 할머니의 증언

●위안부 최초의 증언자인 김학순 할머니의 증언은 강제납치 사례로 학계에서 늘 인용 대상이 되어 왔다. 그런데,

●**양아버지가 "돈벌이가 있다"며 설득해** 평양에서 군용열차를 갈아 탄 후 만주 철벽진에 도착해 양부와 헤어졌다[일본상대 손배소 소장]라고 되어 있다. 양아버지가 팔아 넘겼다는 것이다.

●**엄마는 나를 양아버지에게 40원에 팔았다**. 양아버지는 나를...중국으로 데리고 갔다. 중국 가는 날 어머니는 노란 스웨터를 사기지고 평양 역까지 배웅나와 배웅해주었다.<정대협증언집1 P35>

●마을 사람이 일본 순사와 와서 **돈벌이를 할 수 있는 곳이 있다**며 설득하자 트럭과 군용열차를 타고 만주의 위안소로 갔다 [從軍慰安婦-元兵士たちの証言, 西野留美子著,(1992)]

조총련학교 찾아간 정대협 김복동 할머니 정대협은 조총련과도 긴밀한 관계를 유지하고 있다는 의혹을 받고 있다.

그러나, 정대협을 거친 후의 공식 증언 자료집에는

취직 자리를 구하기 위해 양아버지와 함께 북경으로 가던 중 일본군에 의해 강제 연행된 뒤 위안부가 되었다로 바뀌었다.

● *17살 때 중국 베이징에서 납치되어...[윤미향,25년 간의 수요일P138]*

정대협은 신이다. 정대협만 거치면 놀라운 일들이 벌어진다.

⦿김복동 할머니의 이상한 증언

● 지프차에 탄 일본군에 유괴 당했다.

☞ 일본의 지프차 배치는 2차대전 후

● 일본군 헬리콥터 부대에 끌려 갔다.

☞ 일본군 헬리콥터 배치도 2차대전 후

● 크리스마스 휴가 중의 일본군에게 혹사 당했다.

☞ 일본군은 크리스마스도 없고, 그런 휴가도 없다. 이 분은 타임 머신을 가지고서도 안되는 일을 해내는 전지전능한 능력자다.

⊙황금주 할머니의 이상한 증언

이 할머니는 '최연소 위안부'로서, 당초 20세에 자발적으로 갔다고 했다가 나중에 14세때 끌려간 소녀 위안부로 변신한다.

● 야학 2학년을 끝내고 쉬고 있을 때이다. 동네 반장 부인이 돌아다니면서 "일본의 군수공장에 **3년 계약으로 일하러 가면** 큰 돈을 벌 수 있다. 한 집에 적어도 한명은 나가야 한다"고 은근히 협박했다…200원의 **빚도 갚고 싶었다**. 내가 20살(1941년) 되던 음력 2월이었다. [강제로 끌려온조선의 위안부들]

● 해방 3년전(1942년) 17세의 나이로 정신대에 동원돼 3년간 만주의 길림성 등지에서 위안부 생활을 했다. [1992년 4월 23 동아일보]

● 나는 19세에 학교를 졸업하는 25일 전에 **일본군에 이끌려** 어쩔 수 없이 위안소에 갔다. [1996년 1월 4일 UN경제사회이사회 참가보고]

● 14세 때 소위 처녀공출로 만주에 연행되어 황군 병사의 섹스 도구가 되었다. 견디기 힘든 경험이었다. [2001년 7월17일 동경대 위안부 증언회]

☞ **자발적으로 갔다고 했다가 일본군에 끌려 갔다로 변했다.**
위안부가 된 나이도 야학 졸업까지 말하면서 20세라고 했었다가 **정대협을 거치면서 20세 ☞ 14세로 대폭 젊어졌다.**
정대협을 거치기만 하면 나이도 대폭 하향, 자발에서 강제, 점점 끔찍하게 바뀌는 공통점들이 있다. 진짜위안부 심미자 할머니가 **"나눔의집 위안부는 대부분 가짜"** 라고 밝힌 게 그런 이유일 것이다.
정대협이 위안부사기극의 거짓말 제작소일 공산이 아주 크지만, 정대협은 위안부 사기극의 몸통은 아닌 듯 하다.
대체 이 거대한 사기극의 몸통은 누구일까? 국내에는 있을까?

⊙ 문옥주 할머니의 이상한 증언

문옥주 할머니는 1992년 시모노세키 우체국을 상대로「전시 우체국 저금 환불 소송」을 제기해 한동안 화제가 되었다.

문할머니는 최초 정신대 피해 신고 당시에는 위안부가 된 경위에 대해 이렇게 설명하고 있다.

*19살때 **안면이 있는 남자가** '가기만 하면 일자리도 좋고 돈도 잘 번다'는 말에 속아 42년 7월부터 해방후인 46년4월까지 약 3년 6개월여 동안 '후미하라 요시코(文原吉子)'라는 이름으로 일본군을 따라 버마·태국 아유타야 등으로 끌려다니며 위안부 생활에 시달렸다. (서울신문, 1991-12-07)"

이 증언은 19세 때 취업사기에 속아 위안부가 되었다는 취지인데, 1년 뒤 정대협을 거친 후의 증언집 '강제로 끌려간 조선인 군위안부들'에서는 **"1940년에 일본헌병에게 강제 연행**되어 중국 동북부 도안성에서 위안부 생활을 했다"로 바뀐다.

정대협은 과거까지 바꾸는 전지전능한 신이다.
그 신적인 능력으로 정대협교 하나 만들면 대박일 듯 한데....

문할머니는 이에 대해 이렇게 해명하고 있다. 1991년 최초 신고 당시에는 부끄러운 일을 모두 다 이야기해야 할지 망설여져서 중국에서 있었던 일은 빼먹었다는 것이다. 하지만 비슷한 시기에 채록된 『證言,從軍慰安婦-女子勤勞挺身隊[伊藤孝司 著 1992]에도 중국에서의 위안부 경험 이야기는 빠져있고, 1992년 일본 법원에 제소된 『태평양전쟁 희생자 보상소송 법정증언』이나『전시 우체국 저금 환불 소송』에서도 중국 도안성에서의 위안부 얘기는 없었다.

오직 정대협을 거치면서 일본 헌병에 의한 강제연행 얘기가 새로 생겨났을 뿐이다.

또, 당초 증언에는 역전에서 자신을 인수한 사람이 **평복을 입은 일본인 남자와 조선인 남자**로 되어 있는데, '버마전선...'에서는 **일본인 헌병과 조선인 형사**로 바뀌어 졌다.

일본 법원에 제소된 문옥주 할머니의「전시 우체국 저금 환불 소송」판결문을 보면 "매일 저녁 수입한 군표를 문옥주 등은 마츠모토에 건네고 한달에 1번 그 반액을 현금으로 받았다"고 되어 있고, 통장 사본도 있어,

'무임금 성노예' 주장이 거짓이라는 점이 확인 되고 있다.

⊙ 김순악 할머니의 이상한 증언

● 16살 내 앞에서 일본군은 지퍼만 내렸다.

☞ 일본 군복은 지퍼가 없었다.

⊙ 위안부 역사조작에 북한 개입 의혹을 보도한 산케이신문

일본의 산케이신문은 위안부 문제로 한국의 일부 세력이 "거짓역사"를 만들고 그 배후에 북한이 있음을 지적하는 기사를 내보냈다. [2017-4-13]

[나치의 유태인 혐오 방불케하는 일본인 혐오 신문 한겨레신문의 곡필]

산케이는 "4월 4일 타계한 이순덕 씨는 일본 정부에 소송을 걸었던 위안부들 중 한명"이라고 소개하면서,

"이 재판은 2003년 원고 측 패소가 확정됐지만, 본인이 제출한 소

송문을 통해, 다음 사실이 확인 된다"고 전했다.

"1937년 봄, 만 17, 18살 때, 저녁을 준비하기 위해서 밭두렁 길에서 쑥을 뜯던 중 40세 정도의 **조선인 남자가** 나를 따라오면 신발도 주고 옷도 주겠다. 배불리 먹을 수 있는 식당에 데려가 주겠다고 말을 걸었다. 집이 가난하여 신을 만한 신발도 없었고, 근근이 허기를 면하는 생활이었기에 유혹에 응하여 따라가기로 결정했다"....다음날 일본군 군인 3명이, 열차에 태우고 3일 걸려 상하이역에 도착했다"

본인의 진술서에 따르면 이순덕 씨는 가난 등의 배경 속에서 낯선 조선인 남자, 즉 인신매매 중개업자에 의해 일본군 위안부로 끌려간 것이다.

하지만 **한겨레신문은 이렇게 왜곡보도**를 했다고 한다.

"17세 때 쌀밥에, 좋은 옷도 입을 수 있다는 일본인의 말에 속아 **일본군에 끌려가...**" 이렇게....

산케이는 "정대협은 2015년 12월, 위안부 문제에 관한 한일협정에 대해서 '굴욕적인 합의'(상임대표인 윤미향의 입장)라고 반대하고 있다"며 **"한일합의의 시점에서 생존자 46명의 위안부 중, 일본정부가 출연한 10억 엔을 기초로 한 현금지급을 34명이 받아들였는데도 '전쟁과 여성 인권 박물관'에는 이에 대해 일체 소개되어 있지 않았다"**고 지적했다.

또 "윤미향 씨는 일본 정부가 한국과의 약속을 이행한 사실은 언급하지 않고, '일본군 성노예제 문제의 올바른 해결을 통해서, 피해자의 명예와 인권을 회복시킨다'고 주장한다"고 꼬집었다.

산케이는 "총영사관 인근 공원에는 학생들 약 1,000명이 모여 한일 합의 파기와 함께 한일 안보 분야의 정보 공유를 가능하게 하는 군사정보포괄보호협정(GSOMIA)폐기, 남북통일을 호소했다"며 "모두 한일 이간을 노리는 북한의 의도에 따른 주장이다"라고 보도했다.

산케이는 전 한국 정부 당국자의 증언도 소개하며 위안부 운동과 관련 북한 개입 의혹을 뒷받침 했다. 이 전 당국자는
"김대중·노무현 정부 시절 남북교류 명목아래 친북 비정부조직(NGO)등에 돈이 흘러들어갔다"면서
"북한의 그림자가 비치는 것은 공공연한 비밀이지만 이명박·박근혜 두 정권도 그 흐름을 막지 못했다"고 위기감을 표현했다.

산케이는 "서울 이화여고의 역사 동아리가 지난해 한일합의에 대한 항의를 담아 작은 위안부 동상의 설치를 타교에게 제안했다"며 "이에 호응한 각지 고등학교의 학생회가 모금을 하는 등, 위안부 동상이 속속 세워지고 있다. 100개 고교 설치가 당면 목표다"라고 전했다.

산케이는 "한국 국정 역사 교과서에도 위안부에 관하여 '패전에 의해 도망하는 일본군에 의해 위안부가 집단 살해되기도 했다'라는 근거 없는 기술이 등장했다"며
"팩트로 반박하지 않으면 앞으로도 거짓 역사의 창작은 계속된다"고 우려를 표명하며 기사를 마무리했다.

◉진짜 위안부와 가짜 위안부, 그리고 수입된 위안부

위안부들의 증언은 정대협만 거치고 나면 모든 게 확 바뀌고, 명백한 모순과 명백한 허위들로 이어지고 있다.

때문에 정대협에서 조직적이고 고의적인 거짓말 시켰을 가능성을 열어 놓고 판단해야 하며, 증언만을 기초로 한 위안부 단체의 주장들은, 모두 원점에서 재검토 되어야 한다.

위안부 할머니들이 정대협 또는 누군가에 포섭이나 매수 또는 공모 가능성을 포함한 위안부 좌파 진영에 의한 '대국민 사기의혹'에 대해서도 합리적 의심과 함께 법에 따른 수사가 필요한 것이다.

그들은 자신들이 원하건 원치 않건 북한, 중국의 공산독재 권력의 이익을 위해 움직여지고 있기 때문에, 대국민 사기극 의혹에 대해, 배후조종 세력 등 모든 합리적 의심의 범위에서 제외시켜선 안된다.

*그 당시 열셋에서 열다섯 나이의 우리들은 강제로 끌려가 위안부가 되었고, 하루에 40~50명에 이르는 군인들을 상대해야 했습니다.

고분고분 말을 듣지 않는 사람은 칼로 베어 죽이기도 했어요.

사람을 칼로 베어 죽이고 죽은 사람을 묻지도 않고 내다 버렸어요.

나눔의 집 이옥선 할머니가 한 말이다.

위안부 문제를 조금이라도 들춰본 사람이라면, 이 증언이 얼마나 터무니 없는 거짓인지를 알 것이다.

이옥선 할머니는 2014년 8월 백악관까지 가서 일본을 비난했다.

이옥신 할머니는 10여년 전에는 한국인이 아니었다.

심미자 위안부 할머니도 정대협에 대해 '위안부를 중국에서 수입'까지 하면서 일본을 못 잡아먹어서 안달한다고 비판한 바 있다.

더 충격적인 발언도 있다. 역시 중국에서 온 강일출 할머니다.

"1943년 일본 순사들에게 붙들려 중국 만주의 무단장 위안소로 갔고 그 당시 일본군이 전염병에 걸린 여자들을 불구덩이에 넣어 산 채로 태워죽일 때 조선 독립군의 도움으로 가까스로 살아났어요"

듣기만 해도 끔찍하고, 악당 일본과 김일성 영웅의 근거도 되는 증언인데, 확인할 길은 없음을 이용한 거짓말로 보이며, 객관적 사실과 너무 다르다.

영화 '귀향'은 강일출 할머니의 증언에 기반해 만들어졌고,
강일출 할머니 또한 중국에서 유입된 위안부다.
영화 '귀향'은 조총련계 자금의 동원 의혹을 받고 있고,
배우들도 조총련계, 즉 북한과의 관련성을 의심 받고 있다.
어차피 확인할 길이 없으니 아무 말이라도 다 할 수는 있지만 객관성과 교차검증 정도는 할 수 있어야 한다.

⊙맥두걸과 쿠마라스와미의 UN 위안부 엉터리 보고서

유엔은 위안부 단체의 일방적 주장을 교차 검증조차 없이 부실공사 보고서를 채택했다. 1996년 스리랑카 여성 법률가인 쿠마라스와미(Coomaraswamy)는 보고서에서 '위안부들이 상대한 군인의 숫자가 하루 60~70여명'이라고 주장하였고, '일본이 1932~1945년 조선 등에서 여성을 납치해 위안부로 동원했다'고 밝힌 바 있다.

그러나 앞서 밝혔듯이 객관적 팩트와는 너무나 다르다.

극단적 증언을 하는 일부 위안부들의 증언보다도 더 부풀린 증언들을 받아 적었다.

맥두걸(Gay,McDougall)은 남아프리카공화국 국적을 가진 여성인데, 이 보고서에서는 일본군 위안소가 '강간소'였다고 지적한다.

맥두걸은 '위안부 여성은 대부분 11~20세였고, 납치와 사기의 주체가 일본군'이었다고 지적한다.

맥두걸은 "나는 지난해 보고서를 쓰면서 많은 사례를 접했고, 엄청난 아픔과 끔찍함, 분노를 느꼈다"고 말했다.

맥두걸이 읽은 보고서는 '정대협'에서 만든 자료집이다.

극소수 이해당사자 집단의 일방적인 주장을 맹신한 것이다.

그녀는 당시 일본 경찰이 위안부 인신매매단을 잡아서 엄벌을 했다는 사실을 알았을까?

맥두걸은 위안부의 평균 연령이라도 조사해 보았을까?

미군이 태평양 전쟁 직후 조사한 보고서에는 위안부 평균 연령이 25세라고 기술되어 있고, 피해 주장하는 사람들 중에서도 11살 때 연행 되었다는 주장은 없다.

수많은 위안부 사진 중에도 소녀 위안부 사진도 전혀 없다.

그런데도 망상적 소설과 부실공사 보고서를 제출한 것이다.

김학순씨의 증언을 보자. "여자 한 사람이 하루에 3~4명의 군을 상대해야 했고, 전투가 있었던 날은 더 많아서 7~8명을 상대해야 했다"

쿠마라스와미가 하루 60~70명을 상대한 '끔찍한 강간소'라는 주장은 근거 없는 극소수의 부풀린 주장을 덮어놓고 믿는 중대 오류를 범했다.

쿠마라스와미는 위안부 문제가 고도의 정치 이념 세력과 얽혀 있는 정치적 문제임을 간과한 나머지 정대협의 자료와 일부 할머니들의 증언만을 믿고 이것이 여성 인권 문제라 착각하는 오류를 범했고, 맥두걸과 쿠마라스와미의 보고서는 '어리석은 결정'의 촉매제가 되었다.

이 보고서에 근거해 미국 하원, 네덜란드 하원, 캐나다 하원, 호주 상원, 대한민국 국회, 대만 입법원 등에서 '일본 정부에 배상을 권고하는 위안부 결의안'이 채택되었다.

'유엔 보고서'라는 권위가 확보되자 한국 언론은 이것이 '불변의 진리'인양 인용하면서 일본 정부를 비난하기 시작한다.

필자는 그녀에게 '미군의 한국인위안부 심문 보고서' 하나라도 읽어 보라고 권하고 싶다. '객관자'와, '이해당사자'의 주장 중 어느 쪽이 더 진실에 부합하는지도 판단해 보길 권하며, 훗날 미국 법원이 위안부 소송을 기각시킨 이유가 무엇인지라도 판단해 보길 권하고 싶다.

쿠마라스와미와 UN은 이제라도 보고서를 원점에서 재검토 해야 한다. 이해 당사자의 구술 주장만을 받아 적은 망상소설 보고서를 철회하는 것이 UN의 이념에 부합하는 행동이고, 양식 있는 단체의 바른 태도다.

⊙위안부를 순결한 소녀로 포장하는 이유

찬란한(?) 역사의 우리 민족은 중국에 처녀 공녀를 열심히 바쳐왔다.
강압에 의한 처녀공출의 역사는 '아픔'이고 수치였을 것이다.
위안부들의 처녀성을 강조하는 이유가
이런 집단적 수치심과 감성을 자극하고,
국민들의 심리 속에 내재된 '역사적 트라우마'를
동조화 하려는데 있다고 여겨진다.

한국의 역사조작, 정확히는 좌파의 역사조작은
과거 중국과 조선 지배층에게 당했던 것을
모두 일본에게 뒤집어 씌울 목적으로 자행된 것이다.

좌파 주도층은 기본적으로
반미·반일·종북·친공산·친중파이며, 봉건왕조 추종 성향을 띤다.
좌파가 조선이나 북한 같은 봉건 왕조를 비판하는 것은
누구도 본 적 없을 것이고, 미화 시키는 것은 많이 볼 수 있을 것이다.
이는 좌파의 이념 성향 때문인데,
조선 지배층이 유교 숭배의 종중 사대주의파였던 것처럼,
한국의 좌파 주류는 마르크스 레닌주의·마오이즘·김일성주체사상·
낡은 민족주의 등의 수구적 정신유산 숭배족으로서,
조선 지배층의 정신적 유산을 물려 받아
낡은 종북·종중 사대주의파 성향을 띠기 때문이다.
한국은 '반미·반일·종북·친중파'가 '진보' 간판 하에 득세하는
나라이고, 중국·북한의 간첩 공작단이 깊이 개입할 수 밖에 없
는 구조이므로, '진보 간판' 반미·반일·종북·친중파의 승리를

위해서는 중국에 처녀들을 바치던 역사적 트라우마의 원흉을 일본으로 뒤바꾸어 놓으려는 술수를 쓰는 게 구도상 당연한 것이다. 역사 판은 사기 판이니까...

⊙위안부 조작은 누가 언제 시작 했을까?

위안부 문제는 독립 전후에 아무도 거론하지 않다가. 1973년 일본의 센다 가코(千田夏光)라는 저널리스트에 의해 알려진 후 1993년부터 한겨레, 경향 등 좌파 진영이 이슈화 시킨 사건인데, 너무 오래 되어 진실을 알기 어렵기 때문에 증언만 입 맞추면 얼마든지 조작 가능한 사건이다.

1983년에 요시다 세이지(吉田淸治)라는 일본 공산당 출신 인물이 자신이 직접 제주 등지에서 여성들을 납치했다는 〈나의 전쟁범죄 고백〉이라는 책을 냈는데, 아사히신문이 대대적으로 보도했고, 한국에 방문하여 사과도 했지만, 현장 확인 과정에서 모두 거짓임이 드러나, 기사도 취소되고, 그의 아들도 인터뷰에서 "아버지의 증언이 거짓이었다"는 증언을 했다.

일본의 여성논객인 사쿠라이 요시코(櫻井ょしこ)씨는
"제가 들은 바에 의하면 이 잡지 인터뷰 기사에서 삭제된 부분이 있다고 합니다. 삭제된 내용은 요시다 세이지에게 위안부 강제 동원이 있었다는 책을 쓰도록 한국인 측으로부터 작용이 있었다고 밝힌 부분입니다." 라고 밝혔는데, 그녀는 요시다 세이지가 책을 쓴 것에 대한 한국 좌파나 북한의 공작을 의심하고 있다. 대남공작 차원의 위안부 공작 말이다.

실제로 한국의 주사파 운동권 핵심부에서 활동하다가 전향한 사람들의 증언에 의하면 북한은 1980년대 말부터 남한 내의 종북 주사파 운동권 진보 진영에게 한일관계 파탄 지령을 계속 내렸고, 위안부 문제도 거기에 포함되어 있다고 한다.

그와 관련성은 모르나 좌파 매체인 한겨레 신문과 함께 위안부를 처음 이슈화시킨 사람이 윤정옥이며, 김대중 전 대통령의 부인 이희호 여사의 이화여대 동문으로 알려져 있다.

1990년 한겨레신문은 위안부 문제를 집중 보도하였고,
윤정옥은 '사단법인 한국정신대문제대책협의회(정대협)' 창설을 주도했고, 1992년 북한에 가서 김일성을 만났다.
뭔가 냄새가 많이 난다.

◉'종북·친중파 위안부 좌파'여 이제 그만 할 때도 되지 않았는가?

진보 간판의 종북·친중 좌파가 '위수김동'이니 '친지김동'이니 '민주기지'니 하면서 숭배하던 북한 왕조에는
지금도 '기쁨조'라는 이름의 성노예가 존재하고,
인권 말살은 현재진행형이며, 너무나 참혹한 상태다.
그러나 '위안부좌파'는 북한 중국 정권 및 공산권의 현재형 악행은 절대 문제 삼지 않고, 오직 자유 우방인 미국 일본의 80년 전 잘못만 부풀려서 헐뜯는다. 오로지 반미·반일·종북·친중이다.
좌파의 행동은 북한 중국 정권의 이익과 항상 일치하는데, 도대체 북한 중국 정권을 위해 그토록 충성해주는 이유가 뭘까?
인권 말살의 인민납치범 집단과 친하게 지내는 이유는 뭐고, 그들

이 곤경에 빠지면 북한이 지원사격 해주는 이유는 뭐고?

일본은 한국인들이 피해를 주장하니 사과도 하고 지원금도 주면서 애쓰지만, 만약 북한에게 피해 당한 사람들이 그랬다면 북한 왕조는 콧방귀도 꾸지 않았을 것이다.
그게 북한과 일본의 차이다.

'종북·친중파 위안부 좌파'여,
어차피 들통날 거짓말, 나라 망치는 짓 그만 해라.
그대들은 그대들이 무슨 짓을 하고 있는지 알고 있는가?

⊙정대협과 위안부좌파는 왜 진실을 왜곡 조작하는가?

앞서 밝혔듯이 1935년-1945년은 초비약 산업혁명 시기였다.
인구가 급증하고, 도시가 확산되고, 소위 신여성에 대한 선망이 확산됐다. 해방전후사의 재인식 1권에 실린 소정희 교수의 논문은 190명의 위안부 중 88%가 탈농촌 시기인 1937-44년 사이에 위안부가 되었다고 밝힌다. 도시를 흠모하는 시절, 가정을 뛰쳐나온 여식들이 인신매매단의 먹잇감이 된 것이다.

가정 폭력을 당하던 어린 여성들이 폭력을 피해 달아났다가 인신매매단의 덫에 걸려들기도 했고, 배움의 신기루를 찾아 도망쳐 나온다는 것이 인신매매단에 걸려들어 위안부가 되기도 했다. 이들을 비극으로 내몬 것은 일본 순사가 아니라 그 부모와 가족이었다.

그런데도 정대협은 "일본군이 가정으로 쳐들어 와서 처녀들을 끌고 갔다. 사과와 보상을 하라"며 외치고 있다.

할머니들의 증언도 정대협만 거치고 나면 연령도 대폭 하향되고 자발에서 강제로 모두 바뀌는 것이다.

당시 상황과 전혀 안맞는 진술 오류의 방향이 무질서하다면 단순 실수일 수 있지만, 위안부 단체를 거치면서 한 방향으로 일관되게 변했다면 위안부 좌파의 조직적인 사기 가능성을 필히 고려해야 한다. 이 사건은 어차피 확인 못하는 점을 악용한 대국민 사기극의 의혹이 짙다. 불과 수십 명의 위안부를 기반으로 한 좌파 편향의 단체가 전체 위안부를 대변할 자격이 있는지도 문제지만, 위안부 문제를 종북·친중 좌파 성향의 정치 이념 세력이 주도하고 있다는 점은 유심히 살펴볼 문제다.

⊙일본의 입장 정리

일본의 입장을 정리하면 다음과 같다.

*1965년 한일 협정 : 법적인 문제는 끝났다. (당시에 일본이 한국에 지급한 돈은, 현재 국민 1인당 2000만원에 해당하는 천문학적 액수였다)

*1997년 아시아여성기금 : 도의적 책임을 다했다. 1997년부터 시작된 아시아여성기금은 일본 정부에서 '도의적인 책임'을 이행한 의미있는 발걸음이었다. 일본 입장에서는 왜 우리 마음을 몰라주느냐는 것이다. 일본의 주장을 요약하면,

우리는 인간적 도리는 다 했고, 증거를 못 찾았으니 법적 인정은 무리다. 당신들이라도 증거를 가져와라 그러면 인정 하겠다 이거다.

그러나 정대협은, **증거는 니들이 감췄으니 증거는 니들이 가져오고, 증언이 있으니 무조건 인정해라** 이거다.

◉권력이 되어버린 정대협과 윤미향의 몰지각한 요구

정대협이 일본 정부에게 요구하는 사항은 다음의 7가지다.

1. 일본군 '위안부' 범죄 인정
2. 진상규명
3. 국회결의사죄
4. 법적배상
5. 역사 교과서에 기록 및 교육
6. 위령탑과 사료관 건립
7. 전범자와 책임자 처벌

반성문 크게 써서 내 집 거실에다 붙이라는 소리다.

증거도 전혀 없이 주장만 있으면서 책임자 처벌과, 교과서에 기록과, 위령탑과, 사료관을 만들라는 소리다.

윤미향과 정대협이 주장하는 '법적배상'은
국회에서 법을 제정해 국가 차원에서 배상하라는 의미다.
이들은 일본군과 일본 정부의 강제연행이라고, 주장만 할 뿐, 증거는 전혀 없고, 오히려 정대협의 주장이 사기라는 증거들만 많다.
이들은 **죽어가는 위안부 할머니들의 기금 수령마저 갖은 수단으로 방해하고, 한일 이간질에만 총력을 다하고 있다.**
증손자 세대가 소설이라도 써야 된다는 것인가?
억지로 마녀를 만들어서라도 책임자 처벌을 해야 한다는 것인가?

이런 자들에게 놀아나는 대한민국은 이성이라는 게 있는가? 한국인이여, 정말 창피함을 못느끼는가?

⊙반일투쟁 선봉 정대협의 진짜 목적은?

반미반일종북친중 위안부 좌파는 한·일 관계 이간질 뿐만 아니라, 한반도 안보의 핵심인 한·미 동맹마저 흔들어 놓는다.

아베 총리의 방미 때, 방미 일정을 따라 다니며 시위한 사람들이 있었다. 바로 '워싱턴 정대협'인데 이들은 아베 총리 일행을 따라다니며 위안부 문제와 관련한 일본의 공식 사과를 요구했다.

김일성주사파 진보 진영이 '남조선 혁명의 민주기지'라고 떠받들던 북한 왕조는 죄 없는 생명 300만명을 학살했고, 이 시간에도 하루 평균 40명 이상이 강제수용소 등지에서 죽어가고 있다. 그러나 '종북 진보진영'은 그 참혹한 인권에는 눈꼽만치의 관심도 없다.

위안부 문제에 참가하는 종북진보 성향의 단체들이 위안부를 구실 삼은 한·일 이간질의 대남 적화통일 동조 세력이 아니라, 정말로 여성의 인권을 목적으로 한다면,
일본을 헐뜯고 다닐 시간의 1/10,000분이라도 들여서 현재진행형 북한의 성노예와 인권 말살을 비판 했어야 옳다.

수요집회나 위안부 소녀상 에너지의 1/10,000이라도 죽어가는 북한 동포들의 인권을 위해 써보는 것은 어떨지를, 정대협과 더불어시민당, 더불어민주당(현재탈당)국회의원 윤미향에게 권하고자 한다.

정대협과 국회의원 윤미향,
그대들은 그대들이 무슨 짓을 하고 있는지 알고 있는가?

⊙위안부 사태로 신바람 난 김정은과 중국 공산당

한국의 위안부 문제에 신바람이 난 사람들이 있다. 바로 북한 김정은과 중국 공산당이다. 2015년 김정은 정권은 한일 정상회담 직후 "위안부는 반인륜적 범죄"라는 성명을 연일 발표하였고, 중국 공산당도 신이 났다.

중국 난징에 한국과 중국 인사 300여명이 참석한 가운데 위안부 기념관 개관식이 열렸고, 미국 곳곳에서 중국계 주민들이 일본군 위안부 소녀상 설치를 추진하고 있다.

배후는 중국 공산당이다. 중국의 반일 데모는 공산당의 관변 시위다. 세계문화유산에 위안부가 등재되는 것을 갈망하는 자들도 있다.

역시 중국 공산당이다.

중국 공산당은 일본을 악당화 시켜야만 하는 숙제를 안고 있으며 위안부 소녀상은 이러한 전략의 일환이다.

중국에 위안부 소녀상 뿐만 아니라 '여명의 눈'이라는 중국 위안부 여성의 영화도 만들어졌는데, 중국 공산당은 왜 위안부 기념관을 세울까? 일본 악당화 전략에 있어 위안부 문제 만큼 효과적인 게 없기 때문이다.

왜 반세기 동안 아무 말 없다가 지금에야 그럴까?

확인할 도리가 없으니 허위증언 쯤은 얼마든지 만들어낼 것이고, **'진보 간판의 종북친중파'가 내부적인 한 패이거나 적어도 이용 당해 주기 때문일 것이다.**

⊙위안부 문제를 해결하지 말아야 하는 이유는?

*동시에 거기에는 정대협의 '위기감'이 존재해 있었다. 생존자들이 국민기금을 수령할 경우 할머니들은 흩어질 것이며, 그렇게 되면 '위안부' 운동은 파국을 맞게 될 것이라는 두려움이 있었던 것이다.[김정란 박사 논문 중]

...위기감이 뭐였냐면, 정대협의 위기감이, 국민기금 받고 그러면 할머니들 뿔뿔이 흩어지고 운동이고 뭐고 아무것도 안된다는 거죠.(왜 흩어지게 되죠?) 지금까지의 결속력은 일본에 대한 사죄, 배상 투쟁이거든요[D와의 인터뷰]

*피해자들의 경제적 필요는 활동가들에게 우선적인 가치가 아니었다. 국민기금은 활동가들에게 단순한 '돈 문제'로 이해되었으며, 중대한 역사적 시점임을 감안할 때 이는 부차적인 것으로 여겨졌다. 그러나 피해당사자들에게는 그렇지 않았다. 부정적 가치가 부여되었고 수령하지 않겠다는 각서를 썼음에도 불구하고 여러 피해자들은 기금의 수령을 원했고 실제로 이를 수령하였다. 활동가와 일부 피해자들 간의 이러한 대응의 차이에는 계급적 차이가 놓여있다. 높은 교육 수준을 갖춘 지식인 활동가들은 오랜 세월 빈곤한 삶을 영위해온 생존자들의 삶과는 너무나 다른 계급적 배경을 가지고 있었다."(김정란 박사 논문 중)

☞좌파는 빈곤층과 사회 문제를 먹고 살기 때문에, 문제가 사라지길 원하지 않는다. 빈곤 계층이 줄어들면 지지층이 줄어들기 때문에 빈곤층이 줄어들기를 원하지 않는 것처럼, 위안부 문제가 해결되어 버리면 밥줄이 사라진다는 좌파의 위기의식이 문제라 여겨진다.

⦿ 왜 정대협은 인도주의적 손짓마저 거부하는가

1995년 당시 일본 무라야마 총리는 '과거사에 대한 사죄를 담은 담화'를 발표하였고, 1997년 일본은 '아시아여성기금'을 통해 한국의 위안부 할머니들 최소 61명 이상에게 '배상금(5천만원)'을 지급하였다. 그러나 정대협과 윤미향은 '일본의 책임 회피용'이라고만 치부했다.

2012년, 양국 정부 간 '총리의 공식사죄와 인도주의적 배상'에 대한 논의 시에도 정대협과 윤미향은 "일본이 주장하는 '인도적 해결'에 동조하지 말고 공식적으로 일본의 법적 책임 이행을 촉구하라"고 주장했고, 타결직전까지 갔던 위안부 문제는 불발되었다.

일본 정부는 위안부 문제 해결과 역사화해를 위해 모든 노력을 기울여 왔지만 정대협이 들어줄 수 없는 어거지 요구로 계속 무산시켜 온 것이다.

노가미 요시지 일본 전 외무성 차관은 "일본이 어떤 안을 내놓아도 한국의 시민단체 정대협이 반대할 텐데"라며 답답함을 호소했다. 왜 일본에서 혐한 시위가 벌어질까? 한국이 세계를 향해 거짓말까지 하면서 일본의 명예를 훼손한다며 시위에 나선 것이다.

한국이 퍼부은 폭력 언동에 상처받은 일본인들이 더는 못참겠다며 나서는 것이다. 혐한류 만화가 수백만부 팔리고, 그런 혐한류 책들이 베스트셀러가 되는 것은 일본인들이 모욕감을 느끼고 있기 때문이다" 정대협과 윤미향이 저지른 짓 때문에 국익과 안보가 희생 당하고 국민적 위기로 치닫는 것이다.

⊙ 위안부 문제의 본질은 위안부가 아니다.

정치와 역사판은 고도의 사기판이다. 삼국지처럼 정치 타짜들 간의 수많은 간계와 술책들이 동원되는 전쟁터다.

단지 삼국지와 다르게 창과 칼을 드는 방식에서 국민 선동의 방식으로 바뀌었을 뿐이며, 때문에 누가 달을 가리킨다고 해서 달만 쳐다보아서는 안되는 것이다.

한국은 [자유민주주의 진영 vs 공산 사회주의 전체주의 진영], 그리고 [국민 주인의 수평형 세력 vs 정복자 주인의 수직형 신분제 세력] 즉 [한·미·일·우파 vs 북·중·좌파(진보간판)] =간의 대치 구도 속에 있다. 진보 간판의 종북·친중 좌파 주류층은 자유진영인 미국·일본을 배척하고 북한 중국에 붙어 남한 적화통일을 하자는 주의였고, 그들이 전향했다는 근거는 없으며, 행동도 달라지지 않았다.

자유월남도 설마 하다가 당했다.

그들이 설마하니 공산 진보진영 주도로 통일이 되면 2천만 명 중 100~200만이 학살 당할 것을 상상이나 했겠는가?

티벳과 신장위구르인 수십만 명을 학살하고, 끔찍한 고문은 물론, 자국민에게마저 고문과 가혹한 인권탄압을 자행하는 게 중국 공산당이다. 중국의 전략은 궁극적으로 한반도를 지배 하는 것이며, 미국과 일본은 우리의 생존이 걸린 두 날개인데, 일부 국민들은 농간에 속아 동조한다.

'종북 진보진영'은 대놓고 반미 반일을 외치지 않는 대신, 각종 술수를 동원하여 한·일과 한·미 양측을 이간질시키는 술책을 쓴다.

위안부 좌파가 북한·중국 정권과 내통하고 있다는 물증은 없지만, 행동 만큼은 북한·중국 정권과 언제나 한 패다.

저의를 가진 세력의 감성적 주장만 이성적 통찰 없이 휩쓸리면, 그 피해는 우리 국민들이 목숨으로 갚아야 할 수도 있다.

한국의 좌파는 똑같은 위안부가 있었던 중국군 소련군의 위안부에 대해서는 일체 언급을 하지 않는데,
진보 간판의 좌파는, 그대들의 성역 중국군과 소련군과 북한군의 만행도 연구해볼 생각은 없는가?

일본보다 수천 배 더 사악한 중국 북한의 악행도 건드릴 줄 아는, 그런 용감한 좌파가 단 한명이라도 나오길 기대해 본다.

(물론 그랬다간 진보 진영으로부터 배신자로 찍히는 문제가 있겠지만, 그래도 그 수많은 좌파 중에 단 한명이라도 튀는 인간이 나올 법 한데?)
위안부 좌파, 이들의 진짜 목적은 무엇일까?
그리고 그 배후는 누구일까?

08.무한반복 일본의 사과, 도대체 몇 번이나 사과 해야 돼?

⊙식민지 지배를 사과한 세계 유일한 나라

한국의 반일 구호에 꼭 등장하는 말이 '일본의 사과와 배상을 요구한다' 이고, '일본은 과거사를 반성할 줄 모른다'는 것이다.

한국인들 대부분은 일본이 과거의 잘못을 사과 하지 않았다고 생각하고, 일본이 한국에 몇 번 사과 했는지를 아는 한국인은 거의 없다. 결론부터 말하자면, 일본은 한국에게 최소 33번이나 사죄를 했고, 그 중 총리급 이상의 사죄도 최소 22회나 된다.

일본은 식민지 지배를 사과한 세계 유일의 나라다.

우리나라 사람들은 식민지 지배에 대한 배상을 받아야 한다면서, 한일 수교 당시 받은 돈에 위안부와 징용 관련 금액은 미포함이라고 말한다. 그러나 당시 한·일 양국은 '청구권 문제는 완전히, 최종적으로 해결된다'고 분명히 매듭지었다.

이는 한국 내에 있는 일본의 자산도 일체 포기하고, 한국도 어떠한 종류의 청구도 하지 않는다는 국가간 약속이다.

또 그 때 일본이 개별적으로 지급하겠다는 돈까지 국가가 받았고, 그 돈을 경부고속도로, 포철 등의 건설과 산업화의 종잣돈으로 썼다. 그 돈에 '위안부와 징용 문제를 포함한다' 라는 세부적 명시가 없더라도, 그 돈은 모든 과거를 털고 간다는 뜻으로 봄이 상식이다.

그런 의미가 아니라면 그런 큰 돈을 줄 리도 없으며, 설령 그 당시 알려지지 않은 사실들이 추가로 발견 되었다 하더라도, 이는 한국 내부에서 해결할 문제이지, 돈 받고 돌아서서 뒤통수 치는 것은 옳지 않다는 것이다. 국가 간이건 개인 간이건 기본 이치는 똑 같다. 입장 바꾸어 우리가 일본이었다면, 위안부나 징용 문제를 뺀 나머지 부분에 대해서만 지급하는 조건에 그런 거액을 지급 했겠는가? 피해자들이 있다면, 한국 정부가 진위 여부 판단과 보상에 나서는 게 맞고, 또다시 사과와 재배상을 요구하는 것은 옳지 않다는 것이다.

그런데 더 근본적으로 말하자면, 식민지 지배에 대한 배상을 하는 것은 세계인의 상식과는 거리가 멀다는 사실이다. 오히려 세계인들은 식민지 지배를 배상 해 준 일본을 바보라 여기고 있을 것이다. 제국주의와 식민지가 나쁜 거라는 생각은 지배자 중심주의 사관만 주입당한 한국인의 상식일 뿐 세계인의 상식이 아니다.
제국주의는 야만적인 폭정과 짧은 수명 식인문화 등에서 벗어나, 문명의 전파를 통한 보다 나은 삶과 미래를 선사하는 순기능이 크기 때문에, 서양에서는 보통 식민지 지배를 자기들의 공로라 여기고, 식민지 지배에 대한 반성은 거의 없는 것이다.

입장 바꾸어서 일본이 굶어 죽는 노예제 나라이고, 우리가 일본에 법과 질서를 세우고 문명을 전파해 주었다면, 우리는 반성하고 있었을까? 그래서 그들은, 식민지 지배를 나쁘다고 말한다면, 그들은 그렇다면 예전의 미개와 무지몽매의 상태로 돌아가야 하고, 오히려 식민지 정책에 의해 생활을 향상 시켜준 종주국에 감사해야 하며, 사죄와 배상 요구는 터무니 없다고 여긴다.
심지어 식민지에 투자한 금액에 대해 종주국들이 독립비용을 요구하는 것이 일반적이었다. 예를 들어 네덜란드는 인도네시아의 독립

때 60억달러를 청구했다. 한국인들이 일본과 비교하여 내세우는 독일조차도 식민지에는 아무 것도 지불하지 않았으며, 오히려 독일은 병합하고 있었던 오스트리아에게 배상금을 지불시켰다.

당시의 국제 관례상 중주국의 물건은 종속국이 독립을 해도 종주국의 소유였기 때문에 종주국으로부터 얻은 것은 모두 반환해야 했다. 즉 독립이라는 것은 원래 상당한 출혈이 필요한 것이다. 그러나 일본은 아무것도 반환을 요구하지 않았고 되려 거액을 지원했다.

⊙한국에 대한 일본의 공식 사과는 최소 33회(총리급 이상의 사과는 22회)

*1982年8月26日 - 미야자와 기이치 관방 장관 '일본 정부 및 일본국민은, 과거의 우리 나라의 행위가 한국·중국을 포함한 아시아 나라들의 국민들께 막대한 고통과 손해를 드린 점을 깊이 자각하여, 이러한 일이 두 번 다시 있어서는 안 된다는 반성과...'
*1984年9月6日 - 쇼와 천황 '금세기의 한시기에, 양국간에 불행한 과거가 있었던 점을 대단히 유감스럽게 생각하며, 결코 다시는...'
*1984年9月7日 - 나카소네 야스히로 수상 '귀국 및 귀국민에게 다대한 곤란을 가져왔던 점에 대하여 깊은 유감의 마음을...'
*1990年5月24日 - 아키히토 천황 **"우리 나라에 의해 초래된 불행한 일로 인해, 귀국의 국민들이 겪게 된 괴로움을 생각하면, 본인은 통석의 염을 금할 수 없습니다."**
*1990年5月25日 - 카이후 토시키 수상 "과거 한시기, 한반도 분들에게 우리의 행위로 인해 **참기 어려운 괴로움과 슬픔을 드렸던 것에 대해 반성과, 사과의 마음을...**"
*1992년 가토 관방장관- 정부는 종군위안부로서 이루 말할 수 없는 어려운 고통을 겪은 모든 분들에 대해 다시금 **진심으로 사죄와 반성의 뜻을...**
*1992年1月16日 - 미야자와 키이치 수상 '우리 일본국민은, 과거의 한시기, 귀국 국민이 우리 나라의 행위로 인해 참기 어려운 괴로움과 슬픔을 드린 사실에 대해, 반성하는...**재차 귀국 국민들께 반성과 사과의 마음을...**'
*1992年1月17日 - 미야자와 키이치 수상 '우리 나라가 가해자이고, 귀국이 그 피해자였던 사실과, **한반도의 분들이 우리 나라의 행위에 의해 참기 어려운 괴로움과 슬픔을 겪으신 점에 대해서, 진심으로 반성과 사과의 마음을 표명합니다...정말로 송구하게 생각합니다.'**
*1992年7月6日 - 카토 코이치 내각 관방 장관 '종군 위안부로서 필설로 표현할 수 없는 쓰디쓴 괴로움을 겪으신 모든 분들께, **재차 충심으로 사과와 반성의 말씀을** 드립니다.'
*1993年8月4日 - 고노 요헤이 관방장관 '당시의 군의 관여아래에, 많은 여성분들의 명예와 존엄을 깊게 손상시킨 문제입니다...종군위안부로서 많은 고통을 겪으시고 심신의 달래기 어려운 상처를 입으신 모든 분들께 **진심으로 사과와 반성의 말씀을...**'
(위안부 관계조사결과 발표에 관한 고노 내각 관방 장관 담화 이른바 고노 담화)
*1993年8月23日-호소카와 모리히로 수상 **'우리 나라의 침략과 식민지 지배등이 많**

은 사람들에게 크나큰 괴로움과 슬픔을 가져왔던 것에 깊은 반성과 사과의 말씀을...
*1993年9月24日-호소카와 모리히로 수상 '과거의 우리 나라의 행위가 많은 사람들에게 참기 어려운 괴로움과 슬픔을....반성과 사과의 마음을...'
*1994년 3월 24일 김영삼 대통령 국빈 방일 계기 만찬사. '우리나라가 한반도여러분께 크나큰 고난을 안겨준 한 시기가 있었습니다.....과거의 역사에 대한 깊은 반성 위에서...'
*94년 8월 31일-무라야마 도미이치 수상 '우리 나라가 과거의 한시기에 저지른 잘못은, 아시아의 근린 제국등의 여러분들께, 달래기 어려운 상흔을 남겼습니다. **우리 나라의 침략 행위나 식민지 지배등이 많은 분들께 참기 어려운 괴로움과 슬픔을 가져왔던 것에 대해, 깊은 반성의 마음을...재차, 진심으로 깊은 반성과 사과의 마음을...**'
*1995年6月9日-전후 50년 중의원 결의···우리 나라가 과거에 타국민 특히 아시아 제국민 여러분께 드린 고통을 인식해, 깊은 반성의 뜻을 표명합니다.'
*1995年7月-무라야마 도미이치 수상 **이른바 종군위안부의 문제는....도저히 용서될 수 없습니다...달래기 어려운 상처를 입으신 모든 분들께, 깊이 사과를 말씀을 드립니다.**
*1995年8月15日-무라야마 도미이치 수상 **'멀지 않은 과거의 한시기, 국책을 잘못하여, 전쟁의 길을 걸어...막대한 손해와 고통을 주었습니다...재차 통절한 반성의 뜻을...진심으로 사과의 마음을 전합니다...'**(이른바 무라야마 담화)
*1995년 이가라시 관방장관- 종군위안부 문제는 많은 여성들에게 치유하기 어려운 고통을 주고 여성의 명예와 존엄을 크게 손상시킨...**진심으로 사죄를 드리는 바입니다.**
*1996年6月23日 - (하시모토 류타로 수상···그러한 일이 얼마나 많은 나라의 분들의 마음을 손상시켰는가는 상상에 남음이 있습니다···**진심으로 사과와 반성의 말씀을···**')
*1996年10月8日 - 일본 국왕 '과거 한 시기, 한반도의 분들에게 크나큰 고통을 안겨드렸던 시대가 있었습니다. 그것에 대한 깊은 슬픔은...')
*1997년 하시모토 수상의 편지 **'종군위안부로서 많은 고통을 겪으시고 치유하기 어려운 상처를 입으신 분들께 진심으로 사죄와 반성의 마음을 전합니다.'**
*1998年10月8日-'오부치 게이조 수상 오부치 총리대신은...우리 나라가 과거의 한시기 한국 국민에 대해 식민지 지배에 의해 막대한 손해와 고통을 주었다고 하는...**통절한 반성과 진심으로의 사과를...**김대중 대통령은, 오부치 총리대신의 역사 인식의 표명을 진지하게 받아들여...과거의 불행한 역사를 넘어 화해와 선린우호 협력에...표명했다.'
*2001年4月3日-후쿠다 야스오 내각 관방 장관 '멀지 않은 과거의 한시기, 식민지 지배와 침략에 의해서, 많은 나라들, 특히 아시아제국의 사람들에 대해서 막대한 손해와 고통을 준 사실을...**통절한 반성과 진심으로 사과의...**
*2001年9月8日 - 타나카 마키코 외무···다대한 손해와 고통을 준 것을···많은 사람들의 귀중한 생명을 잃게 하고 상처를 입혔습니다···**통절한 반성과 사과의 마음을···**'
*2001年10月15日-코이즈미 준이치로 수상 '일본의 식민지 지배에 의해 한국 국민에게 **다대한 손해와 고통을 주었던 것에 진심으로 반성과 사과의···**」
*2001年 - 코이즈미 준이치로 수상 **'종군위안부 문제는···심신에 걸쳐 달래기 어려운 상처를 입으신 모든 분들께 진심으로 사과와 반성의 마음을···'**
*2002年9月17日 - 코이즈미 준이치로 수상 -과거의 식민지 지배에 의해서, 조선의 사람들에게 막대한 손해와 고통을 주었다고 하는 사실에 통절한 반성과···
*2003年8月15日-코이즈미 준이치로 수상···'막대한 손해와 고통을 주었습니다. 국민을 대표하여 **깊은 반성의 뜻을···희생된 분들에게 삼가 애도의 뜻을...'**

*2005年4月22日-코이즈미 준이치로 수상 '…식민지 지배와 침략에 의해서…막대한 손해와 고통을 주었습니다… **통절한 반성과 진심으로의 사과의 마음을…**'
*2005年8月15日 - 코이즈미 준이치로 수상 **식민지 지배와 침략에 의해…막대한 손해와 고통을…재차 통절한 반성과…사과와…애도의 마음을…**'
*2010年8月10日-칸 나오토 수상 '**통절한 반성과 진심으로 사과의 마음을…**'
*폐하는 '정부가 원할 경우 당연히 한국을 방문하고 싶다. 양국의 우호를 위해서라면 현지에서 사죄하는 것도 주저하지 않겠다.' 라고 말씀 하셨다. (2012년9월19일 일본주간지 '여성자신' 아키히토 일왕과 한국 문제에 대해 이야기를 나눈 한 국회의원)
*2015년 기시외무상의 한일합의 발표 - **다수 여성들의 명예와 존엄을 상처 입힌 문제이고 일본 정부는 책임을 통감합니다.**

⊙한국에 대한 일본의 과거사 사과 이력을 요약하면

일본이 사과를 했다. 잠시 조용히 있었다. 한국은 몇달 후 사과 받은 것을 잊어먹고 다시 사과를 요구했다. **일본은 좀 어이 없었지만 다시 사과했다. 일본은 '아 얘가 잘 잊어먹는구나' 이해하면서 또 여러 차례 사과를 했다.** 그런데 한국은 몇 달 후 또 사과를 요구했고, **일본은 지치고 허탈한 표정으로 또다시 사과를 반복 했다. 이런 반복이 3대에 걸쳐 지속 중이다.**

그런데 요구하는 쪽도 문제지만 일본도 문제다. 하란다고 계속 하나? 상대가 정상이냐 아니냐에 따라 상태에 맞게 대응해야 하는 것이지. 문제를 일으킨 사람은 증조부 당시의 군부 독재자였다.

군국주의 일본의 체제는 국민의 자유와 권리를 크게 억압했고 언론의 자유조차 사라졌던, 파시즘적 독재 체제였으며 대다수 일본 국민들 역시 심각한 고통을 당했다.

민비나 고종이 일본을 침략 했어도 한국은 자기 책임 아니라 여겼겠지만, 일본은 그 후손으로서 사과를 한 것이다.

그래도 한국은 계속 사과를 요구한다. 일본인도 인간인 이상, 그 쯤 되면 질려버렸을 것이다. 도대체 사과를 몇 번이나 반복 해야 돼?

⊙ 만약에....

고종과 민비가 일본을 침략 했었다고 치자. 우리가 수십번 사과를 했는데도 불구하고 일본이 우리더러 수십년째 사과해라, 또해라 반복하면, 당신은 일본인들을 정상인이라 보겠는가? 역지사지 아닌가? 원래 인간이란 동물이 자신이 잘못 했어도, 사과 했는데 또해라 또해라 하면서 계속 욕하면, 나중에는 짜증나서 한 대 콱 줘박고 싶을 것이다. 혐한 감정과 혐한 시위는 그래서 생긴 것이다.

좌파와 북한 간첩단은 그리 만드는 게 목적이지만, 속는 사람들은 뭔가?

필자가 일본인 지인이 사람이 있다면 아마 이렇게 말했을 것 같다.

"당신들 한국에 왜 사죄 했는데? 당신들이 안해도 되는 사죄를 하니까 한국인들은 자신들이 피해자인지 가해자인지도 분별 못하는거잖아? 사죄하지 말고 이렇게 말했어야지!"

"야, 행국아, 빨리 정장 빼입고 나와, 오늘 사죄하는 날이야. 우리 조상들은 같이 침략을 했었고, 침략은 나쁜거야. 너 건성으로 사죄하지 말고 머리 푸욱 숙여서 진심으로 사죄해야 돼, 알았지?"

만약 필자가 일본인이라면 한국에게 이렇게 말했을거 같다.

야, 행국아, 니네들 도대체 몇번이나 더 사과해야 만족할거야? 우리는 이미 수 없이 사과했어. 하지만 북한 정권은 수백만 명을 죽이고서도 사과는 커녕 책임을 니들에게 뒤집어 쓰우고 있잖아? 니네 국민 수백만 명을 죽인 김씨 왕조에 대한 사과 요구는 언제쯤 할래?

⊙제발 정신 차리고 국익의 관점에서 분별할 줄 알아야

1965년 한일수교 당시 일본 측은 피해자들에게 직접 배상을 하겠다는 의사를 표현했으나 박정희 정부는 모두 정부에게 달라고 해서 돈을 받아 그 중 5.4%만 피해자 보상에 쓰고, 94.6%를 경제 개발에 사용했다. 그렇다면 나머지 보상은 한국 정부가 하는 게 상식이다. 좌파 진영의 주장처럼 징용이니 뭐니 하는 개별 청구권이 별개라면 일본도 우리에게 그 수천 배를 달라고 쎄게 나올 수도 있는데, 그걸 감당할 능력은 있고?

좌파라는 자들은 도대체 어떻게 한수 앞도 못보는가?

혹시 알면서도 나라 망치려고 사기 치는 건가?

한국이 기본 이치도 이해 못하고 난리치니 일본도 재차 성의를 보인 것인데, 좌파는 반미반일 외에는 아는 게 없고 국민들은 쉽게 속는다.

한국과 일본은 자유민주주의,시장경제를 공유하는 협력국이며 테러와의 전쟁,경제위기,김정은 집단의 도발등 여러 방면에서 협력해야 되고 좋든 싫든 함께 살아가야 하는 숙명까지 지닌다.

현재의 일본은 아시아에서 가장 발달한 자유민주주의 우방이며 군국주의 일본이 아니다. 양국 모두 미국의 동맹국으로 한일관계를 더욱 회복시키고 더 나아가 한미일 3각협력을 강화하는 것이 우리의 국익에도 부합한다는 점을 알아야 하고, 실리적이고도 냉정한 분별을 할 수 있어야 하는 것이다.

중국 대륙이 무법천지였던 형국에서, 대륙에 법치 질서를 세운다거나 아시아가 힘을 합쳐서 서양 세력을 몰아내자는 일본의 전쟁 명분은 약간의 정당성조차 없는 것은 아니었다.

동남아 곳곳에서 서양 세력을 몰아낸 일본에 대해 환호했던 점도 분명 있고, 무법천지였던 대륙에 법치 질서를 세워주니 환호했던 중국인들도 많았으며, 우리도 같이 침략했다.

그런데도, 일본은 잘못을 깨끗이 인정하고 수십 번 사과를 했다.

조선은 연평균 12만 명씩 굶어 죽던 나라였고, 일본은 이미 굶어 죽었을 600만 명을 살려 준 공로도 있지만 깨끗이 사죄하고 엄청난 초과 배상에 추가 지원까지 해 준 것이다.

이쯤 되면 우리도 양심이 있어야 하지 않는가?

필자는 징용피해자 후손이니 웬만하면 내 나라 편을 들고 싶지만, 어리석기만 한 게 아니라 염치까지 없으니, 얼굴이 화끈거려서...

일부 세력의 농간으로 인해 국가 전체가 잘못된 길을 가고, 나머지 국민들이 이를 통제하지 못한다면, 결국 국가 전체가 어리석은 것이다.

이 책을 읽는 일본인이 계시다면,

한국인으로서 한국에 대해 설명 드린다.

한국은 33번 사과 받는 거 가지고는 성이 안차는 나라다.

아마 100번 채워야 할 것이다.

물론 그 후에도 사과 요구는 반복될 것이다.

한국은 100번째 사과 받은 후에도

몇달 지나면 또다시 잊어먹을 테니까.

제2장 친일파 청산 코미디극과 바보들의 합창

09 징용 피해자의 후손이 쓰는, 강제 징용 사기극···146

10 역사 조작의 나라 한국의 군함도 사기극······159

11 친일파가 한 일 30가지와 반일파가 한 일 30가지···169

12 청산하지 못한 일제 잔재 50가지············171

13 조작된 영웅,조작된 악당, 친일파 청산 코미디극과 바보들의 합창···176

14 과거사 문제에 대한 일본 정부의 잘못된 대응···190

09.징용피해자 후손이 쓰는, 한국의 강제 징용 사기극

⊙징용 피해자의 후손이 이 책을 쓰게 된 이유

강제징용 문제는 필자가 역사 연구를 시작하게 된 계기와 관련이 깊다. 앞서 밝혔듯이 필자의 조부님은 징용에서 돌아가셨고, 필자는 징용에 대해 어릴 때 들은 게 있기 때문이다.

필자는 조부님이 일제 징용에서 돌아가시고 필자의 부친이 어릴 때 고아가 되셨으니 필자는 어린 시절 너무 가난했었다.

조부님이 '사고사'라고 들었지만 필자도 반일세뇌 교육을 너무 당했던 탓에 '일본 놈들이 죽였을 수도 있다'고 생각했었다.

하지만 역사를 들추다 보니 속았다는 사실을 알게 되었고, 너무 낯 뜨거워서 도저히 내 나라 편을 들래야 들 수 없게 되어버린 것이다.

필자의 조부님이 징용에서 돌아가셨지만 강제로 끌려간 게 아니었고, 일본이 예전에는 받아주지 않다가 받아주기 시작했다고 한다.

일본에 가서 1~2년만 일해도 한국의 집 한 채 살 만큼 수입이 좋았다고 했고, 때문에 지원자가 넘쳤다고 했다.

그런데 일하러 들어가는 조건이 까다로와서 조부님의 친구 분은 떨어지셨고 조부님은 일본인 친구 덕에 붙으셨다.

조부님은 일본에서 자리 잡은 후 가족들을 데려 가셨는데, 필자의 부친은 일본의 꽤 좋은 집에 사셨다고 한다.

마당이 딸린 2층 집에, 냉장고도 있었다고 했다. 냉장고가 그 당시 있었다는 게 믿기진 않지만, 그게 있었다고 분명히 들었으며, 부모님과 놀이공원에 간 기억과, 지하철을 탄 기억도 있다고 했다.

그 회상을 들어보면 그 시대의 일본은 거의 요즘과 같은 시대다. 심지어 필자의 부친은 한국에 돌아가는 게 싫었다고 한다. 이유는 한국인들이 너무 천박하게 느껴졌기 때문이라고 하며, 심지어 훗날 한국인에게 큰 돈을 털렸다고 했다. 이 얘기는 독자들이 듣기 싫어할 얘기지만, 필자는 그냥 들은 대로 말하는 것이다.

조부님은 고향 마을의 여러 사람을 그 회사에 들여보내 주었지만, 정작 자신은 사고로 돌아가셨고, 조모님도 그 충격으로 몸져 누우신 후 결국 돌아가시니, 필자의 부친은 어릴 때 고아가 되셨다.

그런데 조부님이 모은 재산과 사망 보상금으로 친인척이 전남 지방에 가서 꽤 넓은 농토를 마련 했지만, 6.25 때 인민군에게 끌려가서 돌아가시고 어린 필자의 부친은 결국 무일푼의 고아가 되셨다.

결국 필자의 부친이 무일푼이 되신 것은 일본 탓이 아니었다.

일제 징용이 강제가 아니라 '빽'까지 쓰며 경쟁적으로 들어갔던 사실을 필자는 알고 있었고, 꽤 많은 임금과 사망 보상금을 받았던 사실도 알고 있었는데, 학교에서는 강제로 끌려가서 무보수 노동 당했다며, 몽땅 일본에게 다 뒤집어 씌우니 의심을 품게 되었고, 그게 훗날 역사 연구를 하게 된 계기다.

필자는 '역사는 승자가 쓴다'는 말에 정신이 번쩍 했었는데, 강제징용 거짓말과 연계하면, 그 하나만으로도 결론은 거의 나와 있었다. 승자의 역사 조작을 오로지 강제징용 하나만 했겠느냐는 것이다. 나머지 광범위한 역사 조작들은 이미 감이 잡히는 상태였다.

동북아의 지도만 놓고 보아도 수탈이니, 대학살이니 하는 소리들이 도저히 일어날 수 없는 상황이라고 보이므로, 누가 조작을 했고, 어떤 부분을 조작했을거라는 사실은, 충분히 짐작이 되지만, 심증만 있을 뿐, 물증은 없었다.

결국 남북한 각 세력의 이해관계를 올려서 분석해 보니, 어쩌면 이 바닥은 통째로 사기판일지도 모른다는 생각이 들었다.

만약 필자의 의심이 사실이라면, 그것이 국민 분열의 이유이고, 그 분열을 극복하지 못하면 우리는 아무것도 할 수 없다는 생각에 이르게 되어, 17년에 걸쳐 깊이 연구하다 보니 정말로 우리 국사 교과서의 90% 이상이 거짓이라는 구체적인 결론에 이르게 된 것이다.

필자는 이 사회의 혜택을 너무 많이 입은 사람이다.

필자의 어릴 적만 해도 쌀밥도 아닌 쌀 섞은 밥을 먹는 아이들을 부러워했었다. 검정 고무신이 아까와서 맨발로 다닌 적도 있고, 7평 초가집의 1.5평짜리 방에서 건빵이 먹고 싶어서 꾀병 부렸던 기억, 겨울 철 동상 때문에 고생했던 기억, 머릿속의 '이'를 잡던 기억들, 소풍 갈 때 김밥을 싸 들고 가는 아이들을 부러워했던 기억도 있다.

세월이 흘러 필자는 50대가 되었는데, 이제는 따뜻한 방, 승용차, 냉장고, TV, 에어컨, 인터넷, 핸드폰을 사용하고, 영화와 여행 스포츠를 즐길 수 있게 되었는데, 이런 삶 자체가 너무도 놀라운 발전이지만, 역사를 연구하면서 알게 된 것은, 필자의 어릴 적 그 시대마저도 과거에 비해 경이적으로 발전한 시대였다는 것이다.

굶어 죽은 사람은 본 적 없으니까...

필자는 이 사회의 발전에 무임승차한 사람이다.

우리보다 특별히 더 잘못한 일도 없는 것으로 보이는 북한과 중국의 인민들과 비교해 보면, 이러한 발전은 필자의 노력의 결과가 아니라 이 사회로부터 선물 받은 혜택인 것이다.

자신보다 잘 나가는 사람들을 배아파 하는 좌파적 낡은 심리에서만 벗어나서 보면, 이 사회는 정말로 살기 좋은 사회다.

오늘의 한국을 있게 한 근본 원인은 자유가 없던 나라에 자유가 생겼기 때문이며, 그 핵심이 자유민주주의 체제다.

때문에 우리가 목숨 걸고 지켜야 할 것도 체제 즉 자유이고, 북한과 중국의 인민들에게 자유의 빛을 전파할 책무도 우리에게 있으며, 이 체제를 뒤엎는 게 진보가 아니라, 이 자유를 지키고 아시아의 온 인민이 그 자유와 행복을 누리도록 도우며 함께 가는 것이 우리가 가야 할 진짜 진보의 길임을 알리고 싶었다.

낡은 마르크스주의와 김일성주의에 젖고 가짜역사 세뇌에 젖어 사는 필자의 친구들과 선배들, 그리고 많은 우리 국민들이 신기루를 쫓아가는 이유가 가짜역사 세뇌교육과 이념사상 사기극 때문이다. 일본 관련 한국사의 99%가 소설이라니....
필자도 흔들렸던, 필자의 친구 선배들이 빠진 이념까지 사기라니...
이런 사기극이 70년 넘게 자행된 나라라는 게 경이롭기까지 하다.

그런데 연구를 하면 할수록 무서워졌다. 이런 거대한 조작은 거대 배후 세력이 없이는 불가능한데, 진실을 밝히면 무슨 변을 당하게 될지 모른다는 두려움 때문이다. 무엇보다도 가족들이 걱정이었고, 그래서 60살 이후에나 책을 내기로 하고 연구를 중단 했었다.

그런데 그러던 중 동일본의 대재앙으로 많은 사람들이 희생되었고, 인터넷을 보니 악성 댓글들이 많았다.

우리를 살려준 은인의 나라일 공산이 큰데 너무 가슴이 아팠고, 제 발등 찍는 국민들의 어리석음도 안타까웠다.

결국 모른 체 하는 것은 비겁하고 무책임한 짓이라는 생각이 들었고, 생각을 바꾸어 연구를 다시 계속 했고 이 책을 발간하기에 이른 것이다. 설령 이 책으로 인해 불행을 당하더라도, 조선인 평균보다 2배 이상 살았으니, 이미 남는 장사 했고, 후회는 없다.

사기꾼들은 진실이 드러나기 전까지만 무서운 존재일 뿐, 진실은 결국 승리할 것이라고 믿는다.

◉한일합방 시대의 진실을 알아야 하는 또 하나의 이유

한일합방 시대를 정확히 연구해야 하는 또 하나의 이유는, 남북통일 후의 상황이 한일합방 이후와 유사할 공산이 크기 때문이다.

한일합방은 우량 기업이 부실 기업을 무리하게 인수했을 시 어떤 일을 당할 수 있는지를 보여주는 사례다.

부실기업이 대기업에 인수 되면 대기업도 흔들릴 수 있고, 대기업 사원들도 같이 피해를 당할 수 있지만 손해볼 일 없이 남는 장사만 하게 되는 계층이 부실 기업 노동자이며, 그게 한국이었다.

통일 후에는 한국인이 과거의 일본인 처지가 되며, 통일 후에는 남한에 대공황이 발생해서 IMF사태 이상의 사태가 벌어질 수도 있는 현실적인 면도 알아야 할 것이다.

때문에 나라 빼앗겼느니 되찾았느니 하는 정치 사기꾼들의 농간에 속지 말고, 한일합방 시대의 진실을 정확히 알아야 하는 것이다.
부실기업의 기업주는 합병으로 손해 볼 수도 있지만 부실기업 사원들은 이득만 있는데, 부실 기업이 삼성전자에 합병되면 사원들이 회사 빼앗긴 거라고 믿을 만큼 한국인의 분별력은 거의 마비 상태다.
이렇게 엉망이 된 분별력을 바로잡지 않고서는 통일도 불가능하다.

⦿일본의 대륙 침략과 조선 합병의 연관성

인류의 침략전쟁사를 보면 경제문제 해결 목적인 경우가 많은데, 일본의 대륙 침략은 조선 합방과도 어느 정도의 연관성이 있었다.

도로조차 없는 문맹률 99.5%의 굶어 죽는 황무지 나라, 부실기업 중의 부실기업 조선주식회사를 인수 했으니 같은 국민이 된 이상 조선인의 문맹과 굶어 죽음을 방치할 순 없었고, 자국 내 가장 낙후된 한반도에 대규모 자금 투입을 할 수 밖에 없었다.

그런데 그 돈이 하늘에서 떨어지는 돈이 아니고 일본인의 주머니에서 나오기 때문에 조선에 투입된 거액의 자금이 일본의 대공황에 영향을 주었고, 대륙 침략은 그 대공황을 극복하기 위한 성격도 있었다. 한국을 괜히 합병했다가 일본 국민들만 피 봤다는 소리다.

한일합방 시대는 남북통일 또는 소말리아를 합병한 상황과도 유사하다. 저임금의 노동자들이 쏟아져 들어와서 내지인들의 일자리를 잠식하고, 조선인 범죄율이 내지인의 10배 이상 되었다.
굶주리던 조선인들은 쾌재를 불렀지만 가장 큰 타격을 입은 쪽은 일본의 노동자들이었다.

연도	인구	연도	인구	연도	인구
1909	790	1922	59,851	1934	537,576
1911	2,527	1923	80,617	1935	625,678
1912	3,171	1924	120,238	1936	690,501
1913	3,635	1925	129,870	1937	735,689
1914	3,542	1926	148,503	1938	799,878
1915	3,989	1927	175,911	1939	961,561
1916	5,638	1928	243,328	1940	1,190,444
1917	14,501	1929	276,031	1941	1,469,230
1918	22,262	1930	298,091	1942	1,625,054
1919	28,273	1931	318,212	1943	1,882,456
1920	30,178	1932	390,543	1944	1,936,843
1921	35,876	1933	456,217	1945	2,365,263

일제 시대의 재일 조선인 인구 변화

1927년에는 은행 77개가 문 닫을 정도의 대공황으로 실업 문제가 심각했었는데 조선이라는 부실 기업을 인수한 결과로 조선에 투입된 천문학적 비용이 없었다면 대공황은 막을 수 있었을지도 모른다. 그리고 그 대공황이 없었다면 일본의 대륙침략도 없었을 수 있다. 위의 자료는 앞서 관동대학살 사기극을 언급하면서, 대학살을 당했다는 다음 해에 재일한국인 인구가 50%나 급증 했음을 밝힌 자료다. 징용도 똑 같다. 어치피 돈 주고 일 시켜야 하고 이렇게 많은 인구가 쏟아져 들어가는데 굳이 조선인을 강제로 끌고 갈 이유가 없다. 이런 이치를 이해하지 않고 단순 암기로 외우기만 하거나, 국사 사기꾼들의 말을 곧이 곧대로 믿으면 이용만 당하게 되는 것이다.

⊙한국사 교과서의 강제 징용 사기극

한일합방이 되자 나라의 영역이 넓어진 조선인들의 삶의 반경이 크게 넓어졌고, 일본으로 학업과 취업을 위해 가는 사람이 많았다.

다시 한번 짚고 넘어가자. 나라 빼앗긴 게 아니고, 넓어진 것이다.

1950년대 일본인 사진을 조선인 강제징용
자로 둔갑시킨 사진(촬영:사이토 고이치)

조선인은 일자리를 잠식하는 노동 시장의 교란자였고, 1932년 나고야시의 여름 실업자로 등록된 약 1만 명 중 90%가 조선인 노동자 들이었다. 조선이 외국이라면 입국 비자만 거부하면 되지만, 이미 같은 국민이 된 사람들이니, 마구 쏟아져 들어오는 사람들을 계속 막을 수만은 없었고, 그래서 일본 정부가 고안한 것이 만주 이주 확대였다. **일본의 사회 문제가 될 정도로 조선인 도항자들이 넘쳐났는데 당신이라면 그들을 놔두고 강제로 끌고 가겠는가?**

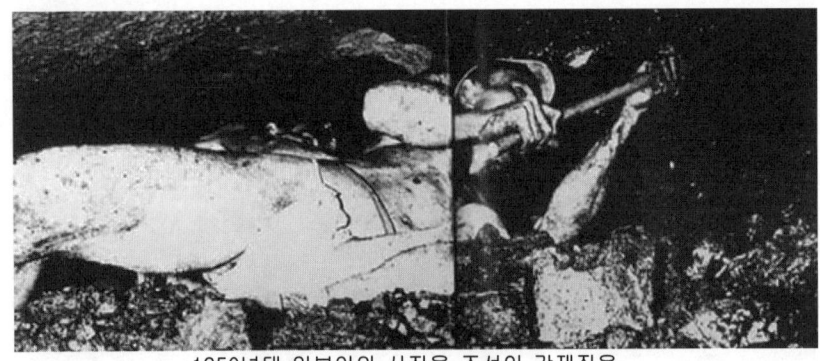

1950년대 일본인의 사진을 조선인 강제징용
자로 둔갑시킨 사진(촬영:사이토 고이치)

반도에서 너무 많이 넘어오니 1934년 10월 '조선인 내지이주 대책의 건'을 각의에서 결정할 정도로 조선인들의 도항을 제한하려 했다.

조선인을 강제로 끌고 간 게 아니라, 막으려 했다는 것이다.

공식적인 조선인 근로자 모집은 1939년 7월 일본각의에서 노무 동원 계획을 결정하고 9월부터 시행하여 모집이 시작된다.

이 때에도 이미 도일했던 조선인 노동자를 재취업이나 정착시키는 쪽에 주력했고, 1939년 9월~1940년 11월까지 모집에 의한 도항자가 7만명 정도인 데 비해 친인척에 의해 들어온 연고 도항자는 동 기간 11만 명에 달했다.

내지인 근로자가 어려움을 겪게 되어 모집을 줄이게 된 것이다.

1926년 9월 9일 아사히카와(旭川)신문에 실린 학대받는
일본인 고발 사진을 조선인강제 징용자로 둔갑 시킨 사진

☞통일 후에 북한 노동자가 쏟아져 들어온 상황과 비슷하다. 그로 인해 남한 노동자가 피해 당하니 북한에서 오는 노동자 수를 제한한 것이다. 통일 후에는 이런 문제 때문에, 남한 노동자들, 특히 좌파 진영이 휴전선 장벽을 더 높이 쌓자는 운동을 할 공산이 크다. 인간은 이기적인 존재라서, 북한 동포들보다 내 삶이 더 중요하다고 여기는 사람들이 많아질 것이기 때문이다.

그 후 1942년 2월 '조선인노무자 활용에 관한 방책'이 각의에 의해 결정되면서 관알선 방식으로 바뀌게 되는데 이 또한 강제가 아니므로 조선인은 응하지 않으면 그만이었다.

강제성이 강한 징용은 1944년 9월부터 최대 8개월간 총 14만 8,961명이 동원 되었고, 모두 대가를 지불했다.

이는 적법 절차에 따른 전시 국민 동원에 해당한다. 우리 나라에 전

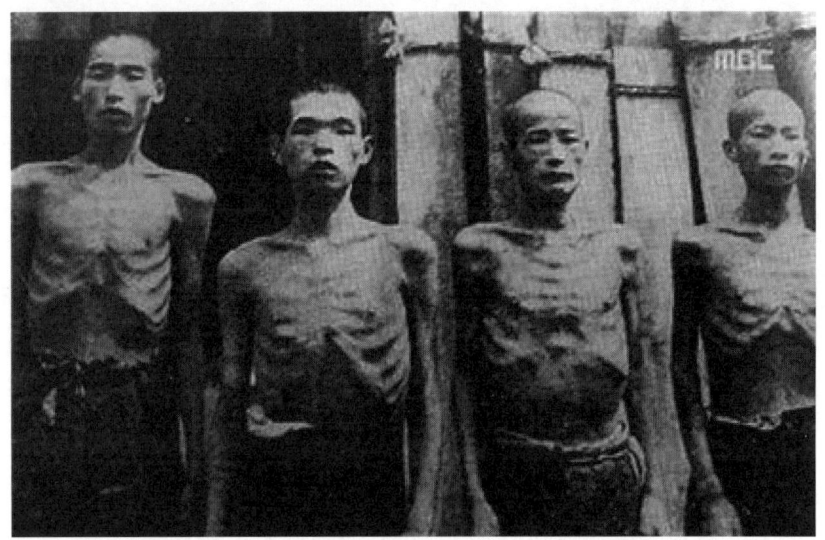

일본 효고현 오쿠보형무소 출소자들을 강제 징용자로 둔갑시킨 사진
(이런 거짓말 사진들이 교과서, 공영방송 등에 사실처럼 쓰인다.
물론 형무소 죄수들을 이렇게 뼈만 앙상하게 만드는 것은 잘못이지만,
당시 여러 나라들의 관행이 이랬다. 심지어 조선은 감옥에서 굶어
죽거나, 감옥 인원 초과를 이유로 일괄 참수하는 경우가 많았다. 문제는
이 가짜 사진을 기반으로 강제징용 노동자상을 만든 것이다.
이 사진은 조선비판 자료로는 맞지만, 일본비판 자료로는 맞지 않다.)

쟁이 터지면 국민들을 동원할 수 있는데, 그와 같은 이치다.

1940년대 탄광 노동자의 임금은 서울의 남자 교사보다 4.6배나 많았고 일본인 순사 초임보다 3.7배 가량 높았다.

일본으로 동원된 72만여 명의 조선인 중에 약 64%가 주로 탄광, 금속광산에 배치됐는데, 많은 조선인들은 보다 안전하고 좋은 직장을 찾아 도망가는 경우도 많았다.

임금 자료들을 보면, (조선인이) 일본인보다 급여가 낮은 경우가 많기는 하지만, 일본인보다 훨씬 높은 임금을 받는 조선인도 많았다. 성과급 방식으로 임금을 지급했기 때문에 이런 차이가 발생한 것이다. 대부분의 한국사 교과서는 조선인 탄광 노동자들의 임금 문제와 관

련, '일본이 제대로 임금을 지급하지 않고 혹사시켰다', '조선인 임금은 일본인의 절반 정도였고, 그 마저도 실제 받은 돈은 얼마되지 않았다' 등으로 서술하는데, 이 또한 일본 악당화 조작으로 이득을 얻는 북한 중국의 간첩단과 좌파 진영의 역사조작 농간을 빼고서는 이해 될 수 없다. 그 거대 세력이 맘만 먹으면 공작금으로 증인과 연구자 몇 명 만드는 일 쯤은 일도 아니다. 군함도 사기극도 같다.

⊙상식적인 분별조차 못하는 대다수의 한국인들

(일본) 기업의 입장에서 가장 중요했던 건 (석탄 등의) 생산량을 늘리는 것이었는데, "만약 조선인에게 임금을 주지 않거나 임금을 차별한다면, 조선인들의 노동의욕을 저하시키고 생산을 감퇴시켜 손해를 초래하는데, 그런 행위가 있을 수 있는가?

만약 우리가 소말리아를 합병했다 치고, 그 곳의 노동자들이 밀려들어오면 그들에게 무보수 강제노동으로 탄광 일을 시킬 수 있는가?

심지어 악당 일제가 조선인들을 마구 구타했다? 마구 죽였다?
악당 일제가 조선인들을 마구 납치해서 탄광에 집어넣었다?
만약 그게 사실이라면 독립 후에는 왜 누구도 따지지 않았을까?
가족들은 모두 바보들이었을까?

당신이 만약 강제로 끌려가서 매 맞으면서 무보수 강제 노역을 당하던 중 그 나라가 망했다면, 당신은 조용히 귀국만 하겠는가?

폭동이 났어야 당연한데, 그런 게 없었다는 것은 무엇을 의미할까?
좌파 국사 사기꾼들이 계속 대국민 사기를 치는 이유는, 국민들이

지극히 기초적인 의심조차 할줄 모르기 때문이다.

일본 통치 40년 중 39년간 조선인은 강제 징집도 강제 징용도 당한 적 없다. 단지 패전이 다가오고 숨이 턱까지 차오르니 8-11개월간 조선인의 일부를 동원한 게 전부다. 하지만 그 또한 적법 절차에 의한 동원이고, 징용과 징집을 당한 것은 일본인이 대다수였다.

원폭 희생자를 제외한 조선인 사망자는 총 2만 2천 명인데 비해, 일본인 사망자는 310만 명이라는 숫자가 증명한다.

희생자가 일본인의 1/100도 안되었던 게 진실인데도, 한국은 강제로 끌려가서 총알받이 당하고 무임금의 강제 노동을 당한 것처럼 가르친다. 문제는 왜 이런 거짓말을 하느냐는 것이다.

그 배후가 누구냐는 것이다.

강제 징용을 조작한 시초는 북한의 지령을 받았을 가능성이 있는 조총련계 학자 박경식의 저술 '조선인 강제 연행의 기록'이다.

박경식은 이 자료에서 일본인 중 82%가 50엔 이상의 임금을 받고 있지만, 조선인은 75%가 (임금이) 50엔 미만이라면서 '민족적 임금차별'을 주장했다.

그러나 (같은 자료의) 같은 곳에서 5년 이상 장기간 근속한 일본인이 전체 일본인의 31%나 되지만, 조선인은 아무리 길어도 3년 미만"이었다. 초짜가 숙련자보다 적게 받은 것을 차별이라 왜곡했다. 학자라면 이런 점을 몰랐을 리 없지만 한국의 좌파는 한술 더떠서 거의 강제노동을 한 것처럼 더 조작했다.

그들이 정말 몰라서 그랬을까?

도대체 이런 거대한 역사 조작의 배후가 대체 누구일까?

10.역사 조작의 나라 한국의 군함도 사기극

⦿한국의 군함도 사기극

북한과 진보간판 좌파의 기본적인 역사조작 수법은, 아주 오래 전 역사에 대해 돈과 권력으로 증언 등을 조작해서 책을 만들고, 이를 토대로 영화나 드라마까지 만들어서 자가발전식 가짜 역사를 만들어 대중을 속이는 것이다.

보통 중국인과 한국인 좌파가 가짜 증인으로 나서지만, 군함도 사기극은 일본인 저술가도 끼어 있는 사건이다.

군함도 사기극의 주요 증언과 저술들은, 강제로 끌려가서 매일 같이 매 맞으면서, 철창 같은 데 갇혀서 도망치지도 못했고, 생지옥 같은 삶을 살았고 그런 생지옥에서 엄청나게 죽임 당하고 시체는 바다에 버려졌다는 것이다.

군함도의 끔찍함을 주장한 빨치산 장기수 출신 구연철 씨는

"...조선인들은 짐승 우리나 다름없는 합숙소에 집단 기거하며 매일 닥쳐오는 죽음의 위협에 노출되어 있었다....**얼마나 많은 사람이 죽는가는 아이들이 더 잘 알았다. 학교 교실에 앉아 있으면 나카노시마 섬이 빤히 내려다보였다....섬에서 검은 연기가 피어오르면 누군가 죽어 태우고 있다는 뜻이었다...**

전쟁이 말기로 치달으면서 하루도 빼놓지 않고 온종일 검은 연기가 피어올랐다. 학생들은 교실에 앉아 공부하면서 오늘은 몇 사람 죽었구나 하고 셈을 해보기도 했다."('신불산' 17~36페이지)

☞이렇게 말하고 있는데, 군함도의 옛 도민들은 터무니 없는 거짓

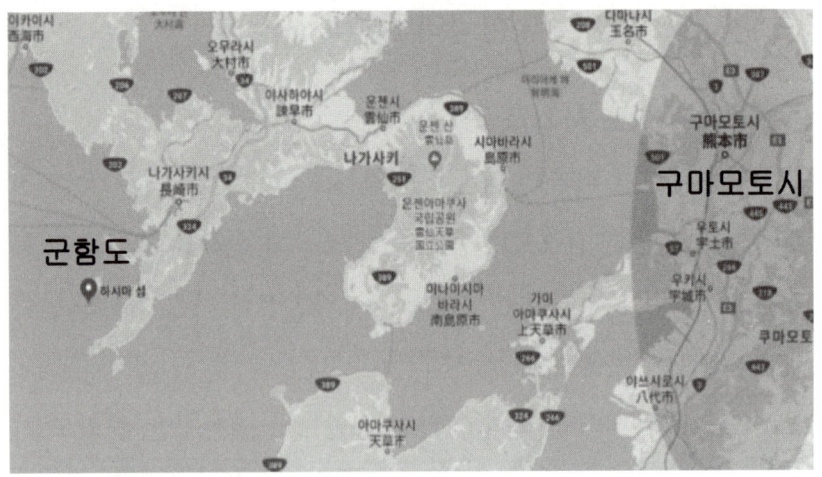

군함도와 구마모토시(구씨는 군함도에서 구마모토시가 빤히 보인다고 말했지만 위 사진에 나타나듯이 보이지 않는 곳이다)

말이라고 일축한다.

첫째 증거는, '신불산'에 나오는 구 씨의 다음 증언이다.

"구마모토는 바다를 사이에 두고 하시마에서 빤히 바라보이는 곳이었으나"☞지도만 봐도 쉽게 알 수 있는 거짓말이다.

하시마섬은 나가사키 반도가 둘러싸고 있어서 **나가사키반도 너머에 있는 구마모토는 전혀 볼 수 없다.**

구씨의 말대로 그 곳에 6년이나 살았다면, 하시마에서 구마모토가 보이는지 안보이는지조차 몰랐다는 게 말이 되느냐는 것이다. 만약 구 씨의 증언처럼 군함도가 조선인에게 지옥섬이었다면, 구씨의 부친이 조선에 살고 있는 자신의 부인과 어머니, 자녀들까지 군함도에 불러들이는 일이 과연 상식이냐고 묻고 있다.

언제 죽을지 모르는 지옥 같은 곳에 일가족 전체를 불러들였다는 게 구 씨의 황당 주장이며, 구씨는 자기 아버지를 바보 멍청

군함도 생존자를 자칭하는 빨치산 장기수 구연철씨(구씨는 군함도를 지옥섬이라고 말하면서도 자신의 아버지가 그 지옥섬에 살면서 자신의 가족을 데려갔다는 비상식적인 주장을 하고 있다.

이라고 선전하는 셈이다.

당시의 현지 주민들은 구씨의 주장을 100% 거짓이라고 반박하며, 조선인 전용 유곽까지 있었다고 증언하고, 조선인들이 뺑 둘러서 "쾌지나칭칭나네" 하면서 춤을 추었다고 하고, 조선인과 일본인의 구분조차 힘들었다고 한다. 또 헤어질 때도 잘가세요 잘있어요 하면서 인사도 나누면서 아쉽게 헤어졌다고 한다.

만약 끔찍한 가혹 행위가 있었다면 일본의 패전 후에 폭동 같은 게 있었어야 상식 아니냐고 옛 군함도 주민들은 반문한다.

구씨는 "군함도에서 조선인 청년 노동자들은 길바닥에서 밥그릇을 들고 줄을 서서 배급을 기다렸다"고 주장했는가 하면, "노무자 사무실 근처에서는 매일 조선인 청년 노동자들 서너 명이 몽둥이로

군함도의 기숙사 식당 배치도
(구씨는 군함도의 길바닥에서 조선인 노동자들이 줄 서서 배급 받아 먹었다고 주장하지만, 주민들은, 터무니 없는 거짓이라며, 있는 식당 놔두고 그럴 이유가 뭐냐고 반문하고 있다.

두들겨 맞았다"고 주장 했다. 하지만 군함도 옛 도민들은 이런 구씨의 주장을 "100% 거짓말"이라고 단언하고 있다.

군함도의 노동자들은 전원이 기숙사 식당에서 식사를 했고, 노동자들이 길거리에서 밥을 얻어먹었다는 것은 군함도를 관리했던 회사(미쓰비시) 방침상 있을 수 없다고 한다.

있는 식당을 놔두고 밖에서 밥 먹일 이유가 대체 뭐냐는 것이다.

이들은 특히 조선인들에 대한 일본인들의 일상적, 주기적 폭력은 전혀 듣도 보도 못한 일이라고 입을 모으고 있다.

폭력에 대해서는 당시 군함도에 살았던 재일 한국인 출신까지 사실무근이라며 반박을 하고 나섰다.

세째 증거는, 시체를 바다에 버렸다는 주장이다.

시체를 버리면 근처에서 다시 떠오를텐데, 시체가 떠오른 적도

군함도 생존자를 자칭하는 빨치산 장기수 구연철씨(구씨는 군함도 생존자라고 자칭하지만 사기 의혹을 받고 있다)

없고, 있을 수도 없는 터무니 없는 거짓말이라고 잘라 말한다. 일본 산업유산국민회의(산유국)(https://www.gunkanjima-truth.com) 또 한 여성 증언자는 "그 당시는 탄광이 활황이어서 조선인들이 타지에서 가족을 데리고 일하러 왔었어요"라고 말했다.

군함도의 한국인 노동자들이 강제가 아니라 자발적 의사에 의한 참여였다는 것이며, 이는 필자의 조부님 경우와 비슷하다.

필자의 조부님도 탄광에서 일하는 중에 가족들을 데려 가셨고, 거기서 조선에서는 부자라고 불릴 만한 돈을 모으셨다고 했는데, 구타와 감금의 끔찍한 상황이라면, 가족들을 그리로 불렀겠느냐는 것이다.

아마 다른 탄광도 크게 다르지 않았을 거라는 추론이 가능하다.

필자가 어릴 때 들은 바에 의하면 구연철씨의 주장은 거짓말이다.

또 다른 여성 증언자 역시 "조선인이 몇 명 있었는데 모두 친구였어요. 차별한 적은 없었어요"라고 전했다.

"몇 십년 동안 군함도에서 살았지만 학대는 절대 없었다" 등으로, 주민들은 군함도 관련 괴담을 일축한다. 구씨의 주장이 거짓이라는 세째 증거도 구씨의 다음 주장 속에 있다.

[학교 교실에 앉아 있으면 나카노시마 섬이 빤히 내려다보였다]

하시마회 측에서는 구 씨의 증언과 달리 **당시 군함도에 소재한 학교 교실 창문 쪽으로는 나카노시마가 보이지 않는다.**

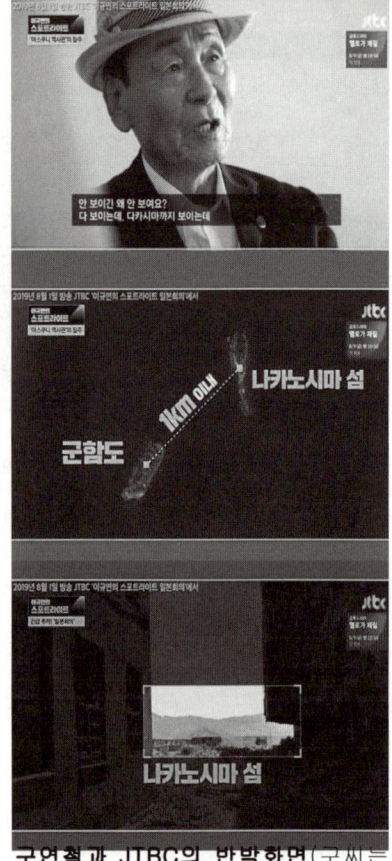

구연철과 JTBC의 반박화면(구씨는 군함도 교실에서 나카노시마 섬이 보이는지조차 알지 못했고 군함도에서 구마모토시가 보이는지조차 몰랐다.

나카노시마가 교실 창문에서 보이는 학교는 1955년에야 새로 준공됐다고 밝혔다. **그가 학교에 다녔고, 그곳에서 6년이나 살았다면, 학교 교실에서 그 섬이 보이는지 안보이는지조차 모른 다는 게 말이 되느냐는 것이다.**

하시마회 측이 유튜브 동영상 등을 통해 구씨의 주장에 조목조목 반박하자 좌파성향 매체 JTBC는 같은 해 8월 1일, 간판 시사 프로그

구연철씨의 허위 증언임을 주장하는 군함도의 옛 도민들

램인 '이규연의 스포트라이트'(208회 '긴급추적!')에 구씨를 출연시켜서 "안보이긴 왜 안 보여요? 다 보이는데 다카시마까지 보이는데....여기에서 이게 보인다고. 충분히 보인다고." 이렇게 거듭 주장했다. JTBC는 지도를 보여주면서 군함도에서 나카노시마는 1km

10 역사 조작의 나라 한국의 군함도 사기극　　**165**

정도 거리로, 육안으로 충분히 볼 수 있는 거리라면서 군함도에서 나카노시마 쪽을 찍었다는 최근 사진도 공개했다.

하지만 군함도 옛 도민들은, 책임 있는 자세를 가져야 할 언론사 JTBC까지도 거짓말을 퍼뜨리고 있다고 분개하면서,

자신들의 주장은 보일만한 거리냐가 아니라,

구 씨의 원 주장인 '나카노시마는 군함도의 학교 교실 창밖으로 볼 수 있는 섬'이 전혀 사실이 아니라는 것임을 강조했다.

JTBC가 동문서답 또는 허위 반박을 했다는 것이다. (관련영상 :메시지 영상 "하시마 옛 도민 한국 JTBC 보도 프로그램에 반박한다")

하시마회 측은 JTBC가 군함도에서 본 나카노시마 라며 공개한 사진도 거짓이라고 지적했다.

그 사진에서 보이는 육지는 북쪽의 나카노시마가 아니라, 동쪽의 나가사키 반도임을 명확히 밝히면서 JTBC측의 반박 여지를 없애 버렸다.

결국 구씨는 군함도에서 구마모토시가 보이는지 안 보이는지조차 모르며, 교실 창 밖으로 나카노시마 섬이 보이는지조차 모름으로써, 군함도 사건은 구씨의 거짓말임이 드러난 사건이다.

따라서, 구씨와 좌파 진영의 거짓말을 기반으로 한 징용 노동자상도 사기임이 명백하다.

하시마회 측은 구 씨가 군함도에 살지 않았던 것으로 보고 있다.

패전 때 일본인들만 밤중에 연락선을 타고 갑자기 모조리 사라져 버렸다든지, 군함도에 중국인 노동자가 천명 가까이 되었다는 등의

증언도 옛 도민들은 일본인들이 군함도에서 대규모로 철수했던 적도 없지만 연락선은 기본적으로 밤에 다니지 않았다고 하며, 군함도에 체류했던 중국인 노동자도 이백 여명 가량이었다는 게 일치된 지적이다.

구씨는 군함도에서 소학교의 2학년부터 6년간이나 살았다고 한다. 짧은 기간은 아닌데도, 구 씨가 군함도에 살았다는 객관적 물증은커녕, 제3자 증언조차 전혀 나오지 않고 있다.

⊙사건 조작의 진짜 배후는 누구일까?

구 씨가 군함도에서의 삶에 대해서 대대적으로 증언한 것은 2016년도에 국내에서 출간된 생애 구술집인 단행본 '신불산 : 빨치산 구연철 생애사'(단지니)에서다.

이 책에서 구 씨가 안재성 작가를 통해 묘사한 군함도의 현장은 마치 아우슈비츠 수용소를 방불케 한다.

참고로 안재성 작가는 '파업', '타오르는 광산' 등 노동운동과 관련된 좌파 계열의 소설과 평전을 주로 써온 인물이다.

구씨도 빨치산 출신의 좌파이고, 그 작가도 역시 좌파다.

이런 류의 거짓말들은 99.9999%가 좌파이며, 이런 괴담들의 공통점은 주장만 많을 뿐 증거가 없다는 것이다.

징용 노동자상을 세우는 이유는, 증거 사진이 없다는 반증이다.

수많은 위안부 사진들 중 소녀의 사진이 전혀 없기 때문에 위안부 소녀상을 만든 것처럼, 징용 노동자상도 증거 사진조차 없기 때문에 만든 것이다. 이 사건은 빨치산 출신의 좌파 구씨와 배후 세력이 함께 공모한 조직적인 '대국민사기극'일 공산이 크다고 여겨진다.
북한 중국과 좌파 진영이라는 거대 세력이 맘만 먹으면 증언 쯤은 얼마든지 만들어 낼 것이고, 책으로 만들고 영화로 만드는 것 쯤은 일도 아닐 것이다.
그렇게 가짜 역사를 선동하다가 설령 들통 나더라도 그 책을 인용했을 뿐이고 학문의 자유라 둘러대면 죄가 안되니까...

문제는 한두 명 내지 몇 명의 증언만 만들면 덮어놓고 믿어버리는 국민들이 많다는 것이다.
정치적 목적 등으로 증언 등은 맘만 먹으면 얼마든지 만들 수 있는데, 아무 증거 없는 증언만을 덮어놓고 믿는 사람들은 정말 문제가 없느냐는 것이다.
이성적 통찰력 부족으로 조작이나 사기의 의심은 전혀 못하고, 덮어놓고 믿는 감성적인 국민성, 물증이 없어도 몇몇 사람의 증언만 있으면 아무 의심 없이 덮어놓고 믿는, 감성 만땅의 국민이 변하지 않고서는 문제가 해결될 수 없다.

11.친일파가 한 일 30가지, 반일파가 한 일 30가지

필자가 좌파 논객과 토론 중 흔히 써먹는 말이 있다.
"친일파가 잘한 일 10가지를 말할테니, 반일파가 잘한 일을 단 한 가지라도 제대로 말해보라. 그러면 내가 좌파로 전향하겠다."
이를 우파가 잘한 일과 좌파가 잘한 일로 바꾸어 질문하기도 했다. 그리 말했어도 필자는 좌파로 전향할 위기를 한번도 겪어보지 못했다. 지금껏 한가지라도 제대로 말하는 좌파가 없었기 때문이다.
머리 빈 자들이 신념을 가지고 있는 게 참으로 신기할 뿐이다.

좌파는 우파를 친일파라 부르는데, 맞다. 필자도 역시 친일파다.
우파는 일본과 친하게 지내며 국익을 지향하자는 것이니 친일파가 맞고, 좌파는 사기꾼들과 그들에게 놀아나는 무개념 그룹이니 반일파다.
이제 친일 우파와 반일 좌파가 한 일을 30가지만 정리해 보자.

◉좌측은 친일 우파가 한 일 / 우측은 반일 좌파가 한 일
1. 노예해방·신분제 철폐 / 노예해방 시킨 사람들을 열심히 욕하기
2. 굶어 죽음에서 해방 / 굶어죽음에서 해방시킨 사람들을 열심히 헐뜯기
3. 중국에 공녀 조공 상납시대 종식 / 중국에 일체 끽소리 못하는 사대파
4. 중국에 딸 팔아먹던 시대 종식 / 도로 딸 팔아먹게 만든 세력을 추종
5. 끔찍한 처형과 고문 폐지 / 도로 끔찍한 처형하는 세력 추종
6. 배고픔에서 해방 / 배고픔에서 해방시킨 사람들을 거품 물고 헐뜯기
7. 봉건왕조 축출 / 봉건왕조 축출을 원통해하며 봉건왕조 미화, 민비 추종
8. 법치주의 확립 / 인치주의(김일성주체사상)추종, 떼법(촛불좌파) 지향
9. 사유재산제도 확립 / 공산 사회주의 추종성향
10. 자유민주주의·자본주의 확립 / 자유민주주의 파괴를 진보라 부름
11. 눈부신 경제발전 / 경제 발목 잡아 끌어내리기

12.태극기도 애국가도 친일파가 만듦/ 욕하는 거 외에 할줄 아는 게 없음
13.여권신장,여성해방 / 500년 여성지옥 봉건 왕조를 미화시키며 추종
14.유교청산과 실용주의 시대 확립 / 도로 유교시대(김일성주체사상)추종
15.조선판 성노예 폐지 / 북한식 성노예 만든 세력 추종
16.서민들의 전월셋값 안정 / 전월셋값 폭등으로 서민 죽이기
17.민주화의 일등공신(민주주의는 경제가 만든다) / 데모만 하면 되는줄 앎
18.기업 활성화로 복지 기반 확충 / 기업 축출로 복지 기반 파괴
19.통일세력(국민이 주인이라야 통일 가능) / 독재자 편에 선 통일방해꾼
20.미국 일본에게 많은 지원을 받아 옴 / 반미·반일 밖에 모르는 무개념
21.한반도 공산화 차단 / 마르크스주의·김일성주의를 민주주의라 부름
22.해외 자본 유치로 국민복리 향상 / 있는 국내 자본마저 해외 축출
23.일본과의 실리적 교류로 국익 증진 / 국익에는 관심 없고 반미 반일
24.경부 고속도로 개발로 산업화 터전 / 고속도로 반대하며 드러눕기
25.넓은 경제영역시대 지향 / 낡은 민족주의의 우물 안 개구리 좌파
26.4대강 개발로 홍수 추방 가뭄 해결 / 헐뜯으며, 철거 구실만 찾는 중
27.서민들의 일자리 증가 / 좌파는 수십조원 써도 일자리를 줄인다.
28.북한의 노예해방 지향 / 독재자의 노예 신세를 '민족해방'이라 부름.
29.역사의 진실을 가르치려는 세력 / 역사를 조작해야만 이득을 얻음.
30.한반도 대혁명 세력 / 악당만들기 역사조작을 이어가지 못하면 자멸)

*경제 발전시킨 좌파는 지구 역사에 없다 / 예외는 있다고 항상 착각함
*한국 발전의 99.999%는 우파의 작품 / 한 일이 전혀 없는 주둥이좌파

다 빼고 하나만 보자. 그 끔찍한 굶어 죽음과 노예제로부터 인민을 해방시킨 세력과, 인민을 노예로 부리며 굶겨 죽이는 지배층 만의 나라를 지키려고 의병투쟁 독립투쟁 한 세력 중 누가 영웅인가? 친일파와 반일파 중 누가 영웅인지, 수구좌파여, 이제라도 깨달으라.

12. 청산하지 못한 일제 잔재 50가지

일제 잔재를 청산하지 못했다고 말하는 세력이 있는데, 그것만큼은 사실이다. 청산 못한 일제 잔재가 너무 많으며, 대략 50가지다.

1. '노예해방' 및 '전 국민의 양반화'
☞사람을 사고 팔던 지상 유일한 노예제 나라, 노비 가족 일부가 팔려가서 이산가족 당하던 나라에 '노예해방' 및 '전 국민의 양반화' 실현. 사또 앞 땅바닥에 머리 박던 시대 끝내고, 사또에게 삿대질하는 평등시대로.

2. 굶어죽음에서 해방
☞삶의 질 : 조선〈북한〈일제시대〈대한민국, 연평균 수만~수십만 명씩 굶어죽어 500년간 6천만 명이 굶어죽은 생지옥시대 종식

3. 사유재산제도 확립
☞돈 벌어봤자 지배층이 다 빼앗던 막장시대 종식

4. 법치주의 시대로
☞'재판거래, 사또 맘대로 세상' 끝. 법 앞에 평등 시대로

5. 한글 개선보급
☞한글을 낳자마자 버린 조선, 일본이 데려다 키워줌.

6. 여성해방
☞여성도 이름을 갖게 되고, 여성도 공부·성공·출세하는 세상 실현

7. 중국에 바치던 조공, 처녀조공 종식
☞500년간 뜯기던 약탈시대 끝.

8. 평균수명 2배 증가 1905년 23.5세☞일제말 45세

9.인구 2배 증가 1910년 1300만☞2500만으로 2배 증가

10.매관매직과 가렴주구 시대 끝

☞공직 매매 시대에서 공채 시대로

11.서점과 공공도서관이 있는 시대로

☞서점이 없던 세계 유일한 나라 끝

12.산업혁명

☞산업도 분업도 없던, '로빈슨 크루소우'식 야만의 시대 종식.

13.르네상스(문예부흥)

☞서민도 문화를 누리는 시대. 스포츠,문예,미술...

14.왕이 중국 사신에게 무릎꿇던 시대 종식

☞영은문 철거 독립문 건립

15.문맹해방,교육혁명

☞문맹률 99.5%였던 나라, 국공립학교 5750개 건립

16.호랑이에게 잡아먹히는 세상 종식

☞사람이 툭하면 호랑이에게 잡아먹히던 시대 종식. 일제잔재 청산해서 사냥했던 맹수 2000마리에게 자유를?

17.언론자유의 시작 언론자유: 조선=북한<일정시대<대한민국

18.산에 나무가 있는 나라로. 악당 일제가 민둥산을 푸르게 만듦

19.농경지 3배 증가 ☞수차도 저수지도 없던 '찬란한 역사' 끝

20.끔찍한 고문 폐지

☞사람을 찢어죽이는 '능지처사'와 고문 등 폐지.

21.나룻배 타고 강 건너던 시대 종식

☞차 타고 한강 건너는 시대 실현

22. 회사에 출근하는 시대로
☞농업만 있었음. 나머지 산업들은 일제잔재

23. 유교청산과 실용주의 사회로
☞한문 외의 과목도 공부하는 시대 개막,

24. 민원서비스시대,
☞일본의 명치유신을 한국에 이식하여 발전의 초석 (동사무소,지적도,도시계획,소방서,은행,법원,우체국 등)

25. 쌀 한말 받고 중국에 딸 팔던 시대 끝
☞일제시대에 조선보다 1인당 소득 40~100배 증가

26. 무혈 봉건왕조 폐지
☞청와대 여직원은 대통령의 성노예, 남자 직원은 '고자'였던 시대 끝, 대선 낙선해도 능지처참,삼족멸절 당하지 않는 시대로~

27. 엽전과 쌀화폐 시대 종식
☞쌀 지고서 물건 사러 갈 필요가 없는 지폐 시대로

28. 산적,도적떼,아전들의 약탈시대 끝
☞국민을 위한 경찰이 있는 시대로

29. 사화 당쟁 학살시대 종식
☞공정한 채용으로 일제시대에 그게 사라짐

30. 지역감정 소멸
☞공채 제도로 바꾸니 지역감정 거의 소멸, (독립후 재발)

31. 여관,목욕탕,마트,유리창,2층집,극장이 있는 시대
☞아름다운 짚신의 전통까지 사라지다니…

32. 자유결혼시대
☞여고생 여대생이 첨보는 꼬마와 결혼하던 시대 끝

33. 사계절이 뚜렷한 게 장점인 시대로
☞끝없이 얼어죽던 시대 종식

34. 내집 내맘대로 짓는 시대로
☞조선의 기와집은 양반 외에 못지었음

35. 스포츠와 여가활동 시대로
☞스포츠와 운동장, 풀장, 해수욕장 탄생

36. 종교자유 시대 ☞승려는 천민, 유교 욕하면 참수 시대 끝

37. 자유두발시대
☞상투전통 회복해서 이와 벼룩에게도 생존권을?

38. 자유복장시대
☞여성이 눈빼고 다 감추거나, 유방노출 활보시대 끝

39. 도로도, 다리도 없고, 수레도 없던 논두렁도로 시대 끝
☞나룻배로 강 건너던 그 좋은 시대를 끝내다니. 뱃사공 탄압이다.

40. 일부다처제 끝
☞돈 없으면 총각귀신~ 그 좋은걸 왜 바꾼겨?^^

41. 맘대로 여행 다니는 시대
☞콧구멍 만한 땅에 사투리가 여러 종류인 500년 집콕시대(집에 콕 박히던 시대) 탈피, 허가 없이도 여행 다니는 시대로

42. 목욕탕에서 목욕 하는 시대 ☞3년에 한번 목욕하던 시대 끝

43. 지구에서 가장 더러운 나라 끝
☞서울 거리가 똥천지였던 아름다운 나라가 끝나버리다니….ㅠ

44. 키스를 뜻하는 단어가 생김
☞키스는 일제잔재, 키스추방 운동을…?

45.초고속 경제비약 시대 ☞일제시대 경제 성장은 세계최고 수준.

46.일하는 것을 부끄러워하지 않는 시대

☞악당 일제가 근면하게 만듦.

47.쇼핑의 즐거움을 알게 됨

☞양반들은 쇼핑을 부끄럽고 천하게 여겼음.

48.조선판 위안부 '관기' 폐지

☞500년 전통의 진짜 성노예 시대 끝

49.한반도 공산화 차단 ☞일본 때문에 '공산화와 대학살' 차단.

50.독립 후 일본의 지원금으로 경부고속도로,포스코 등 건설

이런 점을 모두 감추고 '반미·반일·종북·친중' 목적으로 조작된 한국사 교과서. 악당 친일파들은 독립투쟁 안하고 일제와 함께 저런 만행들을 저질렀다.

다같이 주먹들고 외치자, 일제잔재 청산하자, 친일파 청산하자...!!!

어라? 당신은 왜 주먹 안드삼? 뭐라고? 저 50가지는 잘한 거 같다고? 세상에...드디어 정신 차린 한국인 출현~ ^^

슬픈 것은, 당신을 뺀 대다수는 이런 쉬운 분별도 못한다는 것이다.

한일합방 시대는 오늘날 엄청난 발전의 초석을 닦은 시대였다.

일제 잔재가 청산되지 않았기 때문에 오늘의 한국이 있는 것이다.

한국의 역사조작이라는 초대형 대국민 사기극은 결국 터질 수 밖에 없는 '대형 폭탄돌리기'다.

일제 시대가 현재의 북한보다 훨씬 살기 좋았다는 사실만 알려져도 북한 정권과 종북 좌파는 망한다.

8천만은 속아왔다. 한국인이여 깨어나자...!

13. 조작된 영웅, 조작된 악당, 친일파청산 코미디극과 바보들의 합창

◉ 친일반민족행위 특별법

진보 간판의 좌파는 '한국에서 정의가 흐려진 이유가 친일파를 청산하지 못했기 때문'이라고 여긴다.

물론 역사 조작의 극소수 주도층 좌파는 알면서도 속이지만, 대다수의 좌파는 정말로 몰라서 속는다.

날조 교과서에 기반을 둔 무개념은 좌파만의 전유물도 아닌데, 2004년 국회가 통과시킨 친일반민족행위 특별법의 입법 취지를 보자.

'우리 나라가 해방된지 반세기가 넘도록 당시 일본 제국주의에 부역한 자들이 저지른 반민족 행위에 관한 진상을 밝히려는 노력이나 실질적인 조사가 미비했던 관계로 그동안 우리 사회의 정의가 흐려지고 왜곡된 역사가 시정되지 아니하는 등 많은 피해가 존재하고 있으므로...'

도대체 친일파가 뭐길래 저들이 100년 전 일에 그리 집착할까?

◉ 친일인명사전과 친일파청산 코미디극

일제시대 때 일본이 한국인들을 노예로 삼았는지 동반자로 삼았는지가 궁금해서 자료를 찾으려 해도 쉽지 않았는데 마침 좋은 자료가 있었다.

극좌성향 단체인 '민족문제연구소'에서 발간한 '친일인명사전'이다. 친일파 4,389명의 행적에 대한 자료인데, 그들은 대부분 각종 집단의 간부급 이상의 사람들이었다. 군인은 위관급 장교 이상, 공무원은 군수급 이상, 다른 단체들도 대부분 간부급 이상만 친일인명사전에 수록했고, 그 외는 직급차별, 신분차별 원칙상 친일파에 끼워주지 않은 자료다.

친일파에 포함될 자격을 고위층으로 제한했기 때문에, 그 친일파에 포함 되기 위해서는 경쟁률이 치열했던 것 같고, 그 치열한 경쟁을 뚫고 극소수만 추려낸 인원이 무려 4,389명이다.

친일파를 위관급 이상의 인물로만 한정 지은 것은 박정희를 엮기 위한 좌파의 의도라 여겨진다.

만약 박정희가 일본군 장성이었다면, 장성급 이상만 추려내서 수백만 명을 다 뒤지는 x고생을 안했을텐데, 박정희가 겨우 중위였기 때문에, 위관급 이상 장교로만 한정한듯 하다.

그런데 간부급 이상의 친일파만 무려 4,389명이라면 그 아래의 친일파들은 도대체 몇 명이라는 것일까? 아마 1천만 명은 넘을듯하다.

한일합방 협조자인 고종·순종과 일본군 고위직에 진출해서 열심히 전쟁에 참여한 황태자와 왕자들(영친왕,이건,이우 등)의 이름을 모두 뺀 이유는, 그들을 포함 시키면 한일합방이 양국 간의 평화적 통일이라는 게 들통나기 때문인 듯한데, 그들은 빼고서 '국권침탈 조약에 협조한 134명의 매국노와 작위 수여자'들을 포함 시켰다고 한다.

매국노만 134명이라...

고위 지배층 대부분이 합방에 협조했다는 명백한 증거를 보여주면서 왜 강제 병합이라 하는지에 대한 설명은 없지만, 일제가 간부급 이상의 협조자만 해도 4,389명이나 될 정도로 많은 조선인을 등용했던 증거를 제시해 주고 있다.

조선인이 3성 장군과 제국의회 의원 등이 되고 도지사와 군수만 해도 무려 1200명이라니…

조선이 동사무소나 대중목욕탕 하나 운영할 능력이 있었던가? 그런데 그런 현대식 시스템을 전국에 깔고, 조선인들을 대량 등용해서 많은 인재들을 키우고, 전국 방방곡곡에서 우호 세력이 넘쳐나도록 전 국민적 포용 정책을 폭넓게 펼쳤다는 것이다.

필자는 조선인들이 이렇게 광범위한 직위와 대우를 받으면서 각계의 일꾼으로 성장한 줄은 모르고, 매켄지의 예측처럼 공직을 죄다 일본인들이 차지하고 우리는 잡부와 물지게꾼이나 한 줄 알았는데, 친일 인명사전을 통해 그렇지 않았다는 사실을 알게 되었다. 이런 좋은 자료를 정리해 주신 민족문제연구소의 관계자 분들께 깊은 감사의 말씀을 드린다.

그 자료는 1905년 '시일야방성대곡'으로 불후의 이름을 남긴 데다 1910년에도 황현의 절명시를 경남일보에 게재해서 핍박 받았던 위암 장지연이 친일 행적으로 서훈이 취소된 점을 안타까와 하면서, "서훈이 취소되었다고 해서 '시일야방성대곡'의 역사적 의미를 누구도 외면할 수 없다"고 주장하고 있다.

물론 깊이 공감한다. 시일야방성대곡 까지 썼던 반일 기득권 양반층까지 친일로 전향할 정도라면, 천대 받던 피지배 인민들은 불문가지이니, 대단히 중요한 역사적 의미를 지닌다.

애국가의 작곡가도, 작사가도, 태극기 고안자도, '고향의 봄'을 작곡한 홍난파도, 현재명도, 모두 친일파이고, '선구자' 노래도 만주의 친일 선구자들을 기리는 노래라는 사실도 알게 되었다.

조선시대에 음악가 미술가 문예가 등의 그룹이나 그런 단어라도 있었던가? 그런 단어와 그런 그룹을 만들고, 이 땅의 르네상스를 만든 시대였다는 것이다.

박정희도 천민 출신이라 조선 시대라면 문맹이었을 인물인데, 만주군관학교 수석까지 한 것은 일제 시대가 아니면 상상도 못할 일이다. 양반 상놈 가리지 않고 공정하게 등용 했으니 친일파가 대부분인 시대였던 것이다.

이 외에도 판검사 185명, 경찰 간부급 786명, 위관급 이상 장교 217명, 전쟁에 협력한 단체의 유력자들 395명, 그리고 각종 언론, 종교,교육,유림,문인,음악,무용,연극,영화,경제·사회단체 등이고, 국방헌금을 낸 사람들은 너무 많아서 1만원 이상을 낸 48명만 친일파로 선정한 것이다.

국방헌금 헌납한 수백만 명 중 겨우 48명만 친일파라니....

전 국민이 나서서 전투기 1700대나 마련할 거액을 자기 나라 일본에 바쳤는데, 요즘 돈으로 5억원 이상 헌납자만 친일파에 끼워주고 4억9천만원 바친 사람과 하위 간부는 친일파에 끼워주지도 않을 정도로 전국은 친일파로 넘치는 세상이었던 것이다.

친일인명사전에는 간부급 경찰 친일파도 786명이 나오는데, 실제 1910년경의 경찰관수는 5693명(일본인 2265명, 조선인 3428명), 1922년 경찰수는 20,771명, 1945년 경찰수는 6만 명이고, 총독부와 관련 기관 근무자 숫자 17만 명으로서, 당시 총독부는 상당한 인기 직업이었다.

한마디로 조선총독부에만 친일파가 17만 명이나 드글드글 했었고,

지원자가 많아서 '친일파 입성'은 하늘의 별따기 였다는 것이다.
게다가 창씨개명 비율이 전국민의 90% 이상, 공장 근로자가 합병 이전에는 수백 명에 불과 했었는데 일제시대는 무려 173만명, 5인 이상 종업원을 갖춘 사업자 숫자만 39만명...악당 일제 밑에서 사업 하던 '부르조아' 악당들과 친일 '프롤레타리아' 악당들로 꽉 차 있었다.

군수급,장교급 이상 고위층 친일파 4,389명 vs 광복군 339명의 차이, 일본군 자원입대 신청자 80만명 vs 광복군 339명, 이것이 진짜 민심이었다.

전체 인구 중 일본인은 2~3%에 불과 했지만, 농촌 구석구석까지 총독부의 지배가 효율적으로 작동한 것은 민심이 일본을 지지했기 때문이다. 1925년의 군수 250명 대부분이 중인 출신이었다.
양반들은 일제의 신분제 철폐로 기득권을 잃었지만 다른 계층에겐 신분 상승이었다. 그래서 중인들은 쉽게 협력자가 된 것이다.

요즘의 도지사,군수,동장,면장은 양반이고, 검사,변호사,세무사,법무사 등은 중인이며, 농부는 평민, 공학박사,건축사,기술사,목사,스님,연예인,기사,기능사 등은 영원토록 천민이다.

아무리 노력해도 신분의 벽을 넘을 수 없다는 것은 비참한 것이다. 때문에, 마당쇠도 꺽쇠도 향단이도 이씨,김씨,박씨 등의 왕족 성씨로 바뀐 '전 국민 양반화 시대' 일정시대를 국민들이 열렬히 반긴 것이다. 신분해방의 최대 피해자인 유림마저 적극적인 **친일을 하고 있었다니**...이는 일본이 조선인 동화에 완벽히 성공하였다는 증거가 아닐 수 없다.

친일인명사전에 의하면 '1904년부터 1945년까지, 일제의 주도에 의해 또는 민간 차원에서 자발적으로 수많은 전쟁·친일 협력단체가 조직되었다.'면서 일진회, 국민협회, 대동동지회, 각파유지연맹, 시중회, 대동일진회, 녹기연맹, 대의당, 대정친목회, 자제단, 유민회, 동광회, 동민회, 대동민우회, 황도학회, 정학회, 대화동맹, 국민동지회, 대일본흥아회조선지부, 국방의회, 국민정신총동원조선연맹, 국민총력조선연맹, 흥아보국단, 임전대책협의회, 조선임전보국단, 애국금차회,조선지원병제도제정축하회, 지원병후원회, 조선군사후원연맹, 시국대응전선사상보국연맹, 대화숙, 조선언론보국회, 조선신문회, 대일본부인회조선본부, 조선문인협회, 조선방공협회, 조선국방의회연합회 등을 소개 했다.

일본 통치가 열렬한 지지를 받았다는 이런 증거들은 수집하기도 힘든데 이렇게 잘 찾아서 필자의 노력을 줄여 주신 민족문제연구소 같은 훌륭한 단체에는 세금으로 팍팍 지원해야 한다.

다만 일본군 입대 지원한 80만 명과 카미가제에 지원하여 산화한 16명의 용사에게 왜 친일파 자격을 박탈 하는지는 설명이 필요할 듯 하다.

또 전국적인 애국기(애국전투기)헌납운동으로 전투기 1700대를 마련할 금액을 자기 나라 일본에 바쳤던 수백만 명의 국민들도 친일파인데, 그들도 제외했고, 임관 과정을 수료 했어도 장교로 복무하지 않으면 친일파가 아니고, 육사와 만주군관학교 재학 중 패전을 맞으면 친일파가 아니라 했다.

자살 특공대는 자기 목숨까지 던지는 적극적 친일인데, 친일파에 끼워주지 않는 것은 아쉽다.

도대체 얼마나 더 열성적인 친일을 해야....

5억원 이상을 바쳐야 친일파 자격이 주어지니 어려운 부탁이긴 하지만, 필자도 친일파에 끼워 주시면 안될까?

⊙독립투쟁의 개념조차 제대로 서 있지 않은 나라

한국은 독립 투쟁에 대한 개념조차 제대로 서 있지 않은 나라다. 독립이란 딴살림차리기, 즉 갈라져 나오는 것이며, 독립은 오로지 국민에게 더 나은 세상을 선사하기 위해서만 필요한 것이다. 때문에 **무장 독립 투쟁은 인민들에게 더 나은 세상을 선사할 능력과 비젼이 있을 때, 그리고 국민 대다수의 동의가 있을 때에만 정당하다.**

일본 경찰과 싸우기만 하면 애국자인가?

봉건 왕 되려고 했어도? 공산주의 생지옥을 지향 했어도?

그런데 한국인의 대다수는 독립을 꿈도 꾸지 않았었다.

그런데도 독립투쟁만 정당하고 독립 반대자는 악당일까?

설령 그 독립투쟁이 국민 다수의 동의가 없더라도 그것이 정당해지려면, 적어도 온 국민에게 이익을 줄 타당한 이유가 있어야 한다. 즉 이대로 살기를 원하는 국민 대다수가 자신의 운명을 선택할 능력이 없는 바보들이거나, 극소수 독립파가 그들을 압도할 능력과 비젼을 가졌을 때에 한한다.

나라 살린 쿠데타가 정당해질 수 있듯이 말이다.

그들이 자유민주주의 사회를 추구했다면 정당성이 성립될 수도 있다. 왜냐하면 당시는 자유민주주의 전 단계 정도일 뿐 자유민주주의 사회로 발전하기 전이었으니 그 방향은 옳고 정당할 수 있다.

물론 준비 안된 독립부터 했을 시 우리에게 닥칠 위험성에 대한 고려도 마땅히 해야 하는 것이지만 말이다.

덮어놓고식 독립을 해서 딴살림을 차리면 천국이 오기라도 하는가? 독립투사의 대부분은 초기에는 봉건왕조 추종과 기득권 수호 세력이고, 후기에는 공산주의 추종자가 대부분인데, 공산주의 좌파가 국민들을 올바르게 이끌 무슨 비젼이 있었는가?

공산낙원? 농담 말고….(공산주의 사기극은 뒤에서…)

좌파가 봉오동 전투의 홍범도를 띄우는 이유도 홍범도가 공산주의자였기 때문이 아니던가?

홍범도가 공산주의자가 아니어도 띄웠을까?

일제의 사제무기 환수에 무장 반항했던 산포수 출신의 홍범도가 누구를 위해 싸웠을까? 인민을 위해 독립투쟁?

설령, 그랬다면 무조건 영웅인가?

대다수의 독립투사는 인민을 올바른 길로 이끌려는 게 아니라 다 망해버린 공산주의·사회주의 나라로 가겠다는 거였다. 심지어 준비 안된 독립 후 수백만 명이 죽었어도 독립 투사가 영웅인가?

누구에게나 사상의 자유가 있는 만큼 독립을 추구할 자유는 있다. 그러나 그와 마찬가지로 독립을 반대할 자유도 있는 것이다.

'독립'은 환상의 낙원이 아니며, 국민의 생명을 담보로 한 도박임을 우리 국민들 대부분이 깨닫지 못하고 독립 만세만 부른다

는 사실이다. 특히 종교나 이념적 대립 상태에서 독립을 하면, 분단과 유혈사태, 수백만 생명의 희생이 거의 필연인데, 이 기본 사실을 우리 국민들이 깨닫지 못하고, 여태 독립 만세나 외치고 친일파 청산이나 외친다는 사실은 심각한 문제다.

당시 전쟁에 열렬히 동참했던 대다수의 국민들은 바보였을까?

당시의 국민들은 그런 위험을 피하고 신분제와 노예제의 조선에서 벗어난 인간 답게 사는 자기나라 일본을 지키고 싶었던 것이다.

그게 진실인데도 독립파만 영웅시 하고, 우리 국민들을 위해 목숨을 던진 사람들을 푸대접하고 악당시 하는 것도 모자라, 독립 반대파를 타도하겠다는 자들은, 사기국사 가짜국사로 세뇌 당했기 때문이다.

⦿친일파 청산 코미디극과 바보들의 합창

앞서 보았듯이 한국은 침략 당한 나라가 아니라 일본과 함께 중국과 동남아를 침략 했던 나라이며, 보복 당하지 않은 패전국이다.

한국의 독립은 99.9%의 친일파와 0.1%의 친중파,친미파가 대립해서 0.1%의 친중파와 친미파가 승리한 사건이다.

극소수 세력이 승리한 이유는 미국이 이겼기 때문이다.

따라서 배신자로 낙인 찍힐 수도 있었던 0.1%의 승자가 점령군에 임명되어 자기들이 영웅 될 목적과, 권력 유지를 위해 일본 악당만들기 역사 조작을 시작한 것인데,

99.9%의 친일파를 모두 악당으로 만들 수는 없으니 그 중 극소수만 골라서 악당으로 만든 것이다.

그런데 더 정확히 말하면, 친일파라는 그룹은 존재 하지도 않았다.

그들은 그냥 일본인들이며, 나라가 위기에 처하니 나라를 위해 싸웠고, 나라를 위해 애쓴 사람들이다.

미국인·중국인이 자기 나라에 충성한다고 해서 친미파, 친중파라고 부르지 않는다. 그냥 미국인·중국인일 뿐이다.

자기 나라에 충성한 사람들을 청산하자니?

친일파 청산 떠드는 자들은 이런 기본 분별력도 없는 자들이다.

그런 분별력이니 수십 년째 친일파 청산이나 떠드는 어리석음에서 스스로 탈출하지 못하는 것이다.

카미가제 특공대가 왜 자청해서 목숨을 던졌을까?

당시의 우리 나라는 일본이었기 때문이다.

독립이란 갈라져 나온 것이며, 그 분들은 갈라져 나오기 전의 당시의 우리 나라를 위해 자기 목숨을 던진 분들이다.

당시의 우리 나라는 일본이었다.

승자 멋대로 쓰는 국사 기준이 아니라 그 분들의 고귀한 뜻을 존중하여 국립 묘지에 안장하고 훈장을 드려야 할 애국자들이다.

정말로 훈장 받을 사람은 홍범도가 아니라 카미가제 특공대다.

우리는 당시의 우리 나라를 위해 목숨 바친 분들의 유족들을 어떻게 처우해 왔는가? 암흑의 이 땅에 노예 해방과, 굶어 죽음의 해방과, 인간 해방을 위해 애써오신 분들을 우리는 어떻게 대해 왔는가?

독립 후 남북한 권력을 쥔 승자의 이익 때문에, 우리를 위해 헌신하고 목숨 바친 분들과 유족들을 지금껏 푸대접 하고 있는 것이다.

우리 국민들이 전쟁 승리를 위해 그토록 열성적으로 나라에 충성했던 것은, 일본이 통치를 잘했다는 증거다.
우리 역사상 어떤 정부가 국민들을 그토록 열성적으로 나라에 충성하도록 만들었는가?
애국심이라는 단어조차 없던 나라에, 애국심이라는 단어가 생겨난 게 한일합방시대가 아니던가?
당시의 우리는 일본 국민이었던 것이다.
우리가 태어난 나라 대한민국을 우리가 '우리나라'라고 여기듯이 당시의 국민들은 자신이 태어난 나라 일본의 국민이었던 것이다.

반복하지만 우리 민족이 나라 빼앗겼다는 말도 사기다.
민족이라는 단어도 독립 후 남북한 권력자들이 권력을 위해 주입시킨 상상 속의 공동체다. 모두가 자기 자신을 일본인이라고 알던 사람들을 끌고 가려면 새로운 정체성과 공동체의식의 주입이 필요했고, 그게 바로 민족의식 주입 교육이다.
그 기본 이치를 국민이 분별 못하니 북한의 대남 전략에 계속 이용당하면서 국민은 분열되었고, 그 때문에 통일을 못하는 것이다.

누가 적인지도 분별할 줄 모르는 국민들이 어떻게 통일을 이루는가?
도대체 언제까지 이런 국민 바보만들기 가짜 국사를 이어가야 하는가?

⊙진짜 악의 세력은 바로 친일파 청산을 선동하는 정치꾼들

남북한의 역사 사기꾼들이 조선 시대를 미화 시키는 이유는 하나다. 조선이 어떤 나라였는지가 드러나 버리거나 그토록 굶던 지상 최악의 노예제 생지옥임이 드러나버리면 일본과 친일파가 한국을 살렸다는 사실이 들통나버리니, 일본을 악당으로 만들어야만 영웅행세 애국자 행세 하는 정치 사기꾼들의 이익에 방해가 되기 때문이다.

독립 전 이 땅의 주류였던 친일파의 상당수는 '준비 안된 독립'(=분단)으로 인해 벌어질 대재앙의 위험을 알았고, 그래서 일본의 패전 후에 다가올 '민족 대재앙'을 두려워했다.

그래서 자기나라 일본의 승리를 위해 혼신을 다한 것이기도 했다. 그러나 그들은 대세를 거스를 수 없었고 그들의 새로운 나라는 패했으며 결국 분단과 재분단과 전쟁과 공산화의 악몽으로 700만 명의 생명이 죽임 당하거나 굶어 죽었다.

그리고 중국 대륙도 공산화의 악몽으로 6500만 명이 살육 당했다. 친일파는 독립 후에 그런 악몽의 세상이 될 것을 우려했던 것이다.

독립을 추구하는 것만이 애국이 아니라, 독립을 반대하는 것도 역시 애국일 수 있음을, 똑같이 존중 받아야 할 국민의 권리라는 사실을, 친일파 청산이나 외치는 무개념 좌파는 깨달아야 한다.

국민에게는, "이념대립 상태의 준비안된 독립을 하면 전쟁이나 분단으로 수백만 명이 죽고, 굶주리게 될 수도 있으며, 천만 이산가족을 당할 수도 있으니 독립은 무리야"라며 독립을 반대할 권리가 있다.

그 권리를 짓밟고, 자신의 정당한 권리를 행사한 사람들에게 복수 하겠다는 게 바로 '진보'로 위장한 '파시즘'의 '정치 모리배'들이다.
당시가 아닌 현재 잣대로, 과거의 애국자들에게 복수 하겠다는 친일파 청산론은 정치 사기꾼들이 자행하는 대국민 사기다.
자신들의 뜻과 다른 대다수 국민들의 선택권을 무시할 뿐만 아니라, 가짜 역사를 토대로 과거를 재단하여 그 후손들에게 복수 하겠다는 연좌제의 파시즘이다.
때문에 친일파가 악당이 아니라, '친일파 청산'을 선동하는 자들이 바로 이 시대가 청산해야 할 '악의 세력'이다.

이제 국민들도 의심할 줄 아는 인간이 되어야 한다.
어둠의 세력이 조작된 '한국사 사기교과서'는, 애먼 국민들을 둘로 갈라 분열 시키면서 북한 왕조와 중국 공산 권력을 위한 '개' 노릇을 하고 있고, 세뇌당한 '진보 간판의 수구좌파'는 지금도 자신들이 누군가에게 이용 당하고 있음을 까마득히 모른 채, '친일파 청산'을 떠들고 있다.

심지어 지도자라는 자까지 그 짓을 한다.
이들은 툭하면 '친일파청산' 떠들다가 자기들 조상의 친일행적이 드러나서 조용히 기어들어 갔다가, 나왔다가를 반복하다가, 이제는 안전하게 말로만 '친일파 청산' 떠든다.
미래만 쳐다보더라도 할 일이 너무 많은데, 이들은 자기들의 우상 마르크스·레닌과 김씨 왕조 등 '좌파의 6대 성역' 떠받드는 것을 진보라 착각하고, 그들은 일체 비판하지 못하며, 오직 친일파 밖에 모르는 '정신적 반신불수자'들로 꽉 차 있다.

한국사 사기 교과서가 많은 국민들을 그 지경으로 만들어 놓았다.

이런 거짓말 교과서를 언제까지 이어가야 하는가?

그 가짜 역사 때문에 종북 진보 진영이 생겨났고, 그래서 그들이 김정은 살리기에 집착하고 동포들은 죽어가고 통일도 못하는 것이다.

그런데도 가짜 역사를 계속 가르쳐야 하는가?

이런 가짜 역사를 어떻게 70년 동안이나 방치할 수 있단 말인가?

언제까지 그런 가짜 역사의 환각 속을 헤매어야 하는가?

▲일러전쟁기의 조선인들과 일본군들

14. 과거사 문제에 대한 일본 정부의 잘못된 대응

⊙ 주제 넘는 줄은 알지만

우리보다 훨씬 우수한 선진국 정부의 잘못을 논한다는 게 주제 넘는 줄은 알지만 송구함을 무릅쓰고 필자의 사견을 밝히고자 한다.

세상을 살다 보면, 남을 크게 도와주고서도 되려 욕먹는 경우가 있다. 때로는 그게 오해가 아니라 누군가의 농간인 경우도 있는데, 만약 그럴 가능성이 보인다면 그건 대충 넘겨서는 안되는 문제다.

따지고 보면 일본은, 지구상에서 한국을 가장 많이 도와준 나라다. 하지만 일본은 그렇게 도와 주고서도 고맙다는 소리 한번도 못들었다. 사실상 생명을 구해주고서도 오히려 '악당'이 되어버린 것이다. 북한과 남한 내 정치적 이득을 노리는 세력의 농간 때문이다.

⊙ 한국인의 특성을 전혀 모르는 일본

일본은 한국인들의 특성을 모르는 것 같다.

일본의 대응을 비유하자면,

누가 "얘가 강도짓 했어"라고 외치는데, "아닌데요? 증거 있나요? 우리 이성적으로 판단해봅시다." 이러고 있는 것이다.

한국인들은 그 강도 용의자가 과거에도 강도짓을 했었다고 들어서 이미 미워하고 있는 상태라면 상대를 일단 몰매부터 때리고 본다. 그가 진짜 강도짓을 했는지 안했는지는 따져 보지 않을 수도 있고, 이미 때린 후의 일이니 진실이 뒤집히면 곤란해지므로 여전히 도둑이길 원하는 심리 상태가 된다.

믿고 싶은 게 정해져 버리는 것이다. 그러면 어떻게 해야 할까?

"강도 짓은 니가 했잖아? 내가 너의 집 값의 절반이나 도와줬는데 거짓말 할래? 내가 준 돈 도로 내놔!"

이렇게 맞불을 놓은 후, 사람들에게 생각할 기회를 제공해야 비이성적 몰매를 피하고 결국 도와 줬다는 사실도 알게 된다.

한국은 일반적인 나라들과는 달라서, 이성은 적고 감성으로만 가득한데도 자신을 정의롭다고 믿는다.

그런 나라에 맞게 대응해야 하며, 이성적인 해법보다는 일단 뒤집어 엎은 후에 진실은 나중에 따지는 게 낫다. 한국인은 달달 외우고 답 쓰는 것은 잘 해도, 의심하는 법은 잘 모른다.

필자가 알기에 일본은 어릴 때부터 '남에게 폐 끼치지 말라'는 교육을 받아서, 상대가 불평을 하면, 일단 사과부터 하는 경향이 있다고 들었다. 하지만 그건 한국에서는 옳은 방식이 아니다.

한국은 일본처럼 후배에게마저 00군 식으로 예의 갖추지도 않고, 일본에서는 절대 해서는 안되는 말이 한국에서는 해도 되는 말인 경우가 많다. 때문에 "사기 치지 마, 니가 사과해"라고 돌직구를 날려야 하고, 이슈화 시켜서 한국인들의 지적관심을 유발해야 한다.

일본의 잘못은 한국을 괜히 도와 준 것과 괜히 사과 했다는 것이다. 옆나라가 수십년째 일본 악당만들기 거짓말 교육을 하고 있었는데도 지금껏 방치했다는 것은 일본에게도 문제가 있는 것이다.

옆 나라가 과거사 때문에 자꾸 들볶으니, '아 한 맺힌 게 있나보다' 식으로만 생각해선 안된다. 인간의 모든 행동에는 다 이유가 있는데, 한국이 과거사에 그토록 매달리는 진짜 이유를 캐내려고 하지 않았다.

만약 필자가 일본이었다면 한국에 단도직입적으로,
"우리가 1%를 왜곡 했다면, 당신들은 99%를 조작 했잖아?
"같이 침략 했으면서 이래도 되는거야?"라고 반드시 따졌을 것이다.
그리고 그것을 이슈화 시키고, 사과와 시정 요구를 했을 것이다.
그리고 대대적으로 홍보하고, 이슈화 시켜 바로잡았을 것이다.
한국어 사이트를 만들어 상세하게 진실을 알리고, 한국인들 대부분이 볼 수 있게 만들어 공식적으로 따지면 한국 언론들도 결국 진실을 알릴 수밖에 없고, 결국 오해는 풀릴 것이다.

반일감정의 99.9%는 사기 국사 때문에 생긴 일이며, 일본을 욕하는 사람의 99.99%가 교육을 통해서만 그 시대를 인식한 사람들이다. 이러한 사태는 황장엽이 폭로한 간첩 5만 명과 깊은 연관이 있다고 여겨지지만, 이유가 무엇이건 간에, 한국인들은 자신들이 속아 왔음을 모르기 때문에, 우선 드러내야 하는 것이다.
또 "니들이 뒤통수 쳤으니 우리가 준 돈 내놔" 라고 해야한다.
그러면 한국에선 난리가 날 것이다. "무슨 돈? 우리가 돈 받았어?"
이렇게 될 것이고, 이슈화 되면 국민들도 알게 된다.
사실 한국인의 대부분은 일본에게 큰 돈을 받았다는 사실조차도 모른다. 우파는 박정희 때문에 발전한 줄 알고, 좌파는 김대중 노무현 때문에 발전한 줄 안다. 다들 믿고 싶은 대로만 믿는다.
기억을 삭제 당해서 가짜 기억을 주입 당하면, 자신이 원하건 원치 않건 간에 누군가가 원하는 대로 좀비국민 상태가 되는 것이다.
위안부 사기극도 "일본은 악당"이라는 선입견이 뿌리 박힌 상태에서 통해 먹힌 사기극이므로, 한국의 역사 조작을 문제 삼아 이슈화 시켜서 한국인이 냉정히 판단할 기회를 제공하면 자연히 해결된다. 저의를 가진 세력의 행위는 달랜다고 달래지는 것도 아니며, 곪은 곳은 터트려야 치유 된다.

악수를 악수로 받으니 악수가 묘수가 되어버린 것이다.

부정한 목적으로 잘못한 점만 부풀리고 있다면, 잘한 것을 말해야 한다. 계기가 있을 때 확실히 하지 않으면, 거짓이 정의로 둔갑된다. 이 상황은 1억원을 도와주고 1원을 빼앗은 것과 같은데, 아니, 1원 조차 빼앗은 게 아닌데, 빼앗은 것만 계속 살 붙여서 이야기 하면 사람들은 그게 전부인 줄 안다.

일본이 한일갈등 해결을 원한다면, 이러한 국민성의 차이를 이해해야 하고, 때문에 한번 확 뒤엎고서 재부팅 해야 문제가 풀릴 것이다. 비 온 뒤에 땅이 굳는다는 한국 속담처럼...

◉일본이 잘못 대응한 사례를 들면

난징대학살 예를 들면, "증거 없지 않나요?" 식의 대응은 사태를 망친다. 증거조작 등을 따지면 가짜 증인들을 얼마든지 출동시켜서 여론을 휘어잡을 수 있는 게 거대한 중국 권력과 좌파 진영이다.

따라서 그 방법보다는 차라리

"니들이 6천만명 죽인 거 물타기 하려고 가짜학살 만들어 낸거지?" 라고 맞불을 놔야 해결된다. 물론 반박 근거를 준비해 놓고서...

보통 개인은 똑똑하지만, 대중은 그렇지 못한 경우가 많다.

대중의 대다수는 보이는 것만 보고, 말하는 것만 들으며, 언급을 하

지 않으면 다각도로 판단할 줄 모른다. 때문에,
30만명 학살이 사실이냐로 범위가 좁혀져선 안되고, 30만명 학살과 6천만 학살 중 어느 쪽이 진실이냐로 구도를 넓혀야 하는 것이다.
바둑에서처럼 '곤마'는 외로워선 안된다. 곤마는 함께 가야 한다.
똑같이 쇼를 해서 상대를 압도해야 하며, 구도가 중요하다.
"니들이 6천만 명 죽인 것은 사실이지만 내 조상이 30만명 죽인 건 사실이 아냐" 이렇게 상대의 더 큰 악행을 같이 끌고가야 한다.
30만명 소리가 나올 때마다 6천만명 소리를 함께 꺼내서, 그런 소리 꺼내봤자 손해보는 구도로 만들면, 그런 헛소리 하라고 부탁해도 안하게 되어 있다.
사실 필자의 스승은 좌파다. 좌파의 행동을 연구하다 보니, 이들에게 넓게 보는 안목이 없을 뿐, 전술적으로는 상당히 똑똑한 그룹이구나 하고 감탄하면서 그들을 스승으로 삼아 연구한 것이다.
사기꾼을 잡으려면 먼저 사기꾼을 스승으로 삼아서 배워야하고, 결국 그 이상의 사기술을 익혀야 사기꾼을 제압할 수 있다.
(여담으로 한가지만 말하면, 좌파의 단식투쟁은 대부분 진짜 단식이 아니다. 그냥 쇼다. 음식 제공과 배출 팀이 있다.
그런데 우파는 순진하게도 일주일 씩이나 진짜로 단식하기도 한다. ㅋ 그러다 자칫하면 죽어. 걔들도 다 먹고 살자고 쇼 하는 겨...^^)
"소녀의 1/7이나 끌려 갔다며? 니들은 끌려갈 때 뭐했어? 니들 바보야?" 라고 돌직구를 날렸어야 했다.
사과 따위는 한국인에게 약이 되지 않으며, 진실 전파가 중요하다.
한국은 너무 감성적인 국민성이 문제이기는 하지만, 근거를 통해 설명하면 이해 못할 사람들이 아니다.

좌파도 대부분 거짓 교육에 속는 것일 뿐이다. 그들도 판단할 줄 안다.

⊙만약, 일본 지도자 자리에 김정일이나 김정은이가 있었다면

만약 일본의 집권자가 북한 김정일이나 김정은이었다면 지금의 일본처럼 한국에 사과하거나 돈을 주는 일은 없었을 것이다.

북한은 틈만 나면 우리에게 입에 담지 못할 공식 욕설을 퍼붓는데, 그들은 일본군 위안부와는 비교조차 안되는 만행들을 저질렀어도 사과 한마디 안했다. 만약 일본의 김정일, 김정은에게 사과 요구를 했다면 그들은 아마 이런 발표를 했을 것이다.

"남조선 괴뢰 역적패당 놈들이 우리의 최고 존엄께 더러운 입을 놀리고 있다. 더러운 역적패당 괴뢰 놈들이 핵참화와 서울 불바다의 뜨거운 맛을 보아야만 정신 차릴 것인가?
우리의 핵무기는 장식품이 아님을 역적패당 괴뢰 놈들은 깨닫기 바라며, 그런 망발을 닥치지 않는다면 역적패당 괴뢰 놈들의 각을 뜰 것임을(다리를 찢는다는 북한식 표현) 대일본 인민민주주의공화국 전 인민의 이름으로 엄중히 경고한다"

위의 글은 북한이 늘상 사용하는 단어들로 재구성 해본 북조선식 성명서다. 북한의 입은 항상 시궁창이기 때문에, 그런 욕설 잔치를 벌였을 것이다. 부끄럽지만 그 불량배 정권은 진보 진영이 그리도 사랑하는 우리 민족이다.

솔직히 저런 사람들과 통일이 되었을 때를 상상하면 우려도 된다. 한국에는 저들이 무슨 짓을 하던 일체 비판하지 못하고, 오로지 미국과 일본만 헐뜯는 사람들이 많은 게 비통한 현실이다.

⊙ 한국인의 복

한국인 최고의 복은 이웃을 잘 두었다는 것이다.

일본이 김씨 같은 깡패가 아니라, 우리의 온갖 투정들을 다 받아 주는 좋은 이웃 나라라는 게 너무 다행이다.

일본이 그들과 비교조차 못할 도덕성과 합리성을 갖춘 나라이기에, 오늘의 한국이 있는 것이다.

필자는 한국인의 한 사람으로서,

징용 피해자 후손의 한 사람으로서

일본 국민들께 송구한 마음과 더불어 ,

한국에는 진실을 몰라서 속는 사람이 많을 뿐,

국민들의 양심이 무너진 것은 아니라는 점을 꼭 말씀 드리고 싶다.

필자는 일본어도 모르고, 아는 일본인도 없지만,

고마운 이웃나라 일본 국민들께 감사의 마음을 전하고 싶다.

일본을 욕하는 사람들은 속는 것일 뿐이며,

그런 행태에 동의하지 않는,

침묵하는 다수의 한국 국민들이 더 많다는 말씀도 꼭 전하고 싶다.

고마운 이웃 일본 국민이여,

사죄할 쪽은 당신들이 아닌 저희들이었습니다.

죽어가던 저희들에게

노예해방과 굶어 죽음에서의 해방과

인간 해방이라는 큰 선물을 주신 점,

굶어 죽고 얼어 죽고 수탈당해 죽어가던 암흑의 이 땅을

사람 사는 곳으로 바꾸어주신 영원토록 갚지 못할 그 은혜,

한국인의 한사람으로서 머리 숙여 감사 드립니다.

제3장 손에 손 잡고 다 함께 새미래로

15 권력 목적의 이념사기, 마르크스·레닌주의 사기극…198

16 권력목적의 이념·사상 사기, 주체사상사기극,유교사기극…208

17 멸망과 도약의 기로에 선 인류, 지상 낙원으로 가는 진짜 진보의 길…226

18 외계인의 관점에서 본 한반도의 역학적 지형…252

19 한국어의 소멸, 일본어의 소멸……………256

20 미래혁명, 한일 연합국(U·S·K·J)과 한미일 연합국가…272

15.권력 목적의 이념사기 마르크스·레닌주의 사기극

한국 사회 갈등 문제의 본질은 이념전·남북전이며, 북한 간첩단의 배후 조종과는 별개로 국민이 길을 잃었기 때문에 모두가 흔들리는 것이다. 가짜국사 세뇌를 동반한 이념적 혼돈이 우리 사회 혼란의 본질이며, 국사조작과 함께 이념 사기극의 진실을 모르고서는 우리 사회의 갈등 문제를 풀기 어렵다.

다만 지면 여건상, 마르크스주의 사기극과, 김일성주체사상 사기극, 그리고 유교 사기극의 핵심만 요약하여 언급할 것이며, 상세한 내용은 이 책의 속편에서 언급할 것이다.

⊙권력 목적의 이념사기극, 그 기본 구조

인간은 권력 지향의 동물이라는 점을 알아야 이념사기 문제를 이해할 수 있다. 권력쟁취 수단으로는 이념,사상,철학,종교 등을 주로 활용하고, 요즘처럼 국사조작 세뇌를 이용하기도 한다.

봉건 시대의 권력쟁탈 수단은 도적 떼들에 의한 단순 정복이었다. 힘으로 정복한 조폭 두목이 '왕'이다. 전국시대, 삼국지시대의 많은 왕들이나 영웅호걸들의 본질도 모두 조폭 두목과 그 조직원들이다. 봉건 왕조는 정복자가 반항하는 자는 다 죽이고 복종하는 자들만 살려서 지배하며, 봉건 왕과 조폭 두목은 본질적으로 똑같다.

일단 정복자가 되면, 신분제 사회를, 심하면 노예제 사회를 만들어 자신들은 지배층이 되고, 피지배층을 지배층의 향락을 위한 도구로 쓴다. 그러나 물리적 억압 만으로는 권력이 오래가기 힘드니, 이념·사상·신화 등을 만들어 피지배층을 위해주는 척 세뇌 시켜서 복종하게 만든다. 여기에 쓰이는 대표적인 지배목적형 사기극이 '유교', '주체사상' 등의 사상사기극이며, 권력을 쟁탈할 때 쓰는 사기극이 마르크스·레닌주의 등의 이념 사상 사기극이다.

봉건 시대에 권력을 쥐기 위해서는 도적떼건 강도떼건 간에 지배권을 쥔 자가 왕이 되니, 칼과 창으로 정복하면 그만이었지만, 근 현대에는 그런 방식이 통하기 어려우므로, 권력을 쟁탈하기 위해서는 많은 사람들을 움직이게 할 고급 수단이 필요했고, 거기에 동원된 권력쟁탈형 이념사기가 바로 마르크스 레닌주의 사기극이다.

마르크스는 제 가족 부양조차 재대로 못하고, 친구에게 의지하여 생활을 꾸려나가던 별 볼일 없는 3류 변두리 학자였지만, 마치 위대한 인물인 것처럼 띄워서 권력을 위해 이용한 것이다.

권력을 얻기 위해 갖은 술수를 다 동원하는 게 정치권력의 세계다.

⊙권력 목적의 이념사기, 마르크스 레닌주의 사기극

공산주의를 조금만 주의 깊게 연구해 보면, 공산주의가 왜 애초부터 정치 사기꾼들의 장난인지, 왜 신분제 사회와 계급사회를 추구하던 권력목적형 이념 장난이었는지를 이해하기는 어렵지 않다.

공산주의 이론은 평등분배를 해준다고 하고, 계급 없는 평등한 사회를 만들겠다는 게 핵심이다.

그러기 위해서는 폭력혁명으로 기존 체제를 뒤엎고, 일시적인 노동자 독재 과정을 거쳐야 한다는 것이다. 그런데, 공산주의의 사기성은 그들의 선동이론 속에 이미 숨어 있다.

첫째, 평등분배를 해 준다는 주장이 진심이라 쳐도, 그 평등분배는 인간을 통해서 이루어질 수밖에 없으며, 결국 분배 해주는 계급과 분배를 받는 계급이 존재 할 수밖에 없다.
이미 신분제 계급 사회다.

둘째, 평등분배 여부는 오로지 분배권을 쥔 자의 양심에 달렸다.
권력을 쥐었으니, 평등 분배를 하건 차등 분배를 하건 권력자의 맘이라는 것이다.
피정복 당한 국민들에게는 권력자를 통제할 수단이 없다.

셋째, 설령 평등분배를 해주겠다는 양심적인 지배층이 있다고 쳐도, 평등분배는 애초부터 불가능하다.
예컨대 쌀이나 빵이라면 1인당 몇키로 식으로 이론상 평등 분배를 해 줄 수는 있지만, 세상에는 각종 정보나 지식, 기술, 이권, 등 평등 분배를 할 수 없는 수많은 것들이 있고, 이를 독점하는 계급이 생기게 되는데, 모든 정보와 지식과 기술과 이권과 돈과 군대를 포함한 모든 것을 거머쥐는 것은, 국민의 생사여탈권을 쥐는 것으로서, 난공불락의 봉건 독재 왕정이 형성됨을 뜻한다.
공산주의 사회는 수직형 낡은 사회, 철저한 계급사회임이 그들의 이론 속에 이미 나와 있는 것이다.

넷째, 봉건 권력을 쥔 독재자가 딴생각을 품더라도 일반 국민은 견제할 수단이 전혀 없다.
좌파는 노동자독재 단계 후에 공산주의 낙원이라는 단계로 진보한다고 믿는데, 그 단계로 진행해 줄지 말지도 권력을 쥔 자의 맘일 뿐이다. 국민들은 이용만 당하고 끝나는 것이다.

다섯째, 국민들이 식량 등의 분배(배급)를 받기 위해서는 필히 배급을 해 주는 계급과 그 독재 왕정에 충성을 해야만 한다.
모든 식량과 정보와 이권을 거머쥔 세력을 상대로 충성하고 복종하지 않았다가는 최소한의 배급 마저 받을 수 없게 된다. 전 국민을 배급받고 사는 노예로 만들어 충성을 강요하며, 독재 왕정은 향락의 전제왕조 권력을 누리게 되는 구조적 틀이 완성되는 것이다.

결국 공산 독재자는 아무런 사욕도 권력욕도 없는 완전무결하고 오직 국민만을 위하는 지고지선한 존재라는 잘못된 전제 하에 국민들이 서로 죽이면서 피를 흘린 결과, 프롤레타리아독재라는 구실 하에 기존보다 더 퇴보된 봉건독재 왕정이 형성되는 구조다.
원래 권력을 쥐는 게 목적이었으니 목적은 달성된 것이다. 즉, 노동자 독재의 다음 단계란 없고, 권력을 쥐었으면 끝이라는 것이다.

백년 천년 후에도 다음 단계란 없다. 모든 것은 독재자의 맘대로일 뿐이며, 이념 사기꾼들은 애당초 인민의 삶에는 관심이 없었다.
그들은 오로지 권력 찬탈이 목적이었다.
정치인은 성인군자가 아니다. 좌파 그대들이 속은 것이다.
좌파여, 그대들도 이제는 정신 차릴 만 하지 않은가?
이유 없이 자기들을 위해 주겠다는 정치인은 의심할 줄 알아야 하는데, 그 분별을 못하던 무지한 대중이 결국 대가를 치르게 된 것, 이것이 인류사를 뒤흔드는 좌파 이념의 실체다.

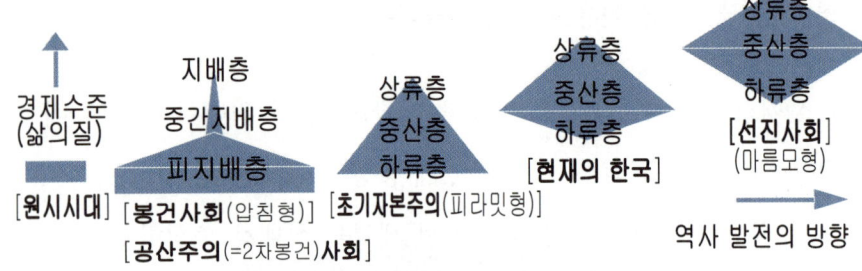

역사발전 단계상 사회계층 구조도

위의 사회계층구조도처럼, 모든 사회 구조는 반드시 형태를 띠며, 좌파가 원하는 평등한 세상은 무한수평선 구조인데, 그런 구조는 지구에서도 외계에서도 있을 수 없다. 행여 존재한다면 그것은 맨 밑바닥의 수평선 지옥이며 이는 인류 시대의 종말을 의미한다.

개미와 베짱이의 평등이 있을 수 있는가?

세상에는 부지런한 사람, 게으른 사람, 연예인처럼 생긴 사람 못생긴 사람 등 수없이 많은 부류가 있는데,

경제적 평등이 있을 수 있는가? 있다면 그게 평등인가?

설령 분배권을 쥔 독재자가 자신의 모든 권력을 포기하고,

크게 선심 써서 평등분배의 계급 없는 세상을 만든다고 쳐도,

그 사회는 결국 몰락하게 되어 있다.

왜냐하면 노력을 유인할 동기가 사라지기 때문이며,

경제에 활력이 사라진 고인 물은 썩게 되는 것이다.

공산주의 사회에서는 처벌 받지 않기 위해서 노동을 하지만,

자본주의 사회에서 일하는 이유는 자신의 발전을 위해서다.

과연 어느 쪽이 인간의 이익과 행복에 더 유익할까?

자기 가족을 위해서 밤 늦게 일한다면, 힘들더라도 기쁨이 있지만, 노동의 본질적 목적이 독재자를 위한 거라면, 그게 인간의 삶일까? 북한처럼 의무노동 하지 않으면 처벌 받는 사회가 인간의 삶일까? 분배권을 쥔 소수의 독재자가 주도하는 세상과 사유재산을 기반으로 한 중산층이 많은 공동 번영의 세상 중 어느 쪽이 진짜 진보일까? 국가를 후견인으로 삼는 국민들이 나라의 주인이 되는 게 가능할까?

인간의 삶이 압침형과 피라미드형의 낮은 삶에서 벗어나기 위해서는 개인의 노력이 필수이며, 사유재산 보장이 필수다.
아무리 노력해도 자신의 것이 아닌 체제로는 마름모형 사회로의 진보가 불가능한 것이다.
좌파가 자본주의를 혐오하는 이유가 '빈익빈부익부(貧益貧富益富)'와 착취 논리인데, 자본주의에는 '빈익빈 부익부'도 착취도 없다.
빈익빈 부익부는 공산주의 독재 사회에나 있는 것일 뿐, 자본주의는 '빈익부 부익부(貧益富 富益富)' 구조다.
기업과 노동자가 함께 벌며 공존공생하는 것이다.

자본주의 사회의 노사 관계는 착취 관계가 아닌 상호 원원 관계다.
노동도 상품의 일종이며, 공산주의처럼 강제 노역을 시키는 게 아니라 노동 상품을 흥정 및 거래하는 것이다.
그 구조를 깨자는 게 좌파이고, 그들이 진보라 부르는 이념은 진보가 아니라 진보 방해다. 좌파의 종교 공산 사회주의는 '빈익빈부익빈(貧益貧富益貧)' 구조다. 국민이 계속 망하는데 지배층이라고 계속 흥할 수는 없다. 즉 모두가 망하는 구조다.

레닌은 '중산층을 분쇄하는 방법은 세금과 인플레이션의 맷돌 사이에서 갈아버리는 것이다.(The way to crush the bourgeoisie is to grind them between the millstones of taxation and inflation.)'라고 했다. 그들의 목적은 국민의 행복이 아니라 오로지 권력이었다.

권력 목적의 이 간단한 이념사기에 수십억 인류가 속아온 것이다.

마르크스주의는 혁명도 아니고, 진보도 아니고, 별 볼 일 없는 미개인 학자의 망상일 뿐인데, 좌파는 지금까지도 속고 있는 것이다.
심지어 중국과 북한이 노동자독재 단계인데 다음 단계는 언제 오지? 이러면서 목 빼고 기다리는 진성바보들이 많다.
인간의 어리석음의 끝은 대체 어디일까?

*황선생, 위민(爲民)이 뭡니까? 인민에게는 무섭게 대해야 돼요. [김일성의 위민 운운하는 연설을 듣던 중 김정일이 황장엽에게 한 말]

⊙지구 역사상 최고의 진보, 그 인류사의 기념비적 나라는

세상은 뒤집어 엎기만 하면 진보가 되는 게 아니다.

사회를 뒤집는 것은 대중이 뭉치기만 하면 가능하지만, 그것을 발전적 방향으로 이끄는 것은 대중이 아닌 소수의 선각자다.

그 자리를 권력 목적의 정치 사기꾼이 차지하면 모두 망치는데, 영국이나 일본 같은 경우는 소수의 선각자가 주도하여 국민을 비교적 유익하게 이끈 경우지만, 소련 중국 북한은 국민을 말아먹은 사례다. 바로 권력 사기꾼들이 갖다 붙인 권력형 이념사기 농간에 속았기 때문이다.

봉건 체제로부터 가장 모범적으로 탈피한 나라가 영국과 일본이다. 현명한 소수의 선각자가 주도한 나라와 대중이 주도한 나라의 차이, 그것이 오늘의 영국 일본과 중국 북한의 차이로 나타난 것이다. 민주주의는 대중이 떼로 움직일 목적이 아니라 현명한 리더를 찾기 위한 장치다.

대중은 보통 현명하지 않고, 선동에 쉽게 흔들리며, 무지한 다수가 유능한 소수를 쥐어 흔드는 나라는 좋은 나라가 아니다.

그런데 세계 역사상 가장 성공적으로 봉건 체제를 탈피했던 영국과 일본보다도 훨씬 더 모범적으로 봉건체제에서 탈피한 나라가 있다. 인류 역사상 유례가 없을 만큼 봉건 체제로부터 가장 모범적인 탈피를 한 지구 최고의 대박 나라가 바로 한국이다.

지구 역사상 가장 엉망진창이었던 지상 유일한 노예제 나라, 굶어 죽은 시체들이 널려 있던 지구 최악의 막장 나라가, 겨우 1세기 만에 일약 선진국으로 도약한 지구 역사상 최고 비약 발전의 나라...
피흘림 없이 봉건 체제를 탈피하는 사례는 거의 없지만, 한국은 그 특수한 사례이며 바로 소수 선각자의 출현과 이웃의 도움 때문이다.
인류 최고의 혁명사를 연구하고 싶다면 볼셰비키니, 프랑스 혁명이니 하는 별로 대단치 않은 혁명보다 한국의 혁명사를 연구하면 된다.
개항혁명-독립혁명-갑오혁명-경술혁명-한일합방혁명-5.16혁명으로 이어진 대대적인 혁명사가 한국을 인류 최고의 비약발전 나라로 만든 것이다.
한국사에는 중세가 없다. 한국사는 고대노예제의 암흑기에서 2단계를 건너뛰고 근현대 사회로 비약 진보한 나라다.
한강변의 기적이 그 기반 위에서 이루어졌다.
쿠데타냐 아니냐라는 정치 지배자적 관점이 중요한 게 아니다.
바로 국민의 삶이 어찌 되었느냐가 중요한 것이다.

한국은 인류 역사를 통틀어서 가장 기념비적인 비약 발전의 나라이며, 그것은 낡은 이념에 빠져 허덕이는 좌파 진영의 진보방해 공작을 우파 진영이 성공적으로 극복해 왔기 때문이다.
여기서 중요한 점은 국민을 행복으로 이끄는 길은 사회계층 구조도 속의 사회 형태가 꼭 마름모형이어야만 하는 것은 아니라는 점이다. 오랜 봉건 체제를 이어 왔던 일본이 비약 발전한 것은 압침형 사회일 때다.
압침형 사회의 지배층이라도 국민을 위하는 진정성과 능력이 있다면, 마름모형 사회보다 국민에게 더 유익할 수도 있는 것이다.

무지한 다수가 유능한 소수를 짓밟아버릴 수 있는 민주주의 체제의 치명적인 단점이 보완되었던 사례인데, 그 일이 한국과 일본에 있었고, 그게 오늘의 한국과 일본을 만든 것이다.

한국만큼 성공적으로 봉건 시대를 탈피하여 비약 발전한 나라는 지구 역사에 없다.
한국의 혁명사는 인류 역사에 세세토록 기억될 것이다.
단지 요즘에 오락가락하는 이상한 나라가 되어버린 것일 뿐이고, 북한 공작단과 좌파의 역사 조작에 의해 나라 빼앗겼느니 국치니 하는 가짜 국사가 주입된 것일 뿐이며, 국민들이 속았다는 사실을 깨닫지 못하니, 누가 적인지를 분별하지 못하고 있을 뿐이다.

봉건지배층 중심주의의 한국사 교육은 국치니, 우리 민족이 나라 빼앗겼느니 식의 왜곡 세뇌교육으로, 영웅과 악당을 모두 뒤집어 버리지만 국민중심주의 시각으로 보면, 어떤 과정을 거치건 간에 국민을 잘 살게 만드는 것이 진짜 혁명이며, 국치건, 나라 빼앗겼건, 쿠데타건 간에, 국민을 살리는 게 진짜 진보다.

인류사에는 어떤 혁명적 발전에도 혁명을 방해하는 수구세력이 존재하는데, 그 진보 방해 세력이 진보라는 가짜 간판을 걸고 국민을 현혹시키고 있고, 그들을 수구세력으로 만든 낡은 이념이 바로 마르크스 레닌주의 사기극이다.
다른 것은 접어 놓더라도 그들을 그 지경으로 만들어버린 그 낡은 이념만큼은 극복해야 하는 것이다.

16. 권력 목적의 이념·사상 사기, 유교 사기극·주체사상 사기극

◉백성들 100만 명이 굶어죽었는데, 이에 대한 해법은?

현종12년(1671) 12월 기근과 여역으로 100만명 가량이 사망했다는 상소가 올라왔고, 신하가 그 대책으로 올린 상소문을 보자.
"전하께서는…천심에 합하지 않기 때문에 상제께서 화를 내시고…백성들을 모조리 죽이려 하시는 것입니다…전하 '덕'을 쌓으시옵소서."
☞수차(水車)조차 배워올 줄 모르면서 덕만 쌓으면 굶어 죽음이 해결 된다고? 도대체 그놈의 덕(德)을 어떻게 쌓으라고?
덕을 쌓으면 그 상제라는 자가 해결해 준다는 근거는?
덕만 쌓으면 수차도 저수지도 저절로 생겨나는가?

◉병자호란의 치욕을 씻는 방법에 대한 신하의 조언

고종이 경연에서 "어떻게 하면 연운의 땅에 말을 몰아 조종의 치욕을 씻는단 말인가?"라고 물었다.
'병자호란'의 치욕을 갚고 싶다는 얘기다.
오늘날의 국방비서관 격인 무승지 신정희가 "그것은 아주 쉬운 일입니다"라고 했다. 고종이 기대에 차서 묻자 신정희는 이렇게 말했다.
"원하옵건대 전하께서는 덕(德)을 닦으시옵소서."

◉중국 신하에게 엎드려 싹싹 빌던 조선의 신하, 한음 이덕형

'오성과 한음'이야기로 유명한 이덕형이 길바닥에 엎드려 중국 고관들에게 만나기를 청하는 장면을 '죽천행록'은 소개한다.
천자로부터 고명을 받기 위해 자금성 길바닥에서 중국 고관들 만나기를 청하는 장면이다.

'공이 길가에 엎드려 손을 묶어 부비니…고위관료들을 만나게 됐으나 쫓겨날 위기에 처하자, 섬돌을 붙들고 내쫓기지 않으려 애원한다. 한 대신이 소리질러 꾸짖되 "변방 작은 나라 신하가 우리 존위를 범하랴. 들어 내치고 문 닫으라." 라고 말하자 공이 울며 빌어 가로되 '대조 모든 대인들께선 적선 하소서', 하면서 섬돌 붙들고 나오지 않으니…'

뇌물 공세와 애원 끝에 인조의 즉위승인을 받고, 정복인 면류관과 곤룡포를 건네받는 순간에도 명나라 관리들의 조롱과 횡포는 이어진다. 처음에 곤룡포와 다른 옷을 꺼내 놓고서, 가져가라고 했고, 이덕형이 옷이 이상하다고 하니 그제서야 장난 해 본거라면서 '진짜곤룡포'를 꺼내준다.

그래도 '정신적 노예' 상태의 조선인들은 감사에 감사를 한다.

작은 놈은 큰 놈에게 알아서 기어야 하는 게 유교 사상이니까….

⦿잔혹한 복수를 정당화 하는 종교

유교는 인의예지를 말하면서도, 복수의 정당성을 주장함으로써 타 종교와 대별된다. '불구대천(不俱戴天)의 원수'라는 말이 있듯이, 충·효를 위한 복수를 당연시 여기는 문화가 유교 문화로, 천참만륙(千斬萬戮)이라는 말이 있을 만큼 잔혹한 복수 또한 용인 되는 체제다.

조선의 형벌이 잔인했던 것도 유교국가인 중국에게 배웠기 때문이고, '능지'라는 단어만 구글로 검색해도 유교 중국의 상상 못할 잔인성이 나오는데, 원수를 바라보는 기독교 불교 문화권과, 유교+공산주의 문화권(아시아)의 관점은 정반대다. 전자는 애정을 포함하는 관점이지만 후자는 증오심만을 기반으로 바라본다.

증오와 복수를 정당화하는 유교+공산주의의 본성은 6.25의 수십만 양민 학살부터 1억 명을 살육한 공산주의의 학살 만행에서 증명된다. 제 발밑에 꿇게 만들거나 끔찍하게 죽이도록 만드는 이념, 한반도에서만 6천만 명을 굶겨죽인 어둠의 종교…아시아에서 최소 수억~수십억 명을 죽였을 것으로 추정되는 어둠의 종교…

유교는 '증오의 종교'인 공산주의와 함께 거의 '악마의 종교'로 나타난게 우리 역사다.

지구상에서 인간의 보편적 인권이 가장 열악한 지역이 유교·공산주의 문화권인 아시아이며, 아시아가 기독교나 불교권의 영향이 조금만 더 강했더라도 이런 꼬라지는 되지 않았을 것이다.

⊙유교가 기독교·불교 같은 종교 중의 하나다?

사회 흥망의 원인에는 종교·철학적인 면을 빼 놓을 수 없다.

기독교에서 사회봉사 한다는 소리는 흔하지만 유교에서 사회봉사 한다는 소리는 들어보기 힘들다.

기독교의 사상을 사랑, 불교의 사상을 자비라 말한다면, 유교의 사상인 충·효·예는 윗분에 대한 아랫 놈의 복종 강요다.

사랑이나 자비나 제3자적 관점에서야 뭐가 그리 다른가? 세상을 선하게 살자는 것 아닌가? 예외는 있겠지만 독실한 기독교인이나 독실한 불교인이 비교적 신뢰를 받는 경험치도 그 종교들이 사회를 선하게 만드는 일정 역할을 했을 것임을 짐작케 한다.

사랑이나 자비 기반의 문화와 충성 강요의 문화는 같을 수가 없다.

기독교 불교는 사람을 신분제로 나누지 않지만 유교는 나눈다.

기독교 불교는 여성을 차별하지 않지만 유교는 여성을 차별한다.

유교는 윗놈에게 복종을 강요하고 증오와 경멸을 부추기고 복수를 정당화한다. 그런 종교는 얼마든지 사회를 타락시킬 수 있다.

아시아를 암흑 시대로 만든 요인은 유교를 빼고서는 설명하기 어렵다.

모든 종교에는 어두운 역사가 있지만, '신 앞에 모든 인간은 평등하다'는 기독교적 사상은 인류 발전과 평화에 기여한 공로가 크며, 우리의 헌법 정신에도 기독교의 정신이 녹아 있고, 불교도 만민평등 의식이 있어서 불교 나라는 침략이 적었고, 여성의 인권을 존중했다. 남녀평등 시대인 불교국가 고려와 여성 지옥 시대인 유교국가 조선의 차이가 이를 대변한다.

유교는 인간의 고통을 해결하고자 하는 목적과 전혀 무관한, 지배자의 이익만을 위한 것이며, 인류 발전에 기여한 공로를 눈꼽만치도 찾기 어렵다.

종교 자체의 옳고 그름을 논하기는 어렵지만, 종교를 떠나서 각 종교가 인류의 삶에 어떻게 영향을 주는지의 관점에서 정도는 볼 필요가 있다.

한국의 생지옥화는 불교가 무너진 유교 시대에 시작되었다.

그리고 한국의 발전은 그 유교가 무너지고 기독교의 융성 및 불교도 살아났던 시기에 이루어졌다.

⦿ 어떤 대화

외국 어린이: 아저씨, 우리 친구 할래요?
외국 아저씨: 그래 그러자꾸나, 우리 오늘부터 친구 할까?

한국 어린이: 아저씨 우리 친구 할래요?
한국 아저씨: 뭐가 어째? 친구? 머리에 피도 안마른 게 건방지게...

한국 아줌마 A: 저기요... 우리 친구 할래요?
한국 아줌마 B: 나이가 달라 보이는데 몇 살이세요?

한국 어린이 A: 우리 친구 할까?
한국 어린이 B: (위 아래를 훑어 보면서) 너 몇 살인데 반말이야?

한국에서는 나이가 계급이고, 나이가 인간 관계를 가로막는 벽이다. 유교 전통으로 존댓말과 반말을 가려 써야 하기 때문에, 나이가 다르면 친구가 되기도 어려워서, 친구가 될 수 있는데도 불구하고 형·동생·언니·동생 식으로 가야 하고, 때로는 동생 뻘의 삼촌, 형님 뻘의 조카와 인간관계가 꼬이기도 한다.
이런 낡은 사회를 언제까지 끌고 가야 할까?
전통? 그런 것은 따지지 말자. 우리의 후세대에게는 우리가 하던 게 전통이 된다.
더 좋은 것을 찾으면 그게 미래의 전통이 되는 것이다.

◉아시아를 암흑의 세계로 몰아 넣은 유교 사기극

성리학은 송나라 주희에 의해 집대성된 새로운 유학이다.

성리학은 만물의 생성은 하늘의 원리와 땅의 원리의 감응으로 이루어진다고 가르쳤는데, 이후 음양이론을 갖다 붙여서 여성은 하늘인 남성에게 무조건 따라야 한다는 식으로 변질되었다.

성리학의 수직계열형 정치원리 속에서 왕은 하늘을 대신한 절대자였고, 백성이나 여성은 졸에 불과했으며, 유교적 핵심가치 충,효,예,열은 양반들의 계급적 이익을 세뇌와 폭력으로 합리화시킨 수단일 뿐, 궁극적으로 백성들의 피를 빨아 처녀와 조공을 중국 황제에게 다 바치면서도 그 부당함을 깨닫지 못하게 만드는 정치권력의 수단일 뿐이었다.

피 빨려 죽어가면서도 중국을 부모국가로 여기게 만드는 것이 효(孝)이고, 중국에 충성하는 게 충(忠), 중국을 잘 모시고 잘 바치는 게 예(禮)이며, 조폭 두목과 양반 지배층에게 피 빨려 죽어 가면서도 저항할 의식마저 갖지 못하도록 만들고, 심지어 아내와 자식을 남성의 소유물 쯤으로 여기는 사고로 진보(?)한 것이다.

중국 황제가 '공맹자 숭배 사상'을 왜 키워 주었는지, 그들이 조선의 '미개인'들에게 왜 유교 사상을 전파 시켰는지를 짐작케 한다.

조선 시대에 '나라'라 하면 어디까지나 왕과 양반 관료들의 조정을 의미하였다.

집단주의에 가까운 유교적 정신세계 속에서 윗 놈 아랫 놈으로 구분 되고, 개인을 드러내지 못하니 대부분이 획일적인 사고에 치중되어, 맨 위에 있는 지배자라는 놈의 '덕'에 모든 것을 맡기는 체제,

민권은 없고 지배자에게 잘보이려고만 노력해야 하는 북한식 사회여서, 민권사상이나 대의민주제적 국가관이 싹틀 수 있는 토양이 아니었다.

군사부일체니 덕치주의(인치주의, 사또 맘대로 주의)니 하면서, 지배자의 덕에 모두 맡겨야 한다는 x소리를 진리인 양 조작했다.

요즘 식으로 치면, "대통령과 교사와 아비는 인민이 섬겨야 하는 동급 레벨"이고, '법대로' 보다는 '지배자 멋대로'에 맡긴다는 소리인데, 똑같은 죄를 지었을 때, 법치주의에 따른다면 사람이나 시대가 바뀌어도 비슷한 처벌을 받지만, 덕치주의 구실의 인치주의에 맡겼을 때에는 사람별,시대별,지역별로 멋대로 판결이 될 것이고, 결국 사또 맘대로 세상, 지배자 맘대로 세상, 부정부패와 부조리의 세상을 만들 수밖에 없었다.

유교는 지배자의 덕만 있으면 만사형통 식으로 멋대로 가르치면서, 상공업은 물론, 세세한 법적 제도 정비까지 대충 얼버무리게 만들고, 충·효의 가치를 세뇌 시켜 아랫사람은 윗사람을 절대 복종 하도록 만들었으며, 그들이 세뇌시킨 '열'은 참혹한 수준이다.

오직 성적 순결이라는 열(烈) 하나로 획일화했으며, '윤리를 빙자한 폭력구조' 그 자체였다.

그런 가부장적 유교사회 속에서 남성들은 여성을 완벽하게 지배하기 위해 여성을 거의 노예로 만들어 틀어쥐었지만, 결국 남성들마저도 얻은 것은 아무것도 없었다.

왕과 지배층은 중국 황제를 섬기는 대신 그들만의 호사를 누렸으니 이득이 컸지만, 그 폐해는 오늘날까지 미친다.

500년간 오로지 철학만을 연구한 나라인데도 불구하고, 철학적으로 아무 것도 해 놓은 게 없는 정신 문화적 빈곤함이 오늘날의 철학 빈곤과 정체성 공허 상태를 만들어, 낡은 이념의 수구 세력이 진보 간판을 거는 지경에까지 이른 것이다.

유교는 철저한 신분제 사회를 강조하므로, 이 신분제적 관계를 벗어나면 예(禮)를 갖추지 못한 자가 된다.

조선인들이 일본보다 자신들이 우월하다고 믿은 이유도 자신들은 중국을 잘 섬기는 예의를 갖춘 민족이고, 일본은 그러지 않아 미개하다는 사대주의 바탕이 있었기 때문이다.

우리에게는 서양보다 앞설 기회가 있었다. 금속활자의 발명인데 그 기회를 말아먹은 것도 유교와 무관치 않다.

기독교는 지식을 공유하고, 가진 것을 나누려는 경향이 있어 봉사 활동이나 사회 기여도 많이 하며 문명을 일구고 전파 시켰지만,

유교인은 지식을 독점하며 꼭꼭 숨겨 왔고, 윗분과 아랫놈 식으로만 인식하니 상하간 교류가 적을 수 밖에 없었다.

심지어, 그 대단한 금속활자마저 겨우 유교서적 만드는 데나 썼다.

◉첫 단추가 잘못 끼워진 나라

유교문화는 상명하달식 지배자 중심주의, 남성우월주의 바탕의 가부장적 의식, 창의성의 말살, 끼리끼리의 협잡을 부르는 혈연적 폐쇄성, 그리고 귀신 숭배의 그림자로 가득찰 수 밖에 없었다.

'예'가 어떻고 '인'이 어떻고 하는 그 현란한 수식어에도 불구하고, 유교의 도덕은 인간을 위한 도덕이 아닌 윗놈을 위한 도덕이고, 남

성을 위한 도덕이고, 지배자를 위한 도덕이다.

유학은 권력자와 남성에 대한 복종만을 강요하는 '정신적 노예 양성소'였으며, 비뚫어진 유교철학 위에 존립하던 조선왕조가 민족자주적으로 인간행복의 사회를 구현할 확률은, 노트북 위에서 뛰어노는 강아지가 애국가 가사를 타이핑 해낼 확률보다도 더 적었다.

유교 기반의 500년 조선이 스스로 자기 자신을 깨는 것은 자기부정이며, 이는 북한이 김일성주체사상을 버릴 수 없는 것과 같다.

한국은 대륙과 바다를 모두 접한 지역으로서, 고도의 문명을 이룰 수 있는 대단히 좋은 위치였음에도 불구하고, 500년 내내 끝없이 굶어 죽고 얼어 죽어 왔는데, 그 중심에 유교가 있다.

'한반도대혁명'이 성공한 이유는, 유교 기반의 썩은 암세포 덩어리를 통째로 도려내서 실용주의 사회로 전환했기 때문이다.

'유교문명'을 갈아 엎는 대혁명, 그게 한국을 살린 것이다.

신분제적 수직형 체제인 유교는 만민평등주의 기반의 자유, 평등, 행복 등의 보편적 가치와 정면으로 부딪치고, 지배자의 자애심에 자신의 인생을 맡기는 유교적 인간관계는, 자유와 평등의식을 갖고 타인과 대등하게 자신의 삶을 개척해나가는 근현대사회의 사고와 정면으로 배치된다.

우리는 성인군자의 '덕'에 내 인생을 맡기기보다 스스로 주인이 되어 자유의지 기반으로 이웃과 함께 인생을 적극적으로 개척해야 한다. 500년을 속아 왔으면 그것으로 족하며, 낡은 정신적 폐기물을 폐기물로 인식하고 버릴 줄 알아야 새 사회의 새로운 꽃이 필 수 있다.

⊙유교 풍습과 미풍양속

'전통 건축의 아름다움'을 논하는 사람들도 있긴 하지만 한국은 전통 건축을 알아서 내다 버린 나라다.

그게 나쁜 것임을 알았기 때문이다.

서양인들은 여성의 가사노동 동선을 줄이기 위해 연구한 결과 오늘의 주택을 만들었다. 우리가 흔히 누리는 주택문화는 여성을 배려하고 남녀를 평등하게 여기는 서양의 철학에 바탕을 둔 것이다.

하지만 여성을 우습게 보는 우리의 전통은 전통 주거 문화에 고스란히 반영되어 '꼬부랑 할머니'라는 독특한 단어를 만들었다.

아궁이에 쪼그려서 밥을 짓고, 쪼그려서 설거지와 잡일을 하고, 무거운 밥상을 들고 집 반대쪽으로 돌아가서 남편이나 어른에게 바치게 했다. 여성은 땅이고 남성은 하늘이기 때문이다.

건축학적 관점에서 보면, 전통 한옥은 '이렇게 지어선 안된다'는 '오시범'의 사례와, 옛날에는 이랬다 정도의 존재 가치만 있을 뿐, 한옥의 건축학적 가치는 매우 낮다.

여성을 배려하지 않는 고건축 문화의 원흉도 유교다.

우리는 명절 때만 되면 남성들은 방에서 화투치고 여성들만 죽어라고 제사음식, 명절음식 만드는 것을 '미풍양속'이라 부르는 나라다. 일본이 바꾸어 놓은 양력 설날을 음력 설날로 되돌리는 껍데기에 만족해서, 2월이 되어서야 '새해 복 많이 받으세요' 라고 인사하고, 그런 낡은 배타주의를 '진보'라 부르기까지 한다. 낡은 유교 인습을 타파하고 참진보의 길을 찾는 데에는 아직 갈 길이 먼 것이다.

⊙유교가 들어간 나라가 망할 수 밖에 없는 이유

세계사를 보면 기독교 국가는 대부분 흥하고, 유교 국가는 죄다 망했는데, 종교를 떠나서 유교가 들어가면 망하는 데는 이유가 있다.

기독교는 신을 제외한 인간들끼리는 평등한 형제 개념이다.

인간끼리 계급을 나누어 윗놈 아랫놈으로 나누지 않는다.

때문에 모든 인간이 기본권을 가지고 자신의 추구하는 것을 위해 노력할 수 있다. 그러나 유교는 수직형 사회를 만든다.

그래서 서양은 수평형 사회지만, 동양은 낡은 수직형 사회다.

또, 지배층이 피지배층을 안정적으로 지배하려면 피지배층이 무식할수록 지배력이 강화된다. 조선 지배층이 말로는 덕을 외쳤어도 인민의 문맹률을 99.5%로 만들어 놓은 것은 조선 지배층의 사악한 권력형 술수도 있지만 그 정신적 기반이 유교이기 때문이다.

유교권에서는 모두가 다른 누군가를 모시는 존재로서, 어떤 인간도 본질적인 자기 자신의 주인이 아니다. 인간이 어떤 일을 함에 있어 최선을 다 하는 것은 자기가 주인일 때에 한한다.

열심히 노력한 결과물을 빼앗기거나 자신이 아닌 자신의 주인이 갖는다면 열심히 노력할 사람이 얼마나 있을까?

그래서 개인의 자유가 보장되는 기독교권의 서양은 흥할 수 밖에 없었고 유교 전통의 아시아는 망할 수밖에 없었다.

유교라는 종교 아닌 종교는 인류에게 유익을 줄 어떠한 요소도 없다. 유교기반 사회가 생지옥이 되는 것은 역사의 법칙이다.

⊙정신적 지배 수단으로서의 유교사상

앞서 밝혔듯이 봉건 왕의 본질은 조폭 두목이며 무력 정복자다.

'실록 속의 중국 황제의 서신을 보면, (상제에게)천명을 받았다' 어쨌다 하는데, 지배권을 쥔 정복자가 멋대로 하는 소리이고, 민명(民命)을 받은 적이 없음은 분명하다.

이해 당사자가 인민인데, 당사자 이외의 누구의 허락을 받는가?

무력 정복으로 지배권을 쥔 조폭 두목이 피지배층에게 "나에게 잘 복종해"라고 요구하면 말을 잘 듣지 않는다.

때문에, 피지배층을 지배하는 수법에는, 무력과 더불어 알아서 기게 만드는 정신적 사기 수법이 활용되는데 그게 바로 '유교 사기극'이다. 유교 사상을 한마디로 말하면, '아랫놈은 윗분을 잘 받들어 모셔라, 따라서 지배층을 잘 받들어 모시고 중국황제를 잘 받들어 모셔라.'이거다.

그렇게 만들기 위해 충효예가 어떻고 인의예지신이 어떻고 등을 마구 갖다 붙여서 어렵게 꼬아 놓은 것이다.

예수가 30대에 죽임 당했어도 공자는 70대까지 장수만세 한 이유는, 예수는 기존 사회의 혁명을 원했기 때문이고, 공자는 기존 지배층에게 도움 되는 소리만을 해 주었기 때문이다.

만약 공·맹자가 만민평등을 외쳤다면 필자도 공자를 존경했을 것이다. 그러나 정말로 그런 소리를 했다면 그는 진작에 죽임 당하고 권력에 유리한 소리 하는 자를 키워서 그 자리에 앉혀 놓는 게 세상이다.

공자는 그렇게 권력자들에 의해 키워진 것이다. 마르크스처럼...

공자는 남자의 주요 임무는 관청에서 군주를 위해 봉사하는 거라고 가르쳤고 그 자신도 관직에 오르지 못하자 '주인에게 버려진 개'처럼 여기저기를 떠돌아다니던 인간이다.

그는 인육을 즐겨 먹던 식인종이고, 너도나도 인육을 먹던 식인종 시대의 미개인들에게 "이런 고상한 진리가 있느니라" 라고 가르치면 '아이고 스승님 그런 게 있었군요' 하면서 덥석 받아먹는 사람들이 나온다. 미개인이니까.

어차피 너도 나도 뭘 모르니, 아는 척 하는 놈이 뭔가 열심히 썰을 풀면, "아 그렇습니까 스승님" 하면서 퍼진 이야기들이 있게 된다.

그런 이야기들 중 정치 권력에 필요한 부분을 골라 사상으로 포장해서 어릴 적부터 세뇌 시키면 그게 세상의 전부라 믿고 고분고분 잘 따르게 되어 있다.

권력을 위해 만든 그런 '정신적 사기극'이 '유교사기극'이다.

유교는 복종과 충성을 강요하는 권력형 종교로서, 신분제 사회를 잘 해먹기 위한 '권력유지 목적의 철학장난'이고, '수직 신분제형 사회'를 만들어서 누리기 위한 정치적 목적의 술수다.

*천자는 천지에 제사드리고 제후는 산천에 제사드리는 것이니, 우리 나라에서 하늘에 제사 드림은 예가 아닙니다.[중종6(1511)-5-17]
☞알아서 기고 있다.

◉진정한 진보는 나쁜 것을 버리는 데서부터 시작해야

아시아의 역사는, 나쁜 스승이 사회를 얼마나 망칠 수 있는지를 보여주는 사례라고 볼 수 있다.

동서양의 역사는 공자 팀과 예수 팀의 경쟁이라고 볼수도 있는데, 필자는 종교인이 아니어서 종교에 대해서는 모르나, 적어도 천수를 누리며 많은 것을 설파했던 공자의 팀이, 짧은 생애 별로 많은 것을 가르치지도 않았던 예수의 팀에게 무릎 꿇은 것 만큼은 분명하다. '인간끼리는 형제'라고 가르치는 스승과, '아랫 놈은 윗 분을 잘 받들어 모셔' 라고 가르치는 스승 중 어느 쪽이 사회를 이롭게 할까?

유교적 충·효·예·지·신·의·열 등을 중시하는 아시아의 스승은 "웬수는 조져브러야 하는겨. 고거이 바로 충효예여" 라고 가르치기 쉽지만 다른 스승은, "웬수를 사랑혀브러라~"하고 가르칠 수도 있다. 그러면, 이 둘 중 어느 쪽이 사회를 이롭게 할까?
웬수를 조져브러야 하는지, 사랑 혀브러야 하는지는 필자도 모르고, 필자도 웬수를 사랑혀블 자신은 없지만, 워쨌든 후자가 이겨브렀다. 전자는 아랫놈부터 윗분까지 쫙 줄 세우는 수직형 신분제의 동양사회를 만들고, 후자는 만민평등을 기본으로 하는 수평형 사회인 서양의 자유민주주의를 만들었다.
전자는 지배층 중심주의의 유교적 동양사회, 후자는 국민중심주의 자유민주주의 서양 사회이며, 한국은 전자에서 탈피하여 수평형의 후자에 속해 있는 나라다.

서양은 '신 앞에 만민은 평등하다'는 평등 사상의 기반 하에 법치주의와 자유민주주의를 근간으로 인류 발전에 중대한 공헌을 했다.
국민주권, 법치주의, 자유민주주의 모두 서양에서 나왔다.
그러나 동양을 지배한 유교사상은 지배자와 피지배자, 윗 분과 아랫놈 등으로 나타나는 신분제, 인치주의, 개인숭배, 남성 우월주의 등으로 이어져 동양 사회를 아주 확실하게 x판으로 망쳐놓았다.
'아랫 놈은 윗분을 잘 받들어모셔라'로 요약되는 공자와 유교 사상은 동양을 그런 수직형 신분제 사회로 망쳐 놓는 데 중요한 역할을 했다.
마르크스·레닌주의도 유교도 봉건주의의 일종이다.
단지 차이가 있다면 유교 봉건주의는 무력으로 정복한 후에 권력을 이어가기 위해 이념 사기극을 만들지만, 공산주의는 그 봉건 사회를 만들기 위해 이념사기극으로 민중을 현혹시켜 권력을 쟁취한 후 민중을 노예로 지배하는 차이가 있을 뿐이며, 둘 다 인민을 노예로 만드는 점은 동일하다.

공자가 우수한데도 불구하고 패배했다면 끌어안고 갈 수도 있지만, 능력도 잠재력도 없어서 우리 사는 사회를 x판으로 망쳐 놓았다면, 이제라도 깨닫고 공자를 털어버려야 하는 것이다.
진짜 진보는 나쁜 것을 털어내는 데서부터 시작해야 한다.

⦿권력 목적의 이념사기, 주체사상 사기극

소련군 대위 김일성은 스탈린에게 아부해서 북한의 꼭두각시 지도자로 간택 받았지만 1953년 스탈린의 갑작스런 사망으로 인해 졸지에 북한의 진짜 실권자가 된다.

때문에 권력을 위해서는 독재 합리화 이론을 만들 수 밖에 없었고, 이를 위해 황장엽 등을 시켜서 1955년에 만들어 낸 게 '김일성주체사상'이다.

주체사상은 인민대중이 역사의 주체로서 역할을 다하려면 '지도자(수령과 당)와 대중이 결합'되고 수령·당·대중이 사상의지적 혼연일체로 통일 되어야 한다고 가르치며, 오직 사회 정치적 생명체의 '뇌수'인 '수령'의 지도를 받을 때만 역사의 자주적인 주체가 될 수 있다고 가르친다.

그런데, 유교사기극의 제2탄 사기 버젼인 주체사상도, '아랫 놈은 맨 윗분을 잘 받들어모셔라' 이거다.

쉽게 말해서 "인민은 주체적으로 살아야 해. 하지만 너희들은 멍청해서 스스로는 못하니 삼위일체의 '뇌수'이신 '어버이 수령님'을 잘 받들어 모시는 게 진짜 주체야. 우리 김씨 왕조를 잘 모시면 낙원이 와, 그건 과학이야"라고 사기치는 '권력 목적의 사기이념'이다.

그 최종 결론을 위해서 삼위일체니 뇌수니 하는 온갖 단어들을 어렵게 엮어서 갖다 붙인 것이며, 이것이 대다수의 '민주화투사'들이 정신적 기반으로 삼아온 이념이다.

물론 그 권력을 쥔 자가 보통의 인민보다 우월한 능력이나 뭔가를 가지고 있다는 증거가 전혀 없음은 물론이다.

김일성 주체사상은 일종의 종교로서 기독교와 유교에서 예수와 공자를 빼고 김일성을 삽입했다고 보면 된다.

주체사상은 '인류의 역사는 자주성을 옹호하고 실현하기 위한 인민대중의 투쟁의 역사'라고 정의하면서, 그들의 '파시즘' 사고를 드러낸다.

'자주'라는 것은 보통 권력자의 이익의 관점인 군익(君益)의 관점인데, 민익(民益)이자 인간의 기본인 '자유와 인권'보다 권력자의 마인드인 '자주'를 더 중시하는 '파시즘'에 기반 한다는 것이다.

쉽게 말해서 진보간판 세력이 원하는 '민족자주'와 '민족통일'과 '공산낙원'과 '주체낙원'이 몽땅 다 이루어졌다고 쳐도 민익(民益)인 '자유와 인권'을 잃으면 그 세상은 '독재자 천국, 국민 지옥'이 된다. 때문에, 김씨 왕조가 말하는 민족자주는 인민이 아닌, 지배자의 이익을 위한 것이다.

그런 이념사기극에 경도 당한 종북주사파의 일부는 북한의 공작에 의해 북한에 밀입북 하는 등의 북한과 직접적인 연계를 갖거나, 북한의 공작금을 지원 받고, 일부는 자생적으로 성장 했는데, 현재 정치권은 김일성주사파 출신이 '민주화투사'라는 이름으로 상당히 포진 해 있다.

남한에 주체사상을 전파했던 주사파의 대부 김영환이 훗날 김일성을 만나본 후에 밝혔듯이, 김일성은 자기가 낸 주체사상을 전혀 이해 못하고 있던 '완전 깡통'이었다.

김일성과 깊은 대화를 하고 싶어 했다가 실망한 초기 주사파 김영환은 "김일성은 자신의 명의로 발표된 주체사상을 전혀 이해 못하고 있었고, 주체사상을 한번이라도 정독해 보았는지 의심스러웠다"면서, '북한은 사이비 종교집단과 마피아 집단을 섞어놓은 것'에 불과하다고 했다.

주체사상의 이론 체계를 확립한 황장엽은 1997년 한국으로 망명한 뒤 "주체사상은 독재의 무기이며 한국의 일부 좌경학생들을 기만하는 선전도구로 이용되어 왔다"고 고백한 바 있다.
주체사상의 창시자와 남한 내 전파자 둘 다 사상전향을 한 것이다. 그런데도 남한에는 주사파 출신들이 '진보세력'과 '민주화세력'이라는 간판으로 정치권과 언론 교육 문화계 등의 사회 곳곳에 침투해 있다.
마르크스주의가 사기꾼들의 사기극이므로, 마르크스주의를 기반으로 존재하는 주체사상도 당연히 사기다.
사상이라고 이름 붙일 만한 가치 자체가 없는 것이다.

문제는 그 간단한 권력형 이념 사기를 진보라는 거창한 간판까지 걸고 있는 자들이 왜 지금까지도 깨닫지 못하고 있느냐는 것이다.

17. 멸망과 도약의 기로에 선 인류, 지상 낙원으로 가는 진짜 진보의 길

◉ 멸망과 비약 발전의 기로에 선 인류

인류 역사는 물질문명과 정신문명의 발달이 상호작용의 선순환을 하며, 인류의 윤택한 삶을 이끌어 왔고, 과학기술의 발달은 인류를 유토피아로 이끄는 중대 역할을 해 왔다.

그러나 인류 멸망의 기로 또한 가까이 다가왔다.

인류가 멸망하고 극소수만 남아 원시시대로 가느냐, 더 발전하여 지상 낙원으로 가느냐 하는 기로이며, 이는 인간이 만든 기술과, 종교, 이념, 국가 때문이다.

옛날의 황제들은 평균수명 40대 가량이었고, 그들은 이 시대의 평균수명만 알아도, 입을 못다물 것이다. 그 황제들이 현대로 왔다면, 비행기 타고 해외여행까지는 필요도 없이, 치아 몇 개만 심어주고, 에어컨 아래서 인터넷과 TV시청 시켜주면, 라면만 먹고 살아도 좋으니, 과거로 돌아가지 않겠다고 떼 쓰게 되는지도 모른다.

요즘 사람들은 자기보다 잘사는 사람들과만 비교하기 때문에 소외감과, 상대적 빈곤감이 많을 뿐, 이 시대는 옛날 사람들의 기준으로는 이미 지상천국에 가까운 시대다.

우리가 접하는 평범한 물품들 대다수가 과거에는 보물이었고, 옛날의 황제들보다 훨씬 이상의 호사를 서민들이 누리는 시대인 것이다.

그러나 이 모든 것이 순식간에 사라질 위기는 가까이 다가왔다.

만약 대도시를 날려버릴 만한 미니 핵무기를 미니 드론에 실어 보낼 정도로 기술이 발달 및 확산되고, 수천만 명 살상용 미니 무기를 흔적 없이 발사하는 기술이 생겨나고 확산되면 인류는 존속이 가능할까? 우리가 원하건 원하지 않건, 그 날은 반드시 오며, 인류 종말은 신보다는 인간이 먼저 만들고 있다.

이념, 종교 등의 대립과 함께 인류는 멸망의 길로 달리고 있으며, 인류사의 지속 확률은 높지 않다. 무작정 발전만 해 왔을 뿐, 가야 할 방향에 있어서는 혼돈 상태인 것이다.

⦿인류 발달사는 공감능력의 발달사, 나와 남은 다른 존재가 아니다.

이 문제를 이해하기 위해 한가지 가정을 해 보자.

어떤 이유에 의해 당신이 둘이 되었다고 쳐보자. 하나였던 당신이 둘로 변한 것이다. 유전자도 같고, 기억도 같다. 둘 다 완벽한 당신 자체다. 그러면 그 둘 중에 어느 쪽이 진짜 당신인가?

물론 정답은 둘 다 당신이다. 당신이 꼭 하나여야 할 이유가 있는가? 그런데 그 두 명의 당신은 각 당사자들의 눈으로 보았을 때는 서로가 남일 뿐이다. 이유는 공감 능력의 한계 때문이다.

상대를 꼬집어도 내가 아프지 않고, 나의 손가락이 잘려도 상대가 아프지 않다면, 상대는 내가 아닌 것이다.

하지만 분명한 것은 당신이 아프다는 것이다.

만약 당신이 또 하나의 당신이 아닌 타인과 고통을 함께 느끼게 되면, 당신은 또 하나의 당신보다 그 타인을 자신과 더 가깝다고 여길 것이다. 그 이유는 공감능력 때문이다. 문제는 공감능력이다.

인류가 타 생명체와 다른 근본 이유는 공감능력, 즉 타인의 아픔을 자기 자신의 아픔으로 느낄 능력이 있다는 데 있다.

인류의 정신이나 기술의 초비약 발전으로 타인과 공감능력이 극대화 되면, 나와 남은 점점 가까와지게 되고, 나와 남의 구분은 점점 줄어들게 될 것이다. 즉 나와 남은 완전히 다른 존재가 아니며, 하나로 연결된 하나의 속성도 있다는 것이다.

별도의 책으로 언급할 부분을 결론만 말하는 게 뜬금 없기는 하지만, 다음 부분을 말하기 위해서 이 부분의 언급은 안할 수가 없다.

자기 자식의 아픔을 자신의 아픔처럼 느낀다는 것은, 자기 자식이 자신과 다르지 않음을 느끼는 공감능력 때문이며, 그 공감능력의 범위가 넓어지면, 궁극적으로 나와 남은 다른 존재가 아니라는 공감능력 극대화 시대에 이르게 될 수 있다.

남의 자식이 내 자식과 다르지 않고, 오지에서 굶어 죽는 아이들이 나의 아이들과 다른 존재가 아니며, 더 나아가서 보면, 인류 뿐만 아니라, 최상위 포식자 인류에게 하루 수억 마리씩 잡아먹히고 있는 수많은 가축들도 하나의 속성이 있다는 것이다.

인류 역사는 공감능력의 발달사라고 요약할 수도 있다.

과거 끔찍한 형벌이 사라지고, 인권이 존중되는 세상으로 나아가는 것, 그 또한 공감능력 발달의 결과다. 나와 남이 공감 능력의 향상에 의해 점점 가까와지는 과정, 그것이 인류의 발달사라고 생각된다.

네 이웃을 네 몸과 같이 사랑하고, 작은 생명도 아끼라는 성인들의 가르침의 길로, 인류는 자의건 타의건, 달려 가고 있다는 것이다.

필자가 유독 마르크스주의와, 김일성주체사상과, 유교만 까는 이유는, 사랑과 자비 대신 증오와 술수와 복종 강요만 있기 때문이다.

사회를 신분으로 나누고, 계급으로 나누고, 편 갈라 싸우게 만들고, 증오와 복수를 하게 만드는 나쁜 속성 때문이다.

나와 남은 다른 존재가 아니며, 타인은 증오와 타도 대상이 아니다. 악당 제작과 증오를 만드는 세력이 인류의 적이다. 물론 중동의 극단주의 세력도 있지만, 거기까지 말하기에는 지면이 허락하지 않는다.

악마의 모습을 그린 상상도를 보면, 뿔 달리고 박쥐 날개를 한 흉측한 모습으로 나오는데, 악마가 바보가 아니라면, 멋진 모습, 정의로운 모습을 하고, 사람을 죽이면서도 죄책감을 느끼지 못하고 '정의로운 살인'이라 믿도록, 증오하게 만들 것이다.

그렇게 못된 짓을 하면서도 존경 받았을 것이다. 속이면 되니까...

그런데 인간을 그렇게 만들면서 멸망으로 이끄는 악마가 있다.

그 악마는 멀리 있지 않고, 형태도 없다.

인간의 몸을 숙주 삼아 활동할 뿐이며, 사람을 악마로 만드는 나쁜 이념과 나쁜 시스템이 그 악마다.

⊙인류 역사 발전의 7단계 과정

좌파의 정신적 지주 이념인 마르크스주의는 인류사의 진보 과정을 5단계로 설명한다.

원시공산주의-고대노예제-봉건제-자본주의-공산주의,

여기서 자본주의 시대가 고도화 되면 자체 모순과 노동자 계급의 폭력혁명에 의해 **자본주의가 무너지고, 일시적 노동자독재 과정을 거친 후 공산주의 낙원에 도달한다는 마르크스주의가 좌파의 바이블 이론**이다. 권력 목적으로 미개 시대의 3류 변두리 학자를 띠

운 사기 이념을 굳이 재설명할 필요는 없지만,
좌파는 신기루 낙원을 향해 진군하는 거대 좀비군단과 비슷하며, 좌파를 치료하려면 강도적 약탈본능에 정당성을 부여하는 사기이념의 신기루 목적지를 없애야만 가능하기에 재언급하는 것이다.
중요한 것은 **공산주의 사회는 자본주의보다 진보한 단계가 아니라, 자본주의 사회에 이르기 전단계의 전단계라는 사실**이다.
이제 필자가 생각하는 인류 역사 발전의 7단계 과정을 밝히고자 한다. 이 부분도 핵심만 언급할 것이다.

★ 1단계는 원시시대

설명할 필요조차 없는 원시 시대다. 인류 역사의 시초 단계다.

★ 2단계는 1차봉건시대(정복자 주인시대)

강도 두목이건 도적떼 두목이건 쎈 놈이 권력을 쥐는 1차 봉건 시대다. 반대파는 모두 죽이고 절대 권력을 장악하는 시대다.

★ 3단계는 2차봉건시대(정복자 주인 시대,공산주의 시대)

봉건권력을 무너뜨린 후에 또다른 봉건 권력이 생기는 시대다.
권력을 목적으로, 이념이나 종교를 악용하여 민중을 속이는 사기꾼들에 의해 생겨나며, 누가 정치해도 더럽고 부패한 시대라는 게 일반적인 특징이다. 이 시대는, 념정일치시대(이념·정치 일치시대), 신·정일치시대(종교와 정치의 일치시대)의 특징으로 나타난다.
현재의 중국과, 중동의 일부 세력, 서양의 중세가 바로 이 시대이며, 중국과 중동 일부 세력의 경우는 2차봉건 시대에서 초기자본주의 시대로 변화를 시작한 단계다. 북한은 1차봉건 시대와 2차봉건 시대의 사이 쯤이며, 북한이 한국 같은 사회로 진보하려면 2단계를 건너 뛰어야 하고, 자력만으로는 사실상 불가능에 가깝다.

즉 그냥 내버려 두면 저렇게 1000년이라도 갈 것이다.

그 이유는 국민 의식의 진보를 그 지배층이 가로막기 때문이다.

★4단계는 과도기형 초기자본주의 시대(초기 국민주인시대)

공산독재 등의 2차봉건 권력이 무너진 과도기형 초기자본주의 시대다. 국민주권 개념이 보편화 되며, 중국과 중동의 일부 세력 등이 비약 발전하면 도달하는 시대다.

★5단계는 자본주의 자유민주주의 시대(초기지상낙원)

완전한 자유의 국민주인 시대이며, 미국,일본,영국,프랑스,한국,대만 등이 여기에 해당된다. 이 시대의 특성은 침략 전쟁이 사라지고, 누가 정치해도 깨끗한 시대에 가까우며, 지상낙원의 초기단계다.

모든 인민들이 황제 이상의 삶을 누리는 시대이며, 고대인들이 꿈꾸던, 무릉도원, 태평성대, 젖과 꿀이 흐르는 땅 이상의 시대다.

인간은 항상 현재 기준으로 더 높은 곳만 바라보는, 욕심을 가진 존재이므로, 아무리 높은 곳에 올라가도 만족을 하지 못하는 존재이며, 이미 지상 낙원에 이르렀어도 그것을 깨닫기 어려운 존재다.

물론 그런 면이 발전을 이끄는 동력이 되기도 하지만, 그런 면이 자신을 파괴할 수도 있기 때문에, 현실을 객관화시켜 알 필요가 있다.

현재를 알기 위해서는 지나 온 역사를 알아야 하며, 그것이 역사조작, 이념사기 세력에게 속지 말고, 진짜 역사를 알아야 하는 이유다.

그것이 이 책의 1권에서 우리의 과거 사회를 상세히 언급한 이유다. 인간의 자유와 인권이 보장되는 세상은, 요즘 개념으로만 당연할 뿐, 과거의 수많은 인류가 꿈꾸어 온 세상이다.

내가 번 돈을 누군가가 강제로 빼앗아가지 않는 세상, 굶어 죽는 사람이 단 한명도 없는 세상, 혹시 그런 사람이 나오면 사회가 난리 나는 세상, 그건 우리에게만 당연할 뿐, 과거에는 당연하지 않았다.

그런 세상을 살고 있기 때문에, 그 귀함을 인식하지 못하고 사는 것일 뿐이며, 우리가 사는 세상은 인류가 꿈꾸어 오던 세상이다.

탈북자들이 이구동성으로 하는 말이 바로 이런 사회를 잘 지켜야 한다는 것이며, 그들이 좌파 진영을 멀리하는 이유 중의 하나다.

정치적인 면에서 보더라도, 국민이 주인인 세상 위의 세상은 존재하지 않으며, 정치적 면에서도 우리는 최고도의 이상 사회에 거의 도달해 있는 것이다. 국민이 주인인 우리의 세상, 자유와 인권이 보장되는 우리의 세상보다 윗 단계가 있다고 선동하는 자들은 거짓을 말하는 것이며, 우리의 이 세상이 바로 지상낙원의 초기 시대다.

다만, 3,4 단계 세력의 통제에 실패하면, 일거에 멸망할 수도 있다.

좌파는 과거에 어느나라 어느민족이 침략했으니 미래에도 그럴 수 있다 식으로 사고하는데, 침략 전쟁은 자유민주주의 시대 전단계에만 존재한다. 즉 공산주의와 봉건시대에만 존재한다.

침략은 나쁜 체제가 하는 것이며, 민족보다 체제를 보아야 한다.

온 인류가 5단계에 진입하면, 침략 전쟁은 사라진다.

좌파는 빈부격차 축소와 양극화 해소를 선동하는데, 이는 같이 망하자는 소리다. 빈부격차는 커지는 게 지상낙원의 길이며, 양극화도 커져야 옳다. 왜냐하면, 빈부격차가 작을수록 못살고, 양극화와 빈부격차가 클수록 잘사는 나라이기 때문이다.

만약 이병철,이건희와,정주영을 진작에 없애버렸다면, 한국의 빈부격차는 크게 줄어들었을 것이다. 그러면 잘사는 시대가 되는가? 좌파식 이념의 나라는 애초에 그런 싹을 잘라버리는 나라인데, 그런 나라는 잘사는가? 그 싹을 잘라버린 북한,중국,소련이 잘 사는가? 기업을 키운 박정희와 기업을 죽인 김일성,김정일 중 어느 쪽이 옳은가? 좌파는 이제라도 분별력을 바로 세워야 한다.

빈부격차가 가장 적은 시대가 6.25 직후와 조선시대와 북한이다. 다 같이 못살면 빈부격차가 줄어드는데, 빈부격차가 적은 북한,소말리아와, 빈부격차가 큰 미국 중 어느 쪽이 우리가 지향할 곳인가? 잘나가는 사람들을 끌어내릴 게 아니라 더 키워 주어야 하는 이유는, 그들이 바로 미래의 일자리를 늘리고, 사회를 살찌울 사람들이기 때문이다. 그래야 못사는 사람들의 삶도 나아지기 때문이다.
빈부격차를 논한다는 것 자체가 크게 발전한 나라임을 뜻한다.
노예해방과 신분제 해방이 되지 않은 나라도 많기 때문이다.

심지어 미래에는 수명의 빈부격차 시대가 올 것이며, 와야만 한다.
누구는 100살, 누구는 500살, 1000살 이렇게...
500살 1000살 사는 사람들이 나오는 수명의 빈부격차 시대가 와야만 50살 100살 살던 사람들도 500살 1000살 사는 세상이 온다.

좌파가 주도하는 세상은, 500살 1000살 사는 선도세력이 나오지 않는다. 잘나가는 놈 배아파하는 심보가 발전을 가로막는데, 그런 좌파적 심보의 세상에서 그런 발전이 어찌 올 수 있는가?

선도세력은 암벽 등반의 선두 대원과 같아서, 먼저 올라가서 앵커를 박고 밧줄을 내려주는 선도 세력이 없으면, 암벽 등반은 성공할 수 없다. 선도세력은 노동자의 착취자가 아니라 국민을 먹여살리는 젖줄이다. 때문에, 선도세력 즉 기업은 키워야 하는 것이다.

누구는 100살, 누구는 500살, 이 xx같은 세상, 500살 1000살 사는 유산계급은 우리 프롤레타리아 무산계급의 것을 착취한거야. 500살 1000살 사는 놈들을 타도하자 식의 좌파적 사고에서 벗어나지 못한다면 서민들도 300살 500살 사는 진짜 진보는 오지 않는다.

남 잘되는 꼴 못보고 배아파하는 좌파적 심보가 인류의 적이다.

★ 6단계는 지상낙원, 즉 인간합일시대(人間合一時代)

전 인류가 용광로처럼 융합되는 지구대연합 시대다.

200개나 되는 다국가 체제는 인류의 이익에 부합하지 않으며, 작은 나라의 국민들이 독립은 지배층에게나 이익일 뿐 우리에게는 불리한 거잖아? 라고 깨닫게 되어, 미래는 합병지향 시대가 될 것이며, 세계의 구조가 바뀌고 대규모의 이합집산이 벌어질 것이다.

그 속에서 대부분의 언어도, 종교도, 국경도 사라지고, 나와 남의 경계도 크게 좁혀질 것이다.

5단계까지는 인류 발전의 요소가 개인의 이기심 때문이며, 경제 발전은 개인의 이익을 추구하는 노력 속에서 이루어진다.

하지만 6단계의 시대가 되면, 개인의 이기심과 전체주의가 발전의 촉매제가 될 것이다. 과거와는 다르다. 과거의 전체주의는 집단에 대한 충성을 구실로 독재자에게 충성하게 만드는 정치적 수단이었지만, 미래에는 자발적 이타심이 기반이 된다. 이기심과 이타심이 합쳐져서 또 다른 비약발전을 이루게 되는 것이다.

영화에 나오는 외계인의 침공 따위는 있을 수 없을 것이다.
고도의 도덕성과, 공감능력 향상과, 정신적 발달이 없이, 기술만 극도로 발달하면, 지구인이건 외계인이건 자멸하는 구조 때문이다.
비약 발전된 인류 사회의 구조는 마름모형이 될 것이며, 인류가 아무리 발전을 하더라도 이 구조는 바뀔 수 없고, 마름모형의 양끝단도 반드시 존재한다.
천국이나 유토피아가 있더라도 이 구조는 다르지 않을 것이다. 열차의 맨 뒷 칸을 없애더라도 맨 뒷칸은 존재하는 것과 같은 이치다.

그런데 문제는, 이 시대에 이르기 전에 미니 핵무기나, 대량살상 바이러스를 만들어서 미니 드론에 실려보낼 정도만 되어도 인류에게는 재앙이며, 국가,체제,이념,종교 등의 대립 구도가 해소되기 전에 그 시대가 오면 인류는 멸망을 피하기 어렵다는 것이다.
100년 후의 세상은 지금보다 훨씬 못사는 원시시대일 수도 있다.
기술의 발달은 양날의 칼과 같아서, 인류에게 지상낙원적 유익을 주지만 동시에 인류를 멸망으로 몰아넣을 위험도 상존하는 것이다.

그러나 중국 북한 중동 등의 나라를 영국 프랑스 같은 자유민주주의 나라로 바꾸면 인류 멸망과 대재앙의 위기는 거의 사라진다.

침략전쟁도 사라지며, 특히 3차 세계대전의 위험은 거의 사라진다. 중국과 러시아가 비대해도 국민 주인의 자유민주주의 나라로 바뀐다면 주변국에 대한 침략의 위험도 거의 사라진다. 우리가 미국 영국 프랑스에게 침략 당할 위험을 느끼지 않는 것과 같은 경우가 된다. 이것이 우리가 좌파의 방해를 극복하고, 아시아 해방, 북한 중국 등 아시아의 어두운 곳에 자유와 인권의 빛을 전해야 할 중대 이유다.

이 시대는 국가가 사라지고 자유민주주의 기반의 전체주의 성격을 띨 것이다. 개인의 자유만큼 전체주의적 가치가 더 중요해진다.

인류 존속이라는 공익적 가치가 더 중요하므로 인류공영 목적 이외의 과도한 자유는 제한될 것이다. 자유가 무조건 좋은 것만은 아니다. 물론 사상, 종교의 자유는 있어야 하겠지만 누군가를 증오하게 만드는 종교나 이념은 집단 지성의 양심으로 퇴출 시킬 수 있을 것이다. 궁극적으로 국경은 무너지고, 세계 단일 정부가 되며, 군대는 사라지고 치안유지 세력으로 대체될 것이다. 이 시대가 지상낙원이며, 이 단계까지만 이르면, 굳이 더 발전할 필요성마저 사라지게 될 수도 있지만, 더 발전할 필요성을 인류는 느끼게 될 것이다.

지상낙원은 끝이 아니다.

★ 7단계는 창조인류시대(우주인류시대)

이 단계를 말하기 전에, 인간의 존재 이유에 대해 따져 볼 필요가 있다. 인류의 존재 근원은 무엇일까? 인간은 어떻게 해서 존재하게 되었을까? 진화? 신에 의한 창조? 여기에는 둘 다 문제점이 있다. 인류는 긴 역사 속에서 많은 발전을 하면서도 '나는 누구인가?' 라는 질문에 대한 답조차 명확하게 얻어내지 못했는데, 미래의 갈 길을 선택하기 위해, 이 부분에 대해 짚고 넘어가야 할 필요가 있다.

진화론에 대한 소고

필자는 종교가 없고 과학적인 사고를 좋아하지만, 진화론은 신뢰하지 않는다. 진화론을 과학이라고 보지 않기 때문이다.

진화론은 막연하게 미생물에서 시작해서 점점 더 복잡하게 발달했다고 하는데, 이는 생체 구조적 메카니즘을 도외시한 것이며, 그런 막연한 추론은 과학이 아니다.

필자가 진화론을 비과학적이라고 보는 이유는 이렇다.

첫째, 최초에 완벽한 생명체가 되어야만 생존과 진화가 가능하다.

진화론에 의하면 생명체의 심장,폐,간,두뇌,눈,코,입,혈관,대장,식도 등 신체의 기관들은 진화에 의해 자연발생적으로 생겨난 것이다. 그러나 그 모든 기관들은 따로 따로는 존립도 생성도 불가능하고, 덜 진화된 상태에서는 생존을 이어갈 수 없고, 진화 자체가 불가능하다. 그 중 하나라도 완전하지 않으면 나머지 기관들이 쓸모 없다.

심장을 예로 들면, 진화론에서는 최초에는 심장이 없었다가 저절로 발전하면서 현재의 심장이 생성 되었다는 것이고, 간,폐,두뇌,소화기관 등도 모두 긴긴 세월과 함께 저절로 생성 되었다는 것이다.

심장과 입과 식도와 위와 장이 정밀 설계 없이 저절로 생겨날수 있는지도 문제지만, 모든 기관들이 최초에 생존 가능한 형태로 완벽하게 만들어지지 않는다면 생존 및 진화가 불가능하다는 것이다.

설령 진화에 의해 오장육부와 모든 기관들과 시스템이 우연찮게 만들어 졌다고 쳐도. 그 중 하나라도 덜 만들어졌다면, 진화는 커녕, 즉시 사망할 수 밖에 없고, 설령 모든 게 다 만들어졌어도 약간의 시스템 오류만 있어도 사망한다. 즉 혈액의 성분에 문제가 있거나 혈압 하나만 문제가 생겨도 인간은 생존도 진화도 할 수 없다.

때문에 인간의 초정밀 구조가 자연 발생적으로 생겨났다는 설에는 중대한 하자가 있고, 오히려 정밀 설계 후에 만들어졌다고 보는 게 더 과학적인 사고라는 것이다.

창조론이나 지적 설계론을 부정하는 것만이 과학이 아니다. 모든 가능성을 열어 놓고 사고하는 게 과학이다.

최초의 포유류 관점에서 판단해 보자.

포유류도 최초에는 포유류가 아니었다가 어느 시점부터 포유류로 진화되었다는 것인데, 없었던 생식 기능과 젖먹이 기능은 서서히 생겨날 수 없고, 최초에 젖을 먹일 당시에 이미 모든 기능이 완성된 상태여야 생존이 가능하다.

즉 젖먹이 동물이 아직 되지 않은 직전의 단계는 없다는 것이다.

최초의 포유류 신생아가 있을 것인데, 그 신생아에게는 젖을 빨 본능이 있어야 하고, 산모에게도 젖을 먹일 본능과 모성 본능이 있어야 하며, 그 젖에도 영양 성분이 충분히 있어야 하고, 신체의 소화 기능과 호흡 기능 등의 모든 기능이 이미 뒷받침되어 있어야 한다. 또 태아의 유전자 속에는 미래의 생존을 이어가는 데 필요한 모든 정보가 들어 있어야 한다. 만약 그 모든 기능과 본능들이 완성 되더라도 유전자 하나만 없다면 그 포유류는 지속도 진화도 불가능하다.

최초의 포유류, 최초의 인간, 최초의 새, 최초의 물고기 등의 모든 것들이 최초부터 생존 가능한 구조체로 생성 되었어야만 생존이 가능하다. 생존을 이어 갈 수 있는 완벽한 생명체라야 진화가 가능한데, 생존의 기본도 안된 상태에서 어떻게 진화가 가능한가?

오랜 세월이 만병통치약이라도 된 양 오랜 세월이 흐르다보면 뭔가가 될 것처럼 주장하는데, 거기에는 이런 오류가 있는 것이다.

진화론은 인간의 신장이나 형상이 점차 달라지는 실제 있었을 수 있는 현상을 가지고 논리의 비약으로 발전시킨다.

아무리 긴긴 세월이 주어졌어도 자연발생적으로는 심장 하나도, 손톱 하나도 만들어지지 않고, 빈 깡통 하나도 생겨날 수 없다.

그런데 그 모든 기관들과 눈동자와 뇌 신경이 연결되는 고도의 시스템이 저절로 생겨났다는 것은, 고성능 컴퓨터가 진화에 의해 생겨났다는 소리보다 더 논리의 비약이며, 어불성설이다.

둘째, 동물의 암수는 거의 동시에 생겨나야만 지속 가능하며, 반드시 같은 종이어야 한다.

진화에 의해 우연찮게 최초의 인류인 마이클 조던이 생겨났다고 쳐도, 여성 짝이 없다면 인류는 2세가 없이 소멸된다.

설령 여성 짝이 진화에 의해 동시에 만들어졌다고 쳐도, 그녀는 조던과 같은 시대 같은 지역에 있어야하고, 그녀에게 생식 기능 중 일부가 없거나, 유전자가 없거나, 새로운 생명체가 온전하게 생성되는 메카니즘이 유전자 속에 갖추어져 있지 않거나, 호흡을 제대로 못하는 등의 작은 결함만 있어도 생명체는 지속될 수 없다.

동물 암수가 동시에 생겨났다고 쳐도, 서로가 짝을 찾는 본능이 있어야하고, 2세 생성 유전자가 있어야 한다.

또 포유류에게는 젖이 나와야 하고, 그 젖은 신생아를 키울 수 있는 영양이 있어야 하며, 젖을 빠는 본능과, 보살피는 모성본능 등의 많은 것들이 존재해야만 한다.

그 초정밀 시스템이 자연발생 했다고 보는 것은 과학적인 사고가 아니다.

키가 작았던 인류가 지금처럼 커지고 형태도 변했을 수는 있으나 그럴 가능성이 있다고 해서 심장과 간과 폐가 없던 동물이 서서히 심장과 간과 폐가 생겨났다는 식의 설명은 논리의 초비약이라는 것이다. 이 외에도 근거는 많지만, 지면 관계상 생략하기로 한다.

이런 근본적인 질문에 대답이 부실한 진화론은 과학이라 보기 어렵다. 인류와 세상의 존재에는 외력의 작용이 있었을 것이다.

그게 종교에서 말하는 신인지, 다른 존재인지는 모르나 창조의 힘은 있었을 것이다.

때문에 지구와 유사한 조건의 외계 행성이 있더라도, 그 곳에서 사슴과 참새가 자연발생적으로 생겨나서 뛰놀 가능성은 거의 제로에 가까울 것이다.

물론 진화론이 옳고 필자가 틀렸을 수도 있지만 그 반대 가능성도 있으므로 모든 가능성을 열어 놓아야 할 것이다.

진화론은 이론일 뿐이다.

우주 탄생 이론의 정설 빅뱅 우주론에 대해

우주 탄생설 중 정설로 통하는 빅뱅우주론에 의하면, 우주는 작은 점에서 시작하여, 대폭발에 의해 생겨났다고 하는데, 이는 허블 망원경에 의해 확인된 우주 팽창의 지속 상태를 주요 근거로 한다.

하지만 팽창하고 있다고 해서 작은 점에서 시작되었다고 보는 것은 비약 요소가 크다.

첫째, 가시영역 내의 관측만으로 우주 전체를 설명할 수 있느냐는 것이다. 그 가시영역이란 바닷 속 모래알갱이나 파도의 일부에 불과할 수도 있는데, 파도가 있다고 해서 지구 끝에서 왔다는 식의 설명은 비약이다.

둘째, 빅뱅으로 인해 공간마저도 생겨났다는 부분도 문제가 있다. 공간이란 아무 것도 없는 상태이며, 아무 것도 없음으로 인해 존재하는 것이 공간이고, 그 곳은 채워져 있느냐 비어 있느냐의 차이일 뿐인데, 공간 자체가 생겨났다는 주장은 문제가 있다는 것이다.

탁구공이 빅뱅 우주만큼 커진다고 해서 공간이 만들어진 게 아니다. 단지 원래 있었던 공간을 차지하는 것일 뿐이며, 빅뱅이 사실이라고 해도 공간 자체가 생겨난 것은 아니라는 것이다.

우리가 사는 우주에 끝이 있다고 치고 그 우주 끝까지 초고속으로 갔다고 쳐보자. 만약 우주에 끝이 있고, 거기서 더 나아가지 못한다면 이는 더 이상의 공간이 없음을 의미하며, 이는 그 바깥 세상이 뭔가로 꽉 채워져 있다는 것이다. 그런데 과연 그게 가능할까?

불가능할 것이다. 꽉 채워져 있거나, 벽으로 막힌 상태는 있을 수 없고 비어 있다고 보아야 타당할 것이며, 우주 끝까지 가더라도 공간은 계속 이어질 공산이 크다.

결국 시간과 공간은 동시에 존재하고, 우리가 존재하는 우주는 무한공간과 무한시간 위에 존재하는 작은 점 하나일 수도 있다.

그리고 우주는 수 없이 많고, 수많은 우주가 생성과 소멸을 반복했고, 우리의 우주도 언젠가는 소멸될 것이며, 우리가 100억 광년의 거리를 1초 만에 달리는 기술로 천억 년 동안 달린다고 쳐도, 그 거리는 무한공간 속 미미한 점 하나에 불과할 수도 있다.

과학자들은 어차피 거대 우주에 대해 알 도리가 없으니, 각자 소설을 써보는 듯한 느낌이 강하다. 어차피 다들 모르니까...ㅋ

물론 필자가 위에 언급한 내용도 소설이다. 단지, 가능성이 있는...

⊙우리 인류가 가야 할 곳

필자가 진화론의 문제점과 우주 탄생설 정설의 문제를 제기하면서 굳이 소설까지 쓴 이유는, 진화론과 빅뱅 이론이 무조건 진실이라는 섣부른 결론 하에, 그러면, 창조주가 있을 곳이 어디냐? 라면서 무신론의 근거라고 여기는 사람들이 많기 때문이다.

물론 창조론에도 문제가 있고, 그 창조주는 누가 만들었냐는 문제가 생기지만, 적어도 고정관념은 버려야 한다. 인간의 존재 이유도, 우주의 탄생 이유도 현재로선 모른다고 해야 옳다. 그런데, 인류의 존재 이유마저 불분명하다면 우리 인류의 갈 곳은 어디인가?

만약 우리 인류가 신에 의해 신의 자녀로 창조 되었다면 우리에게 부여된 임무가 있을 것이다.

천국이 있다고 해도 인간은 신이 만들어 준 천국에서 즐기기만 하고 신의 보살핌만 받는 존재는 아닐 것이다.

인간이 자녀를 낳아 기르면서, 자녀가 천년 만년 부모의 부양을 받으면서 살기를 바라지는 않을 것이다. 자녀가 자신을 뛰어 넘길 원할 것이다. 신 역시도 자녀들이 부모를 뛰어 넘길 원할 것이다.

인간이 신의 자녀로 창조되었다면, 우리는 신이 될 수 있는 존재이며, 신은 우리 인류에게 자신과 동등해질 수 있는 능력을 부여했을 것이다.

우선 우리가 사는 세상을 먼저 지상 낙원으로 만들고, 광활한 우주의 수많은 황무지 행성들, 그 많은 곳들을 새들이 지저귀고 사슴이 뛰어노는 아름다운 강산으로 만들고, 생명의 기쁨, 존재의 행복을 전하라는 사명이 우리 인류에게 부여된 최종 임무라 여겨진다.

광활한 우주 황무지를 내버려둘 수는 없다.

우리는 지상 낙원에 머물러선 안되며, 지상낙원은 더 커져야 한다. 우리 인류 뿐만 아니라, 수많은 동물과 생명체들에게도 그 낙원의 향기를 전해야 할 것이다.

사자가 풀을 뜯는 세상은 인류가 만들어 갈 수 있다.

고인이 된 S그룹의 L회장은 이렇게 말했다고 한다.

내가 벌어 놓은 돈의 이자의 이자만 가지고서도 5대까지는 잘 먹고 살 수 있다. 나도 여행도 다니고, 놀러 다니고, 인생을 즐기면서 살고 싶은 생각이 왜 없겠는가? 하지만, 내가 이렇게 새벽에 출근하는 것은, 우리에게 딸린 많은 가족들과 이 사회를 위해 내가 할 수 있는 일을 해야 하기 때문이다.

이 사례에서 보듯이, 인간은 자기가 충분히 행복하기만 하면 되는 동물이 아니고, 어느 시점이 되면 공익적, 대의적 목표가 생기는 동물이다.

물론 돈이 많이 생긴다면 즐기면서 살아야지 라고 생각하는 사람도 많겠지만, 세상은 소수의 선도 세력에 의해 발전하며, 삶을 즐기고 싶은 범인들의 행복도 그들 선도세력에 의해 지속된다.
낙원과 행복, 그 위에 더 중대한 가치가 있는 것이다.
신 역시도 편안히 살 수 있는데, 골치 아픈 인류를 창조하지 않았는가? 그래서 우리가 존재하지 않는가?
그렇다면 우리에게도 해야 할 일이 있는 것 아니겠는가?
바로 이 점이 6단계 지상낙원이 끝이 아닌 이유다.
낙원의 삶을 지속시킬 목적과 함께, 미래 인류의 생존을 위해서라도 인류의 영역은 우주를 향해 커져야만 하는 것이다.

만약 진화론적으로 인류가 생겨났어도, 우리는 역시 신이 될 수 있는 존재다. 우리는 우주의 선도 세력으로서, 세상을 멸망의 위험으로부터 구해내고, 지상 낙원으로 만들어야 하며, 어두운 아시아에 자유의 빛을 전하는 인류사적 책무부터 수행해야 할 것이다.
그러려면 먼저 올바른 이념과,철학과, 도덕성의 기반 하에, 하나로 뭉쳐야만 하는 것이다.

⊙지상 낙원은 자본주의, 자유민주주의와 함께 가는 곳

자칭 '진보세력'은 "자본주의는 개인의 이기심만 추구하는 '천민자본주의'다". "자본주의는 약육강식의 정글이다" 라면서, 자신들은 이기적인 자본주의'를 배척하고 사회 전체의 이익을 위하는 사회주의(공산주의)를 신봉 한다면서 '도덕적 우위론'을 주장하기도 하는데, 이는 진보간판 세력이 무지하기 때문에 할 수 있는 소리다.

'진보간판 수구좌파'의 착각과 달리, '자본주의'는 약육강식의 정글이 아니라, '섬김의 종교'이고, 타인과 사회를 위해서 열심히 봉사하고자 노력하는 사회다. 또한 그 노력의 결실도 개인과 사회가 골고루 합당하게 가져가는 지극히 합리적인 시스템이다.

자본주의 사회는 사회를 위해 봉사 했을 때에만 합당한 보상이 주어진다. 북한처럼 백 삽 뜨고 허리 한번 펴기 운동을 할 필요도 없고, 북한처럼 게으르다는 이유로 사람을 끌고 가서 구타하거나 수용소에 가둘 필요도 없으며, 강제 노동을 시킬 필요도 없다.

자본주의는 사회에 봉사 하라고 강요하지 않아도 알아서 열심히 사회봉사를 하는 '사회봉사 경쟁 시스템'이다.

그 '사회봉사 경쟁'이란 타인과 사회를 이롭게 하고, 발전시키고, 타인과 사회에 만족을 주기위한 경쟁이고, 타인과 사회에 이익을 준 사람이 합당한 보상을 받아가며, 그 노력의 결실은 모두에게 돌아간다.

당신은 자발적으로 당신에게 봉사 하는 사람, 당신이 친절을 원하기도 전에 먼저 친절을 베풀어 오는 사람을 수 없이 보았을 것이다.

자본주의 사회에서 당신은 어딜 가건 상대의 귀한 손님이다.

서로 봉사하려고 노력하고, 서로 친절하려고 노력하는 시스템, 그게 바로 자본주의 사회다.

모든 사회 구성원들은 동등한 사회봉사 기회를 보장 받으면서, 각자 자기의 서비스를 판매하여 그에 상응하는 보상을 받기를 추구하며, 그 보상을 지불하는 것은 서비스의 구매자인 소비자다.

서비스(봉사)를 구매하는 사람이 그 서비스를 일정한 보상을 주고 구매할 가치가 있다고 여겨질 때 비로소 구매가 이루어지고 서비스 제공자에 대해, 양자가 모두 만족하는 합당한 보상이 상호합의에 의해 자연스레 주어진다. 때문에 이윤은 정당한 것이다.

좋은 상품을 만들어서 사회와 세상을 더 좋아지게 기여하거나, 좋은 작품을 만들어서 감동을 주거나, 맛있는 음식을 개발하거나, 자신의 능력을 키워서 누군가에게 고품질의 노동 서비스를 제공하는 등의 모두가 사회봉사 경쟁이다.

타인과 사회를 위해 노력했기 때문에 이윤이나 임금 등의 형태로 보상이 주어지는 것이다. 그래서 사회 봉사를 많이 하여서 적절한 보상을 받은 이가 풍요롭게 부자로 살게 되는 것이다.

예외는 있지만 대체적으로 사회 봉사의 정도가 높아야만 잘사는 시스템 그게 자본주의 사회다.

대단한 기술 개발을 하거나 대기업을 일구어서 대규모 고용창출을 하지 않더라도, 동네 구멍가게나 치킨집 하나를 만들어도 그것은 사회에 봉사하는 것이다.

어떤 좌파 문인은 "자본주의는 개인의 이기심만을 위해 타오르는 탐욕의 불꽃"이라 불렀는데, 이는 겉모습만 보는 '무식한 소리'다.
그 문인의 노래처럼, '자본주의는 탐욕의 불꽃'일 수도 있다.
그런데 그 탐욕의 불꽃은 개인의 이익을 목적으로 타오르지만, 그 불꽃은 더 크게 피어 올라 이웃과 사회와 온 누리를 환하게 비추고, 얼린 곳을 녹여서, 따뜻하고 풍요로운 세상을 가꾸어낸다.
결국 그 탐욕의 불꽃이 온 인류의 물질적 풍요는 물론 정신적 풍요까지 만드는 원천이다.
자본주의는 '열심히 노력해서 모두가 풍요로운 사회를 만들자' 라는 주의이고, 그 노력의 결실이 사회 구성원 모두에게 혜택으로 돌아가게 하는 시스템이다.
공산주의는 도적떼와 같아서, 반드시 다른 누군가를 타도해서 빼앗아 먹어야 살지만, 자본주의는 농부와 같아서 풀과 나무와 열매를 가꾸어 수확한다.
그래서 자본주의, 자유민주주의 나라는 남을 침략해서 정복한 사례가 없어도 자체적으로 풍요로울 수 있는 것이다.
공산주의 나라는 주구장창 남을 침략하는 도적떼였지만, 이미 커져버린 거대 농장의 방비를 뚫을 능력이 없어서 굶주리는 것이다.
사회주의(공산주의)는 '사회봉사 안하기 경쟁장'이고, 자본주의는 '사회봉사 열심히 하기 경쟁장'이다.
열심히 노력한 자의 것을 빼앗으려는 본성적 탐욕, 그리고 증오를 조장하는 무형의 살인기계가 공산주의이며, 공산주의의 선이 하나라면 악은 99가지다. 그리고 그 유일한 선은, 굶어 죽는 세상을 만들어서 인구폭발 우려를 줄여 주었다는 것이다.

극소수 권력형 사기꾼들의 이념사상 장난에 이용 당한 인간들의 비뚤어진 정신세계가 얼마나 무서운 결과를 낳는지를 '공산주의 진보세력'들은 여실히 보여주고 있다.

자본주의는 인간의 본성과 본질적 속성에 충실한 자연적인 질서다. 즉 누가 그리 만들지 않아도 그리 흘러가는 시냇물과 같다.

그러나 좌파의 헛된 꿈 사회주의,공산주의는 인위적인 질서다.

독재 사기꾼을 위해 개인은 희생하라는 파시즘이다.

물론 최근에는 '진보간판'의 수구파들도 많이 달라진 면이 있고, 북유럽식 사회주의와 사회민주주의 등 상당히 완화된 좌파로 변하고 있다. 그들이 과거의 어리석은 악마의 좀비에서 깨어나고 있는 현상은 고무적인 일이지만, 구호만 변했을 뿐, 증오와 선동과 폭력과 살인 지향성의 좌파본색은 여전히 잠재하고 있다.

배 고픈 소크라테스는 없다. 배 고프면 돼지 밖에 안되는 게 인간이다. 물질보다 정신을 중히 여기면서 물질과 정신을 구분 지어 보려는 인간의 희망과 달리 정신적 발달은 물질의 풍요에 거의 정비례 한다.

예컨대

1. 도둑과 강도는 보통 어떤 사람? 가난한 사람
2. 도로에 휴지를 함부로 버리는 나라는?.가난한 나라
3. 도로에 휴지를 함부로 버리는 동네는? 가난한 동네
4. 천박한 언어를 내뱉는 사람은? 가난한 사람

5.절대로 민주화 되지 않는 나라는? 가난한 나라

6.예술이나 정신 문화가 발달된 나라는? 부유한 나라

7.북한이 민주화 되지 못하는 이유는? 배고프고 가난해서 무지하기 때문

예외는 있겠지만 대체적으로 정신과 물질은 이렇게 정비례한다.
단적인 표현으로 '인간은 물질의 동물'이다.
똑같은 민족이라도 물질적 부가 풍요로운 지역의 교포는 일반적으로 지적수준 높지만, 물질적 수준이 낮으면 보통 그렇지 못하다.
때문에 소크라테스가 되고 싶으면 우선 배가 불러야 한다.

그런데 모두가 배 부를 수 있도록 물질의 풍요를 가꾸어 내는 것이 바로 자본주의다. 오랜 세월을 굶주림의 역사를 걸어온 우리 인류가 굶주림의 굴곡을 벗어나기 시작한 것은 바로 자본주의 때문이다.
자본주의 사회는 만민평등과 기회균등의 원칙을 기본으로 하며, 자본주의 사회는 민주 사회이거나 민주화 되어가는 사회를 뜻한다.
공산주의는 인민이 노예가 되어 독재자를 주인으로 섬기는 세상이지만, 자본주의는 모두가 주인이 되는 세상임과 동시에 모든 타인들이 서로가 서로를 주인으로 받드는 세상이다.
김씨조선이나 이씨조선 시대는 지배계급이 신분을 나누어 자자손손 지배하면서 피지배 계급에게는 기회조차 주지 않았지만,
자본주의 바탕의 자유민주주의 사회는 누구도 신분제에 구애 받지 않고, 동등한 기회를 보장 받으면서 사회 봉사 경쟁을 하는데, 소비자로부터 그 능력과 성적을 인정받은 사람이 합당한 보상을 얻는

것이다. 이 땅의 민주화도 결국 물질적 풍요에 따른 정신세계 발달의 최종 결실이며, 결국 자본주의가 만들어 낸 것이다.

만약 우리가 언어장벽 없이 북한인,일본인,대만인,중국인들과 섞여 산다고 치면, 그 중에서 누구와 가장 친하게 지내게 될까?

아마도 그 순서는 일본인〉대만인〉중국인〉북한인이 될 것이다.

동족과 상봉해서 얼싸안고 어쩌고는 상상 속의 이야기일 뿐이고, 실제는 일본인을 가장 좋아하고 동족 북한인을 가장 싫어하게 될 것이다. 범죄율과 부패율도 북한인〉중국인〉대만인〉일본인의 순일 것이다.

인류는 평등하고 어느 나라 사람이건 사람은 똑 같지만, 살아온 환경 즉 체제가 사람의 성향을 어느 정도 만들기 때문이다.

같은 인간이라도 선한 체제에서 살면 선한 성향을 갖게 되고, 범죄자적 체제 속에 살면 본인의 의지와 무관하게 비슷한 성향이 된다.

나쁜 체제에 젖어 살게 되면 대부분 그 영향을 받게 되어 있다.

과거의 조선인 범죄율이 일본인보다 월등히 높았던 것도 그 때문이고, 자유민주주의 체제에는 침략 전쟁이 없지만, 공산주의 체제에는 침략과 학살이 난무하는 것도 나쁜 체제이기 때문이다.

때문에 사람이 악마가 아니라 체제가 악마이며, 우리가 싸워야 할 대상도 사람이 아니라 악마의 체제다.

눈에 보이지 않고, 손에 잡히지 않는 그 악마, 사람을 숙주로 움직이는 그 악마, 인류의 적은 사람이 아니라 나쁜 체제다.

만약 우리에게서 전기, 수도, 자동차, 핸드폰만 빼면 우리는 거의 조선시대로 돌아가게 되는데, 그것들을 만들어 낸 바탕이 과학 기술이고, 그 과학기술을 발달시킨 바탕이 인간의 이기심과 탐욕이며, 인간 본연의 이기심과 탐욕을 공익으로 전환시켜주는 장치가 바로 자본주의다.

인류의 역사 중에 극도로 가난하고 극도로 물질이 부족한 시대에는 각종 끔찍한 일들이 많았지만, 물질이 풍부한 시대가 되면서 인간의 그런 속성들이 사라져가고 점차 선한 본성으로 변해가고 있다. 물질의 발달로 인해 정신의 발달도 동반되기 때문이다.

고대인들이 갈구하던 '젖과 꿀이 흐르는 땅', 유토피아의 꿈은 이미 봉오리가 드러나고 있다.

바로 자유민주주의와 자본주의의 바탕 위에서다.

결국 자본주의(시장경제주의)야말로 진정한 혁명이며, 진정한 진보이며, 진정한 사회주의이며, 인류가 발명해 낸 최고의 걸작품이다.

한마디로 자본주의가 유토피아를 만들어 가고 있다는 것이다.

우리는 고대인들이 꿈꾸던 무릉도원, 태평성대, 젖과 꿀이 흐르는 그 풍요의 세상보다 훨씬 이상의 지상 낙원을 향해 달려 가고 있다. 자본주의, 자유민주주의라는 '진정한 사회주의'와 함께 말이다.

우리 다 함께 진보 간판 아래 좀비가 되어버린 사기 이념의 노예들을 깨우치게 함께 도와서, 다 같이 손에 손 잡고 자본주의 자유민주주의와 함께 이 세상을 더욱 풍요롭게 가꾸어 나가자.

지상 낙원은 자본주의, 자유민주주의와 함께 가는 곳이다.

18. 외계인의 관점에서 본 한반도의 역학적 지형

⊙지금은 인류사적 거대한 문명 전파의 시대

우리는 시대상황 속의 작은 것에만 연연하여 거시적인 안목을 잃으면 중대한 일을 그르칠 수도 있다. 때문에 지구 밖의 외계인적 시각으로 우리가 사는 세상을 들여다 볼 필요가 있다.

이 시대는 인류사적 거대한 문명 전파 물결의 시대다.

그 거대한 흐름은 150년 전부터 불기 시작하여, 우리를 완전히 탈바꿈 시켜 놓았다. 우리는 수천 년 굶어 죽던 인류사의 변두리 나라였다가 인류사적 문명 전파 물결의 길목에 위치한 탓에, 그 세계사적 문명전파 흐름의 주류 세력과 동등하게 서는 행운을 얻었다.

한국은 아시아에 세워진 서양 국가이며, 조선과는 완전히 다른 나라다.

낡은 과거를 떨쳐버리고 나라의 뿌리까지 포맷한 나라가 되었기 때문에 오늘의 발전을 이룬 것이다.

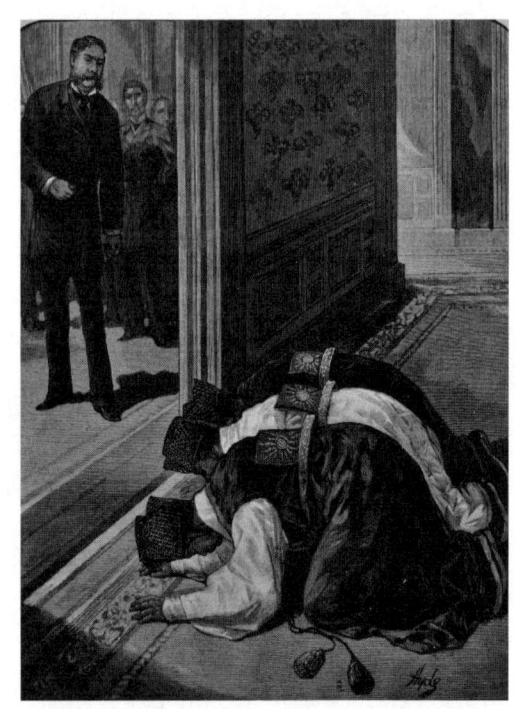

미국의 아서 황제(?)에게 큰절하는 조선의 보빙사들

⊙진정한 진보, 진정한 주체사상

동서양의 본질을 단적으로 표현하면, 동양은 신분제의 '수직형 사회'이고 서양은 만민평등주의의 '수평형 사회'라 볼 수 있다.

고대 문명의 전파는 실크로드를 통해 서양-중국-조선-일본의 흐름이었고, 그래서 우리는 중국 변방의 미개 오랑캐에 불과했다.

세종실록에 보면 '모든 서적은 중국으로부터 온다'고 말하고, 세종을 포함한 우리의 모든 왕들은 중국 사신에게 발구르고 춤추어 왔는데, 이는 정신적으로도 '미개 오랑캐'였기 때문이다.

힘만 부족한 게 아니라 정신적으로도 '미개오랑캐'였기 때문에, '정신적 상전' 중국을 섬긴 것이며, '하늘의 이치'니 '음양'이니 하며 대충 쓴 책을 덮어놓고 믿는 '유교사기극'에 속은 이유도 그것이다.

그 미개 오랑캐의 잔재가 지금까지도 사회 곳곳에 남아 있으며, 좌

미국인 종군기자 잭 런던과 조선인들

파가 김일성주체사상에 속는 이유는, 우리 조상들이 정신적으로 해 놓은 게 너무 없었던 탓도 있는 것이다.

낡은 수직형 사회를 수평형 사회로 바꾸어 나가는 본격적인 물결은 150년 전부터이지만, 사실상 아주 오래 전부터 진행되어 왔다.

16세기에 이미 노예 해방을 시켜서 그 낡은 뿌리를 혁파하면서 아시아에서 그 진보를 가장 먼저 시작한 세력이 일본이다.

일본은 문명의 전파 흐름을 역방향으로 바꾸어버린 나라다.

해양 실크로드를 개척하여 문명전파 흐름을 서양-중국-조선-일본에서 서양-일본-한국-중국으로 바꾸었고, 수평형으로 바꾸어 나갔다.

문명 전파의 수용과 수평형 사회로의 전환, 그것이 김일성주사파 진보진영이 알아야 할 '진짜 진보이며, 진짜 주체사상'이다.

우리는 문명 전파의 흐름과 함께 일약 선진국 문턱까지 도약했다. 우리가 입고 있는 이 혜택들은 우리의 소중한 우방들의 도움이 있었기 때문이며, 문명 전파 물결의 주요 위치를 점한 이유도 있다.

하지만 인류는 아직 안전하지 않고, 우리 후세들의 삶도 안전하지 않으며, 지금까지도 고통에 허덕이는 이웃들이 많은데, 이제 우리는 어떤 미래를 선택할지 결정해야만 하는 것이다.

한국은 인류사적 거대한 흐름 속 두 세력의 전쟁터라고 볼 수 있다. 바로 문명 전파의 해양 세력과 이에 저항하는 대륙 수구세력 간의 전쟁이며, 문명전파의 해양 세력인 미국+일본+자유민주주의+참 진보 우파진영 vs 중국+러시아+북한정권+좌파 세력 간의 대결장이라는 성격이 있다.

1904년의 부산 앞바다(나룻배 부두)

어느 쪽이 진짜 진보인지를 판단할 단적인 증거로, 문명 전파 세력이자 해양세력인 미국과 일본은 '누가 정치해도 깨끗한 나라'에 가깝고, '국민이 주인인 나라'다.

이에 반해 '좌파'의 이념 계열인 중국과 북한 왕조는 '누가 정치해도 더럽고 부패한 나라'에 가깝고, '정복자가 주인, 국민은 노예인 나라'다. 어느 쪽을 향해 가는 것이 '진정한 진보'인가?

우리가 가야 할 곳은 낡은 아시아의 노예 해방과 자유 인권 혁명이며, 그 길을 함께 가야 하는 이유는, 우리들 자신과, 우리의 후세와, 우리 이웃들의 미래를 위해 그게 '옳은 길'이기 때문이다.

우선 가짜국사와 낡은 이념에서 탈피하여 함께 가야 하는 것이다.

19.한국어의 소멸, 일본어의 소멸

⊙한국어와 일본어는 금후 1세기 내에 거의 소멸 될 것

세계에는 수천가지 언어와 문자가 있고, 흔히 알려진 언어만 해도 수십 가지가 넘는다. 그런데 그 속에서 한국은 언어와 문자의 외딴 섬이다.

다른 나라들은 같은 언어와 문자를 여러 나라에서 쓰는 경우가 많지만, 한국은 세계 유일한 언어와 문자를 사용하는데, 그 이유는 땅끝 모퉁이 나라에서 '집콕' 생활을 너무 오래 했기 때문이다.

좁은 땅에서 사투리가 많은 이유도 오랜 '집콕생활' 때문이다.

한국인들은 자기들만의 독특한 언어와 문자를 보유한 것을 자랑스레 여기기까지 하지만, 그건 지구촌 시대에 좋은 게 아니다.

자기 언어 지키는 것을 '민족적 자존심'으로 볼 수도 있지만, 미래에는 그 '민족적 자존심'이라는 가치와 '인류 소통'이라는 가치 중에서 선택을 할 필요성을 느끼게 될 것이다.

결국 후자가 더 중요한 가치라는 공감대가 형성될 것이고, 그 때가 되면 한국·일본의 언어·문자는 바뀌게 될 것이다.

앞서 밝혔듯이 지금은 인류사적 거대한 문명전파 물결의 시대이며, 경쟁력 있는 언어와 문자가 살아 남고, 경쟁력 없는 언어와 문자가 도태 되는 것은 인류사의 순리다. 또한 그것은 인류의 미래에도 유익한 것이다.

결론부터 말하면, 일본어-한국어-중국어 순으로 사라질 것이다.

세상에는 두 종류의 언어가 있다. 하나는 '누가 어쨌다 무엇을' 이라고 말하는 언어이고, 다른 하나는 '누가 무엇을 어쨌다' 라고 말하는 언어다.

즉 서술어가 주어 뒤에 바로 붙느냐 맨 뒤에 붙느냐의 차이인데, 이를 이해하기 위해서, 누가 이렇게 말했다고 쳐보자.

"나는 어제 저녁 퇴근하던 길에 지하철 인근의 편의점에서 지갑을...."

이렇게 9단어를 말했는데도 무슨 말인지를 알 도리가 없다.

지갑을 잃어버렸다는 말인지, 주웠다는 말인지....끝까지 다 들어봐야 아는 게 한국어와 일본어다. 평소에는 인내심을 갖고 들으면 되지만, 급할 때는 숨이 콱콱 막히는 언어다. 그런데 영어에서는

"나는 샀다. 지갑을" 이렇게 말하고, 나머지는 중요도 순으로 말한다. 이 세마디만 들어도 당신은 무슨 얘긴지 이해 되었을 것이다.

요점을 먼저 말한 후, 지하철 또는 퇴근길 중 중요도 순으로 말한다. 샀다와 지하철 중 어느 쪽이 중요한 단어인가? 중요 순서대로 말을 하니 뒷 부분은 대충 들어도 감이 잡히는 것이고, 한국어는 끝까지 정신 바짝 차리고 들어야하며, 일본어도 어순이 한국어와 같다.

언어의 불합리한 구조가 이미 습관화 되어, 같은 나라 사람끼리 대화할 때는 별 불편함을 못느껴도 외국인은 그것을 느낀다.

한국어는 심지어 맨 끝에서 어디로 튈지 몰라서 스릴 있기까지 하다. 즉, '샀다...고 생각했지?' 가 될 수도 있고, '...말았다' 가 될 수도 있다. 심하면 지갑 도둑을 잡으려다가 더 큰 돈을 털렸다로 튈 수도 있다.

만약 외계인이 존재하거나, 천국 또는 신의 세계가 존재한다면 그

곳 언어의 어순은 반드시 영어와 같을 것이다.

설령 그곳의 본래 언어가 한국어와 같은 어순이었어도 불편하다고 느껴서 능동적으로 합리적인 어순으로 바꿀 것이고, 결국 영어와 같은 어순일 것이다.

유독 한국어와 일본어만 어순이 특이한데, 특이한 게 더 합리적이라면 계속 이어갈 필요가 있지만, 그 반대라면 바꾸는 게 낫다.

어순적 합리성의 부족, 그게 한국어와 일본어 소멸의 첫째 이유다.

한국어가 사라지는 둘째 이유는, 자기 나라만의 언어 문자를 가지고 있는 게 좋은 게 아니라 나쁜 것임을 깨닫게 되면 결국 스스로 바꾸게 된다는 것이다.

국경 밖으로 나가면 어디에서도 써먹기 힘든 언어, 그건 큰 불편이다. 동시통역기로는 한계가 있을 것이다.

언어는 인류 생활에 필요한 수단일 뿐이며, 결국은 편리한 언어 쪽으로 방향이 잡혀 갈 것이므로 가장 편리한 언어만 남을 것이며, 언어 인구가 적은 한국어와 일본어가 그 우선 순위라는 것이다.

단지 소멸 되는 데 기간이 얼마나 걸리느냐의 문제만 남아 있을 것이다. 누가 강제로 없애는 게 아니고, 저절로 사라진다는 것이다.

인류는 글로벌 시대가 되어 다양성이 넘치는 시대로 접어들었다.

이러한 사회는, 각종 문화들 속에서 우수하다고 여겨지는 것들이 다수에게 퍼지면서 인류사의 발전에 기여하지만, 일부는 사라진다.

예를 들어 한국 음식은 인류 발전에 일부 기여 하지만, 한국식 뒷간과 아궁이가 사라지고, 가부장적 유교문화가 만민평등사상으로, 왕을 어버이라 모시는 유교 중심적 봉건제가 국민중심주의로 대체 되어 왔다. 뒷간, 아궁이, 짚신을 문화의 다양성이라며 이어가지는 않는다. 그것은 박물관 관람 만으로도 충분하며, 낡은 문화가 도태되는 것이 인류 발전에 유익한데, 언어도 같다는 것이다.
결국 한국어와 일본어는 향후 1세기 내에 대부분 사라질 것이다.
한국어가 사라지면 망국이라며 펄쩍 뛸 분들이 있겠지만, 단지 의사소통 수단만 달라지게 될 뿐이며, 필요에 의해 선택한 자발적인 방식이라면 그것이야말로 참진보이고 혁명이다.

이 문제는 민족적자존심 따위는 접어놓고 생각 해야 하는 문제다.
언어·문자는 삶의 수단일 뿐이며, 한글도 최초에는 반역이었다.
우리는 아라비아 숫자를 당연하게 사용하지만, 이는 우리는 본래 우리의 것이 아니며, 우리는 남이 만든 문자를 사용하는 데 대한 어떠한 거부감도 없다.
우리가 만약 서양의 식민지 시대를 오래 겪었다면 우리는 영어나 불어 등을 국어로 사용하는 데 대해 거부감이 없었을 것이다.

인류 문명의 수많은 보고들이 영어의 형태로 존재한다.
우리가 그 많은 것들을 우리 것으로 만들려면 누군가가 번역한 것을 보거나 영어를 개별적으로 공부해서 스스로 해석해야 한다.
그러나 영어가 모국어라면 그런 노력이 필요 없어지며, 외국어 공부하느라 낭비할 시간에 더 많은 유익한 것들을 공부할 수 있다.
우리가 만약 일본어를 쓰는 상태로 이어져 왔다면, 더 넓은 언어영역 속에 살게 되어, 공부, 사업, 취업 등에 지금보다 훨씬 유리했겠지만, 영어 사용보다 낫지는 않았을 것이며, 결국은 영어다.

영어를 외국어로 공부하느냐 국어로 공부하느냐의 선택 문제가 아마도 20-30년 내에 표면화 되기 시작할 것이고, 그 논의 속에서 영어는 또 하나의 국어가 된 후, 결국 한국어는 퇴출될 것이다.

현재의 유치원 아이들이 어른이 되고 그 어른이 된 아이들이 다시 아이를 낳아 성인이 되는 것이 한두 번 더 반복 되면 한국인의 대다수는 영어를 구사 할 수 있게 될 것이고, 그 때가 되면, 영어와 한국어라는 두가지 언어를 공부 하는게 좋은지, 한국어를 박물관의 높은 자리에 모셔드리고 두개의 국어를 배울 시간에 다른 유익한 것들을 공부하는 게 나은지를 합리적으로 분별 해 낼 시기가 올 것이며, 그 때가 되면 한국어는 사라질 것이다.

그리고 그 소멸 순서는 일본어-한국어-중국어 순이 될 것이다.

이유는 대부분의 변화들을 일본이 주도한 후 우리가 흉내내며 뒤따라 가는 역사적 관성은 쉽게 바뀌지 않으며, 무엇보다 일본인의 국민성이 한국인보다 더 능동적인 면이 크기 때문이다.

⊙표현력이 우수하고 예술적인 언어, 그러나...

한국어는 사라져야 할 만큼 뒤떨어진 언어인가? 물론 그건 아니다.

영어를 실용적인 언어라 부른다면, 한국어는 예술적인 언어다.

쉬운 예로, "I am a girl"이라는 표현은, 달리 바꿀 만한 표현이 거의 없지만, 한국어에서는 이 단순한 말 조차도, 저는 소녀예요, 나는야 소녀, 제가 소녀걸랑요. 저는 소녀랍니다. 등등 다양한 표현들이 가능하다.

또한 한국어는 외국어로는 표현이 어려운 푸르스름하다. 거무스름하다. 거무틱틱하다. 희끄무레하다. 등등의 수많은 세세한 느낌을 전달 할 수가 있어서 그 표현력과 예술성은 대단히 우수하다.

영어는 상대 이름의 스펠링을 묻는 경우가 많지만, 우리는 발음이 정확해서 그럴 필요가 없는 등 장점들이 많아, 외국인 학자들 중에서도 한국어와 한글을 세계 공통어로 쓰면 좋겠다는 의견들이 나오기도 한다.

또한 요즘 같은 디지털 시대에 한글의 업무능력은 중국어 일본어와 비교해도 훨씬 우수한 효율성을 갖는다.

그런데 한글이 우수한 이유는 신품이기 때문이다.

한글이 히라가나와 한자보다 우수하다는 소리는 요즘에 우리가 만든 자동차와 100년 전에 미국이 만든 자동차를 비교하는 것과 같다.

600년 전에 만들어진 한글이, 2천년 전에 만들어진 한자, 천년 전에 만들어진 히라가나보다 우수하지 않다면 웃기는 일이며, 이는 자랑보다는, 우리가 가장 늦게 문자를 만들었다는 증거일 뿐이다.

한글이 충분히 우수함에도 불구하고 세계사 속에서 한국은 언어의 섬나라이며, 그 예술적인 언어라는 것이 오히려 중대 단점이다.

우수한 표현력의 이면에는 효율성 부족이라는 그림자가 있는 것이다.

한국어는 너무나 많은 표현들이 있어서 한국인들 마저도 한국어의 표현들을 다 모른다. 국어학자 쯤 되어도 그 표현들을 다 모를 것이다. 예전에 국립 국어원의 원장이었던 모 대학의 국문과 교수가 한글의 띄어쓰기에는 자기도 자신 없다고 털어놓은 사례도 있다.
한국어는 죽었다는 표현만 해도 40~50가지가 넘는다.
우리는 누가 죽으면, 사망이냐, 서거냐 등의 표현 하나 가지고 정치 싸움질도 잘 하지만, 미국 대통령의 연설문에도 "My father was dead"라고 표현하고 있다.
만약 우리가 "내 아버지가 죽었어요"라고 말했다면 욕먹게 될 것이다. 단어 하나만 잘못 선택해도 버르장머리 없거나 무식한 인간으로 몰리기 쉬운데, 언어 표현 문제로 쓸데없는 에너지 낭비를 왜 해야 하는가?
예문을 하나만 보자.
그 곳에는 사람 2명과, 나무 2그루, 토끼 2마리, 배추 2포기, 그림 2점, 대포 2문, 옷 2벌, 전복 2미,-척,-대,-켤레,-권,-자루,-정,-개,-장,-량,-통-손....집2채가.....이미 수십가지 단어가 나열 되었는데, 이 많은 수사들을 전부 안다면 당신은 언어학 박사 할애비이고, 무슨 말인지를 대충이라도 이해 하였다면 당신은 초인이다.

영어에서는 two peoples, two trees....등으로 명사 뒤에 s자 하나만 붙이면 되는데, 우리는 그 수많은 수사들을 다 외워야 한다.
예술적 언어니까.
당신이 언어를 선택할 수 있다면 그 수 많은 수사들을 다 외우는 예술적 언어를 고르겠는가, 그보다 훨씬 편리한 합리적 언어를 고르겠는가?
필자도 솔직히 띄어쓰기에 자신 없는데, 당신은 혹시 다 아는가?
필자도 우리말의 수사를 다 모르는데, 당신은 혹시 다 아는가?

아마 한국인 중에서도 우리 말의 수사 단위를 다 아는 사람은 거의 없을 것이다. 그런데, 후세들이 그걸 왜 계속 외워야 할까?

또 다른 문제는, 한국어는 죽었느니 하는 쓰잘데기 없는 곳의 어휘는 다양하지만, 정작 꼭 필요한 곳에서는 어휘가 다양하지 않다는 점이다.

예를 들어 '거품'에 해당하는 단어는 영어에서는 Bubble, Foam, Drop이다. 이 단어들은 서로 각기 다른 거품의 상태를 말하는데, Bubble은 비누방울 같은 거품을 말하고, Foam은 그 거품들이 수없이 뭉쳐진 상태의 물질을 말하며, Drop은 그 속이 꽉 차 있는 상태를 말한다. 하지만 한국어로는 그런 구분이 힘들다.

또 수학, 화학, 물리, 전기, 전자, 통신 등의 과학기술 쪽으로 들어가면 한국어는 쓸 데 없고, 죄다 영어다. 영어 없이는 거의 불가능하다.

한글을 사랑하자면서 외래어를, 예를 들어 시멘트, 아스팔트, 베어링, 아밀라아제, 비타민 등을 한글화 시키려면 아마 머리에 쥐가 날 것이고 그걸 다 하려면 100년쯤 걸린다는 사실을 깨닫고 결국 포기할 것이다.

영어는 모든 단어를 띄어 쓰니 일일이 띄어쓰기를 외울 필요가 없지만, 한국어는 같은 단어끼리도 어떤 때는 띄어 쓰고, 어떤 때는 붙여 쓰므로, 결국 그것을 일일이 배워야 하고, 장음과 단음의 구분도 외형상 사라졌으나, 실제는 존재한다.

'눈에 눈이 들어가니 눈물인지 눈물인지'를 구분하기 위해서다.

한국어는 다양한 표현들이 가능하고, 장점도 많아, 비교적 과학적이고 예술적인 언어임에도 불구하고, 세계어로 성장할 수 없는 첫째 이유는 바로, 배우기 어렵고 효율성이 떨어지는 불합리한 언어이기 때문이다.

또 우리 말에 존재하는 불필요한 높임말과 반말들도 문제다.

한국은 전통적인 윗놈 아랫놈식 수직형 사회여서 그 잔재가 언어 속에 배어 있다.

수직형 구조가 삶 속에 너무나 깊이 배어 있어서, 동네 아줌마들끼리 만나도 서로 나이를 물어보고 서열을 정하는 일이 흔하다.

아줌마들 끼리 사이 좋게 재미 있게 지내면 되지, 나이가 뭔 상관?

하지만 높임말 반말 등의 언어 선택은 중요하다. 높임말 할 사람에게 반말하면 큰일 나고, 반말할 사람에게 높임말 해도 꼴이 우스워진다. 또 친인척 간은 생일이 하루만 달라도 친구가 되지 못하는 경우가 많다. 형과 동생이라고 부르면서 존댓말과 반말을 쓰는 게 보통이니까…

지금의 언어 문화는 이웃 간, 동료 간, 친구나 선후배 간에 장애로 작용하고, 말을 높일 것인지 낮출 것인지의 괜한 문제들이 생긴다.

높임말 반말이 인간관계를 한정 짓고, 세계화를 가로막는데, 오랜 언어의 집콕생활에 젖은 한국인의 높임말과 반말을 없애는 것은 불가능에 가깝다. 세상을 수직형 사회로 만든 유교 폐습이 언어와 생활 속에 너무 깊이 스며서 인간의 행복을 제약하는 것인데, 그 근본적인 구조를 타파하는 것은 언어를 바꾸지 않고서는 어렵다.

제발 우리 것은 좋은것이야 식 사고에서 탈피하여, 객관적으로 현실을 보는 국민이 되어야 한다.

◉동양이 서양에 뒤쳐진 중요한 이유

아시아가 서양에 뒤쳐진 중요한 이유는 비뚫어진 철학과 타성이다. 서양은 손바닥만한 나라들이 서로 다닥다닥 붙어 있어서 서로 티격거리며 살았고, 서로 전쟁도 많이 했지만 협력과 공생도 많았다.

윗놈 아랫놈 식 보다는 인간 대 인간의 수평형 마인드였기 때문에 그들의 세계에서 인간은 궁극적으로 평등한 존재였고, 서로 경쟁했다.

물이 고이지 않아 썩지 않았으니, 그들은 왕정,과두정,공화정,민주정 등 끝 없이 피흘리며 정답을 찾으려 노력했고, 결국 찾았다.

서양 나라들이 작지만 강한 것은 상호보완적 경쟁시스템 때문이다. 그러나 동양은 유교적 수직형 마인드여서 윗놈과 아랫놈 간의 서열이 확실해야 하고, 복종해서 절하지 않으면 멸망시켰다.

그 결과 제일 쎈 놈 하나가 대륙을 차지하고 권력을 이어 왔고, 그 과정에서 많은 피를 흘렸지만, 서양 같은 경쟁 시스템이 되지 못해서 물이 고였고, 썩은 것이다.

만약 대륙이 서양처럼 여러 나라 상태로, 상호 경쟁과 교류를 하면서 살아왔다면, 현재의 중국보다는 훨씬 더 발전했겠지만, 큰 덩어리의 자기중심주의적 타성이 대륙을 망친 것이다.

중국이 거대 전체주의 체제가 아니고 여러 체제로, 예컨대 공산주의 하고싶은 사람들은 공산주의 체제로, 자유민주주의 하고 싶은 사람들은 자유민주주의 체제로, 등등 몇 개의 나라로 나뉘어서 경쟁과 교류와 협력 구조에서 산다면, 중국인들은 지금보다 훨씬 발전하고 행복했을 것이다. 그런 경쟁적 체제라면 좋은 것은 살아 남고, 나쁜 것은 사라지면서 점차 국민을 행복으로 이끄는 올바른 방향을 찾아 갈 수 있겠지만, 사기 이념에 기반을 둔 낡은 체제가 거대 영역의 비만 공룡이 되어 인민들은 고통 당하는 것이다.

⊙시련 속의 언어 문자와 우물 속의 언어 문자

대륙은 너무 오래 이어져 내려온 비만한 공룡 체제가 언어 문자에까지 이어져서, 미래 시대에는 맞지 않는 언어와 문자를 가지게 된 것이다.

이에 반해 영어는 갖은 시련과 변혁을 많이 겪은 언어다.

라틴계, 앵글로, 색슨계 등의 여러 종족들이 엎치락 뒤치락 거리는 역사 속에서, 언어도 치열한 선택과 배제와 개선의 발전을 이어 왔으며, 불합리한 많은 언어와 문자가 사라지고, 합리적이고 단순화된 표현들만 살아 남아 보편적인 언어로 자리 잡았다.

그러나 한국어는 그런 치열한 변혁의 과정을 겪어보지 않은 우물 속의 언어라는 한계가 있다.

이는 일본어와 중국어도 역시 크게 다르진 않다.

중국은 수천 년 동안 언어와 문자적 큰 발전이 없는 상태로 오늘에 이르렀고, 그 언어와 문자가 미래 시대에 적합치 않다는 사실을 깨닫게 되면 중국어도 사라질 것이며, 단지 중국은 아주 느릴 것이다. 한국어와 중국어를 단순 비교하면 효율성에서 비교가 되지 않는다. 우리는 한글 배우는 데 일주일도 안걸리지만, 중국은 수천 개의 글자를 다 외워야 한다. 그래서 한국에는 문맹이 없지만 중국은 문맹의 국민이 아주 많다.

한국어는 외래어를 소리 나는대로 쓰면 되지만, 중국어는 외래어를 표현하려면 비슷한 발음의 뜻글자로 이리저리 갖다 붙여서 만들어야 하기 때문에 본래 언어의 의미와 완전히 다른 단어가 되기 일쑤다. 즉 디지털 시대에 맞지 않고 현대에 맞지 않는 것이다.

괜찮은 언어라서 오래 버티는 게 아니고, 가장 나쁜데도 불구하고, 사용 인구가 많다는 것과 발전도 느리다는 점 때문에 오래 버틴다는 것이다.

일본이 유일하게 서양과 교류하면서 가장 빨리 문명화를 이루었지만, 낡은 언어와 문자 체계까지 바꾸지는 못했다.

하지만 결국에는 일본이 먼저 바뀔 것이다. 그리고 우리가 그 뒤를 잇게 될 것이다.

⦿무엇이 진짜 진보인가?

한국어는 너무 다양하고 풍부한 순우리말 욕설 백화점인데, 한국인들은 모국어에 자부심을 가지라면서도 모든 욕설은 순우리말로만 쓴다.

일본은 욕설이 없어서 부득이 남을 욕하고 싶으면 외래어를 빌려와야 한다. 한국인들은 대부분 의식 조차 못하고 살지만, 외국인들이 한국의 욕설에 대한 설명을 듣고 나서는 경악을 한다고 한다.

이 외에도 첫머리 글자로 쓰기에도 발음상 불편함이 있다.

우리는 A사 B사 라고 말하지 ㄱ사, ㄴ사 라고 하지 않는다.

한국어는 내 집, 내 아버지 식으로 말하지 않고 죄다 '우리'라고 붙인다. 무남독녀가 우리 아버지라고 말하는 것 까지는 괜찮은데, 우리 마누라, 우리 남편은 또 뭔가? 마누라와 남편도 공유하나?

한글과 한국어를 일본어 중국어와 비교해서 우수하다는 주장은 결국 도토리 키재기 논리다.

뛰어봤자 벼룩, 결국 전부 다 사라질 언어 문자들이다.

우리 우리의 것에 대한 필요 이상의 자부심을 가지는 것은 아닐까? '외딴섬 언어'를 쓰는 것이 과연 우리의 후손들에게 도움 될까?

만약 한국이 세계를 정복했다고 치고 국제 공통어를 한국어로 바꾼다면, 한국인들이야 행복 하겠지만, 우리를 제외한 온 인류는 불행해질 것이다.

진짜 진보는 더 좋은 것을 선택하고 덜 좋은 것을 털어내는 것이다. 우리는 초등학교 때부터 고3까지 12년간 영어를 배워도 영어는 물론 국어조차 제대로 다 알지 못한다. 한글은 단 몇일 만에 배울 수 있는 문자이지만, 한국어는 그렇지 않기 때문이다.

하지만 영어를 국어로 사용하고 배운다면 얘기가 완전히 달라진다. 영어는 이미 60개 국가에서 모국어 또는 제2국어로 사용하는 언어이고, 만약 인류가 하나의 언어를 지향한다면, 우리가 영어를 배우고 한국어를 없애는 게 더 현실적이다.

우리는 외국어 교육에 엄청난 사회적 비용과 시간을 소비하는 나라로서, 언젠가는 우리의 언어 문자만 우수한 게 아니고 외딴 국어로 인한 불필요한 장벽들이 세계화를 가로막고 우리들 자신을 불편하게 만든다는다는 심각한 자각에 이르게 될 것이며, 그런 국민적 공감대가 모아지면 한국어는 결국 사라질 것이다.

⦿ 우리가 지향할 세상은 인류 공동체 세상

인류가 하나의 언어로 뭉칠 수 있어야 문화 교류와 발달도 더 빨라지고, 민족과 국가를 넘어, 함께 잘사는 인류공동체의 미래를 앞당길 수 있다. 제3의 세계어를 만들어서 세계인이 배우는 것은 불가능하고, 합리적이지도 않으며, 자동통역기 등도 보조 수단의 한계를 넘기 어려울 것이다.

그런데 영어의 국어화를 한국보다 일본이 먼저 주도하게 되는 데는 또다른 이유도 있다.

일본은 과거와의 단절 실험을 성공하고 그 성공의 결실을 한국에 이식시킨 나라다.

하지만 한국은 자신들의 과거가 어땠는지도 모르고 그런 과거와 단절된 것이 행운인지 불행인지조차 제대로 분별 못한다.

그러니 지킬 것과 바꿀 것을 제대로 구분하지 못하고, 쓰잘데기 없는 것들을 목숨 걸고 지키려 한다.

한국인의 국민의식은 아직 높지 않다. 일본 사람들에게 일본의 서쪽에 있는 바다를 동해라고 부르라며 어거지 부리는 게 그 사례다. 내 쪽에서야 동쪽이지만 반대 쪽에서 보면 서쪽인데, 서쪽 바다를 동해라고 부르라며 박박 우기는 것이다.

그렇게 용감하기만 하니 대화가 될 턱이 없고, 그런 마인드이니 정작 협상으로 꼭 필요한 것은 얻어내지 못한다.

이런 식이니 한국은 낡은 것을 버리고 새로운 것을 받아들이는 데 대한 거부감이 많지만, 일본은 변화에 대한 거부감이 적고, 한국보다 먼저 자신들의 언어를 폐기시키고 영어 공용어의 대열에 먼저 합류할 것이다.

우리의 언어를 버리는 것은 대 변혁이므로, 충분한 심사숙고가 필요한데, 중요한 것은, 쓸데 없는 자존심에서 벗어나, 무엇이 더 효율적이고, 실용적인가라는 질문에서부터 출발해야 한다는 것이다. 우리가 언어 체계를 스스로 혁파하는 것은 자존심 상처가 아니라, 오히려 역사가 경탄할 일이며, 우리가 변방에서 벗어나 세계사의 중심에 서려면 발상의 전환이 필요하다. 단지 능동적으로 바꾸어 가느냐 수동적으로 이끌려 가느냐의 차이만 있을 뿐이다.

세계사의 흐름을 정확히 이해하고, 세계인에게 보편화된 언어 중 합리적인 언어를 선택해서 능동적으로 국어를 바꾸고, 다른 나라들도 그러한 단일 세계어로 바꾸는 대열에 동참하는 분위기를 만들어서, 세계의 언어 통합 시대를 앞당기는 것은 자존심의 상처가 아니다. 그것이 남이 만들어 낸 언어라 할지라도, 우리의 언어적 자존심을 버리는 대신, 인류 소통과 대화합 시대를 선도하는 더 큰 가치를 얻게 될 것이고, 그러한 혁명적 시도가 인류사에 커다란 업적을 남기게 될 것이다.

우리는 왜 한 글자 성씨에 두 글자 이름만 갖고 살아야 하는지. 길거리에서 "김씨"라고 부르면 1/4이 쳐다보는 의미 없는 성씨를 왜 굳이 갖고 가야 하는지를 포함해서, 모든 것을 원점에서 생각해야 한다.

내 것이냐 남의 것이냐보다, 좋은 것은 받아들이고 나쁜 것은 버려야 하는 것이다. 언어 뿐만 아니라 모든 게 그렇다.

미래 시대를 선도할 선진국은 도덕성을 바탕으로 올바른 가치를 찾아내고 전 인류의 이익을 위해 기존의 모든 낡은 것들을 떨쳐버리는 역동적인 정신 혁명을 통해서만 도달 가능할 것이다.

국가도, 민족도, 이념도 사상도 모두 용광로에서 태우고, 오직 인간과 전 인류를 위한 가치들만이 그 용광로의 토출구에서 나와야 한다.

고정관념을 버리고 자존심을 버리면 우리의 세상은 훨씬 좋아질 것이다.

20. 미래혁명, 한·일 연합국가(U·S·K·J), 한·미·일 연합국가(U·S·W·E)

⊙ 초강대국은 쳐다보는 것이 아니라 만드는 것이다.

이제 이 책을 쓰는 최종 목적을 말할 차례다.

바로 길을 제시하기 위한 것이다. 날조된 한국사 교과서와 사기 이념이 국민의 분별력을 망쳐놓고 있어, 진정한 국민 행복의 길을 알리기 위해서는 그 많은 거짓들을 밝힐 수 밖에 없었다.

이제 당신에게 묻겠다.

당신은 봄·여름·가을·겨울이 동시에 존재하는 나라에 살고싶지 않은가? 겨울 지방과 여름 지방으로 국내 여행을 하는 세상, 무역 장벽이 막혀도 수출 길이 막힐까 봐 걱정할 필요 없고, 안보에 신경 쓸 필요 없는 나라에 살고 싶지 않은가?

여권이나 비자가 필요 없이, 넓은 내 나라의 각지에 맘대로 드나들며, 공부도, 사업도, 취직도 하고 내 물건 쉽게 팔고 상대 물건 쉽게 사는 그런 세상에 살고 싶지 않은가? 마인드를 바꾸면 알래스카도 후지산도 앙코르왓트도 다 국내여행지다.

⊙ 우리의 미래에 대한 기초적인 질문

우리의 미래에는 수많은 위험들도 도사리고 있다. 만약에....

*세계에 코로나19 이상의 질병이나 국제전 등의 사태가 발생하여 세계가 극단적인 보호무역이나 무역전쟁 시대가 되어 수출 길이 막힌다면?

*미국이 갑자기 방위비의 수십배 인상을 요구해 오면?

*미국에 사정이 생겨서 일방적인 미군 철수를 통보해 오면?

*미국에 고립주의 세력이 득세해서 대미 수출이 차단되면?

*백두산에 화산이 터져서 그 여파로 죽음의 반도가 된다면?

*한반도에 체르노빌 같은 핵물질 사고가 터진다면?

*북한 핵무기가 고의건 실수건 터져서 죽음의 한반도가 된다면?

대응책이 있기는 한가? 그런 일 없을거라고? 그걸 어찌 아는가? 조금 더 먼 미래에 다가올 수 있는 일들도 생각해 보자.

아메리카 대륙을 끝으로, 미래의 신대륙은 발견이 아니라 만들어낼 것이다. 인류는 기후와 물질을 지배할 것이고, 빙하의 극지방에도, 태평양의 한가운데도 거대하고 아름다운 신대륙이 생겨날 것이다. **또 우주에도 새로운 지구가 생겨날 것인데, 그 것은 누가 이루게 될까? 그 모든 것은 능력을 갖춘 자만이 가능하며, 규모의 경제가 필수다.**

어쩌면 목성과 화성에 인공 태양을 만들어 그 곳도 인류의 거주지로 바뀌거나 자원의 보고가 될 수도 있고, 그런 일이 생기기도 전에 **전 지구적 환경 변이가 일어나서 지구에서의 생존은 어려워질 수도 있다.**

그리 되면 해법은 우주 개척 밖에 없는데, 작은 나라들이 따로따로 하려면 엄청난 비효율이 생기거나 포기해야 한다.

인류가 한데 뭉치면 될 것을 왜 국가라는 굴레 때문에 그런 손해를 감수해야 하는가?

만약 화성에 거주하면 생명이 10배 연장된다는 연구 결과가 나왔다고 치면, 우주 개발 능력을 갖춘 나라는 미국밖에 없으니, 미국은 화성 신도시 건설에 총력을 다할 것이고, 우리는 국력을 다 털어도 불가능할 수도 있다. 목성에서 획기적인 물질 자원(ex:생명 10배 연장물질)이 발견 되었다고 쳐도 우리는 구경만 해야 할 것이다.

조금 과장하면 미국인은 1000살, 한국인은 100살... 이렇게 될 수도 있다. 그 정도까지는 아니어도 거대한 수명 빈부격차의 시대는 올 것이다. 과거에는 식민지 개척이라도 해 주어서 수명이 급증 했지만, 그 식민지 마저 안해주는 소외의 시대가 올 수도 있다.

가장 무서운건 소외다.

어쩌면 인류가 하나 되지 않고서는 인류 멸망의 위기가 닥쳤어도 대응조차 못해보고 소멸을 맞게 될 수도 있다.

우리는 그런 여러 가능성에 대한 어떠한 대비가 있는가? 혹시 먼 미래는 못보고 눈앞의 작은 것에만 아웅다웅 하고 있진 않은가?

⊙한국사 교과서의 민족주의 세뇌에서 벗어나야 하는 이유

이 모든 위험들은 우리 인류 스스로 해결해 나갈 수 있는 문제다.

국가는 조폭 두목들 간에 패싸움 하다가 만들어진 구시대의 잔재이며, 우리의 의사와는 무관하게 제멋대로 국경들이 놓여져 있다.

국가는 국민의 안녕을 지켜주는 방패가 되기도 하지만, 국민을 가두어 죽이는 감옥이 되기도 한다.

때문에 우리가 이 나라의 주인이 맞다면, 이대로 계속 갈 것인지 합치거나 쪼갤 것인지도 고민해 보아야 하며, 민족이라는 굴레에서 벗어나 인류적 관점에서도 볼 수 있어야 한다.

작은 독립 국가의 국민으로 산다는 것은 극소수 지배 세력의 이익에나 부합할 뿐, 국민 대다수에게는 좋은 게 아니라는 점부터 알아야 한다. 강대국과 합쳐지면 나라 빼앗기는 거라고 사기치고, 국민의 분별력을 망치는 민족주의 국사사기 교과서를 초월한 사고를 할 수 있어야 한다.

국가는 주식회사이며, 국민의 필요에 따라 합병도 분사도 할 수 있다. 과거의 국경은 전쟁을 통해서만 결정되었으나, 미래는 다를 것이다. 우리는 눈만 뜨면 과거에 매몰되는 것을 진보라 부르는 나라다. 그러니 미래 따위에 신경 쓸 겨를이 없다. 하지만 과거는 끝났고, 미래는 바꿀 수도 있다. 과거와 미래, 과연 어느 쪽이 더 중요한가?

선진 문명권과 미개 문명권이 만나는 접점에 위치한 탓에, 한국인의 의식 수준은 선진 사회와 미개 사회 간의 중간 지점일 수밖에 없고, 우리의 정신적 수준은 미국 일본에 크게 뒤쳐지는 게 사실이다. 그러나 우리가 정신만 제대로 차리면 충분히 '작은 거인'이 될 수 있다. 왜냐하면 우리에게는 우리의 부족한 의식 수준과 아직 부족한 물질적 발전을 보충하고도 남을 좋은 위치가 있기 때문이다.

국사 세뇌 상태가 일정 수준을 벗어나면 구제 불능 상태까지 이를 수도 있으므로, 현 세대의 마인드를 바꾸기는 무리일 수도 있다. 때문에 이 단원은 자라나는 우리 아이들에게 하고 싶은 말이다. 너희들 만큼은 전 세대처럼 어리석게 살지 말라고...

국가니 민족이니 하는 것들을 머릿속에서 싹 다 털어버리고, 인류는 하나이고 우리는 지구시민이다 라는 사실 하나만 알면 우리의 미래는 훨씬 나아질 것인데, 가짜 국사와 사기 이념 '민족주의' 등의 쓰레기들을 주입당하니 한국인이 불행한 것이다.

⊙용서 못할 죄인도 없고 털고 가지 못할 역사도 없다.

우리는 근현대사에서 5가지의 전쟁을 겪었다. 청일전쟁, 러일전쟁, 중일전쟁, 태평양전쟁(대동아전쟁), 6.25전쟁 이 5가지다.

이 전쟁들이 우리에게 큰 아픔도 주었지만, 큰 이득을 준 성격도 있다. 심지어 400만 명이 죽은 6.25 전쟁마저도, 침략의 원흉인 김씨 왕조의 잘못은 크지만, 오히려 우리를 도로 조선이나 공산화의 악몽으로 휩쓸리는 것을 막아준 전화위복 전쟁의 성격도 있다.

희생된 사람들은 안타깝지만 과거는 사라지고 없으며, 용서 못할 죄인도 없는 것이다.

앞서 밝혔듯이 한국은 일본과 함께 대륙을 침략한 나라이며, 태평양 전쟁의 진짜 전범은 미국이다.

그리고 그 결과는 아시아를 악몽의 사회로 끌어내린 면도 있지만 더 정확히 말하면 미국 국민들까지 속인 루즈벨트의 개인플레이다. 중국이나 북한이었다면 그런 도발을 했던 게 영원한 비밀이겠지만 미국은 자신들이 한 짓을 공개할 수 있는 나라이며, 그게 우리가 엄두조차 못낼 미국의 힘이다.

사람을 사악해지게 만드는 가짜 역사, 나쁜 이념 등에서 벗어나 인간이 자유로와지면, 세상에는 악당도 없고 악당 나라도 없다.

우리가 모든 과거를 털고 함께 손잡고 미래로 가지 못할 이유가 없다. 가짜 역사와 낡은 이념과 낡은 민족주의 망상 들을 털어버리고, 인류는 하나라는 새로운 O·S(운영체제) 위에서 재부팅 해야 하는 것이다.

⊙무역만 차단 되어도 굶어 죽는 나라

한국은 수출 비중이 국민 소득의 80%를 차지하며, 수출 없이는 생존이 어려운 나라다. 일본이 장기 불황을 겪고 있다고는 하지만, 일본은 상품 수지와 소득 수지가 비슷한 부자 나라다. 즉 기업이 상품을 판매한 상품 수지와 해외 자산에서 벌어들이는 소득 수지가 비슷하므로 최악의 불황이 닥쳐도 어느 정도 견딜 수 있다.

그러나 한국은 소득 수지가 거의 제로다.

한국은 하루 벌어서 하루 먹고 사는 하루살이형 나라에 가깝다.

월급 받아서 저축을 거의 못하는 샐러리맨과도 비슷하고, 하우스 푸어와도 비슷하다.

부자 나라가 아닌데 국민들은 부자라고 착각 한다.

한국은 반도체 하나 붙잡고 먹고 사는 나라이며, 반도체도 언제까지 갈는지 아무도 모른다. 한국은 1년 무역 소득이 겨우 100조 안팎이며, 계속 돈을 벌지 않으면 지탱할 수 없다.

일본은 기초 체력이 있어서 장기 불황도 감당하지만, 우리는 일본식 불황이 닥치면 견딜 체력이 없는 것이다.

일류 그룹의 오너도 10년 후의 먹거리를 고민하며 한숨을 내쉬다가 떠났는데 국민은 천하태평이다. 오히려 그런 기업을 못잡아 먹어 안달이고, 노조까지 강제하여 망치려 들며, 잘 나가는 놈 배 아파 하는 심리가 진보로 위장해서 판을 친다.

지금은 70년대 만들어 놓은 반도체 때문에 먹고 살지만 모든 것은 중국에 쫓기거나 추월 당하고, 미래의 먹거리 개발 대신 정쟁만 난무한다. 간당간당 버티고 있는 한국 경제...이 시대는 우리가 우리의 능력으로 도달할 수 있는 최대치, 즉 우리 역사 속 최전성기로 남게 될 수도 있다. 최악의 경우 기댈 우방은 미국·일본 밖에 없고, 협력해서 얻어낼 것과 배울 것도 많은데, 우리는 반미·반일·종북·친중 수구좌파의 득세에 의해 가마솥 속의 개구리처럼 조용히 데워지고 있는데도 국민들 대부분은 깨닫지 못한다.

아 대한민국, 어찌 할 것인가? 아 어찌 할 것인가?

⊙배부른 진보 놀음이 아닌 정말로 절박한 진보의 길

국가는 최악의 경우에도 자급자족 할 수 있는 구조여야 한다. 그게 안되면 누군가에게 기대어야만 하고, 심하면 파멸을 피할 수 없다. 미래 세상이 풍요의 세상이 될지, 굶어 죽는 세상이 될지는 알수 없다. 우리는 최근의 발전 경험들 때문에 세상은 항상 발전만 하는 줄 알지만, 조선왕조 500년이 말해 주듯이 급속히 퇴보 하는 세상이 다시 올 수도 있다.

만약 미국과 일본이 쇠락하여 한반도에 관심을 갖지 않는 시대가 되고 중국의 공산 정권이 지속되는 구조라면 한국의 운명은 끝이지만, 거기까지 이르기도 전에 자멸할 수도 있는 것이다.

때문에 한심한 진보놀음은 집어치우고 최악의 경우에도 자립 할 수 있는 나라가 되어야 한다. 그게 안되면 실질적인 자주국방도 불가능하고, 누군가에게 비굴하게 굴어야 하며, 대가를 치러야만 하는 게 세상이다. 무역에 의존하지 않고서는 무너지는 구조가 되어서야 어찌 자립이라 할수 있으며, 그나마 있는 우방마저 배척하는 어리석음을 어찌 진보라 할수 있는가?

또 작은 국가는 세계 무대의 발언권이 약해서, 글로벌 시대의 주역이 되기에는 현재의 영토와 인구로는 어렵다.

이런 실질적인 상황에 눈 뜨지 못하고, 독립이 벼슬이라도 되는 양 독립 만세만 외치는 것은 옳지 않다.

유럽이 과거에 숱한 전쟁과 싸움들을 벌였지만 지금 유럽 연합으로 뭉치는 이유는 바로 선진적인 현실 인식과 국익 때문이다.

미국도 언제 떠날지 모르는 나라다. 우리는 작은 영토의 불리함을 깨달아야 하고, 아직은 살만 하더라도 건강은 건강할 때 지켜야한다. 통일이 되어도 작은 영토라는 사실은 변함이 없다.

때문에 우리는 미래의 위험을 극복할 방안을 찾는 거대한 마스터 플랜을 가질 필요가 있다.

⊙인류 역사 속 우리의 위치와 선택

앞서 보았듯이 지금은 인류사적 거대한 문명 전파 물결의 시대이며, 북한은 물론 중국의 체제도 결국 붕괴될 것이다.

북한과 중국 체제 모두가 왜 붕괴될 수 밖에 없는지에 대해서는 이 책의 속편에서 다룰 것이다. 분명한 것은 인류사적 거대한 문명 전파의 물결 속에서 북한과 중국의 낡은 체제는 무너지고 한국도 일본도 그 거대한 흐름 속에서 모두가 다시 태어나게 된다는 것이다. 단지 시간 문제일 뿐이며, 우리가 그 흐름을 어떻게 타고 어떻게 활용할지 그냥 망할지의 문제만 남아 있다.

⊙ 빛 좋은 개살구 남북통일

남북 통일은 어렵기도 하고 언제가 될는지 짐작조차 할 수 없다. 만약 북한이 붕괴하더라도 거기에는 과도기적 독재정부가 들어설 공산이 크고, 통일 여건을 갖추기에는 상당 기간이 소요될 것이다. 그게 기간은 짐작조차 할 수 없고, 설령 무난하게 통일이 되더라도 북한과의 통일은 말만 대박이고 실속은 빛 좋은 개살구일 공산이 크다. 우선 남북 통일은 과거 한일합방 후 일본 국민이 겪었던 고충을 그대로 떠안게 될 공산이 크다.

과거 조선인처럼 북한 출신의 범죄율과 부정부패가 월등히 높을 가능성이 크고, 일본처럼 대공황을 맞을 수도 있다.

보통 선진국과 후진국이 합병 되는 것은 부잣집과 노숙자 집안과의 합가와도 비슷해서, 물질적 정신적 격차로 인한 갈등을 빚을 공산이 크고, 서로 안맞는 부분이 많이 생기며, 범죄율도 높아지고, 부잣집 노동자의 일터가 저임금에 밀려 잠식 되는 데 따른 불만까지 커져서 문제가 많다.

예컨대 공산 진영의 마인드상 능력은 없으면서 능력자와 동등한 대우를 요구하거나 자본가를 타도하자는 마인드를 가질 수도 있다.

남북한이 동족이지만 한국과 일본은 아시아에 세워진 서양 국가이고, 북한은 예전의 동양 국가여서 정신적 물질적 기반이 완전히 다르다. 무엇보다도 이 문제는 현실적인 돈 문제다.

예를 들어서 영·호남이 정치적인 분단국가라 치고, 서로 전쟁도 했었다고 치고, 상대 쪽의 경제는 파탄 상태인데, 통일을 해서 자신들이 낸 세금의 10%만이라도 매년 투입하자고 하면, 해당 지역 사람들이 다들 찬성할까? 현실은 이와 똑같은 문제다.

인간은 현실적인 동물이라서, 통일이라는 구호 앞에서는 반대하지 않지만, 자기 주머니에서 많은 돈이 나가야 한다면, 싫어하는 동물이다. 통일에 있어서는 이런 현실적인 장애가 많은 것이다.

때문에 민족이라는 단어의 장밋빛 망상에 얽매이지 말고 비슷한 나라끼리 합치는 게 문제가 적다.

통일은 집안끼리의 합가와도 비슷해서, 극빈 집안 또는 이념적 종교적 광신 집안과 합치면 문제의 소지가 크지만 부잣집과 합치면 삶의 질이 향상될 공산이 크다.

대졸 부잣집과 초졸 노숙 집안 간 혼인이나, 기독교·IS집안의 혼인은 갈등 요소가 많지만, 비슷한 그룹 간의 혼인은 그럴 위험이 적다.

또 부정부패가 대부분 사라진 나라와 사회가 통째로 부정부패에 찌들어 학교 입학마저도 뇌물로 해결하는 부정부패의 나라와 하나로 합쳐졌을 시의 부작용 등, 해결 불가능한 문제점이 너무 많고, 특히 통일의 최대 피해자인 북한 지배층과 과거 수십년 간 북한의 지령에 따라 온 일부 종북 세력은 통일을 방해할 수 밖에 없어, 통일은 사실상 어렵다고 보아야 하며, 통일이 되더라도 피바람이 몰아칠 공산이 크다.

피바람이 불고 국민이 곤경에 처하는 그런 통일을 왜 해야 하는가? 북한이 주도하는 통일이 된다면 최소한 수십만 명이 학살 당할 것이고, 남한이 주도하는 통일이 되어도 간첩 명단이 드러나고, 남한 내 종북 간첩들 최소 수만 명이 여적죄의 처형 대상이 될 것이다.
그들도 나름 민족을 위한다는 신념을 가지고 뛴 사람들이고, 결과적으로만 잘못일 뿐, 나쁜 마음을 가지고 시작한 일이 아닌데, 그 수만 명을 국법에 따라 처단하는 게 옳은가?

때문에 통일은 가능하지도 않고, 설령 가능하더라도 그런 통일은 해선 안되는 것이다. 어느 한쪽이라도 반대하면 성립될 수 없는 게 회사의 합병과도 같은 국가 간의 통일이다.

하지만 우리는 남북한 국민들에게 통일 의사를 물어본 적조차 없다. 남북한 여론의 충분한 수렴과정 없이 특정 세력에 의해 통일이 강행 된다면 북한의 일부 세력이 주도하는 반란 또는 내전이 일어날 가능성이 있고 결국 통일이 아니라 3국 시대나 4국 시대로 파탄 날 수도 있다. 그런 위험에 대한 대비조차 없이 아무런 대비 없이 무대포 통일만 외침은 옳지 않다.

국론 분열 상태의 독립의 재앙을 겪어 보지 않았는가?

남북통일은 설령 되더라도 빛 좋은 개살구가 될 공산이 크다.

때문에 통일에 연연하지 말고 북한의 낡은 시스템을 개혁해 주고 자체적인 노예 해방과 인권 향상을 도와주고 북한 주민들로 하여금 속았음을 깨닫게 만들어주고 스스로 국민주권 시대를 이끌도록 도와주면서 정상적인 시스템의 나라로 유도하는 것이 옳은 방향이다.

중요한 것은 북한 정권의 편이 아닌 북한 인민의 편이 되어야 하고, 북한도 봉건 왕이 아닌 국민이 주인이 되어야 한다는 사실이다.

김일성주사파 진보 진영이 과거의 이념에서 벗어났는지는 불분명하지만, 이 점 만큼은 김일성주체사상파 진보 진영도 동의해야 하는 것이다.

과거 김일성과 김정일이 통일을 방해했던 첫째 이유는 권력을 위해 너무 많은 사람을 죽였기 때문이다.

그런데 김정은도 많은 사람을 죽였다.

이는 권력을 내려 놓을 의사가 추호도 없음을 공표한 것과도 같다.

우리는 이런 시그널을 이해해야 하고, 통일 방해 세력인 중국은 절대로 바뀌지 않으며, 중국 공산 정권이 존재하는 한 통일은 사실상 불가능한 구조 또한 알아야 한다.

오히려 미국 일본과 하나 되어, 북한과 중국 전체를 변혁 시키는 방향으로 힘을 모아가는 편이 우리 국민들과 인류의 이익에 더 부합할 것이다.

혹자는 남북 통일을 위해 중국의 협조가 필요하므로, 중국의 비위를 맞출 것을 주장한다. 그러나 이 또한 망상이다.

중국의 협조를 얻기 위한 외교적 노력은 당연히 있어야 하겠지만, 남북 통일을 가로막은 '원흉국'이자 통일의 최대 피해 세력인 중국 공산 정권이 남북 통일을 도울 가능성은 없다.

비위를 맞출 게 아니라 바뀌도록 만들어야 하고, 그들로 하여금 우리의 비위를 맞추도록 만들어야 한다.

⊙ 남북 통일보다 한·일 한·미 연합국이 먼저여야 하는 이유

우리에게는 선택의 길이 세가지다.

첫째, 떡 줄 사람(김정은)은 생각조차 않고, 방해꾼(중국)까지 있는데, 그런 막연한 통일의 망상에 빠져 허송세월을 하던대로 계속 할 것인지,

둘째, 언제 떠날지 모르는 미국만 쳐다보면서 반일만 하다가, 만약 미국이 떠나는 날에는 외톨이가 되어서 북중 연합 세력에 의해 언제 적화될지 모르는 위험한 터널 속을 계속 헤맬 것인지,

셋째, 한·일연합국 또는 한·미·일 연합국, 전쟁을 거치지 않은 최초의 동서양 통일을 이루어 아시아 대혁명의 주도세력이 될 것인지...

현재 우리가 가고 있는 길이 첫째와 둘째다. 이게 과연 옳을까?
미국이나 일본 국민이라면 이런 어리석은 짓을 수십 년간 해왔을까?

가능성이 열려 있는 4가지, 즉 남북 통일, 한일통일, 한미통일, 한·미·일통일 중에서 한국인에게 가장 나쁜 코스가 바로 남북 통일이다. 남북 통일을 제외한 한가지라도 성사되면 한국인에게 대단히 도움이 되고, 미국 일본의 국민들에게도 큰 도움이 될것이다.

우리의 국민 의식만 따라 준다면 남북 통일보다 더 쉽게 달성하고 더 국민을 행복하게 해 줄 수 있는 게 바로 한일연합국가와 한미연합국가와 한미일 연합국가다.

한미일 통일이 최선이지만, 순서는 필요 없고 그것을 동시에 추진하고 그 중에서 빨리 되는 것부터 시행하면 된다.

그 중 하나라도 성사 되면 우리 국민의 미래는 훨씬 더 행복해질 것이며, 그 전단계라도 형성된다면 통일의 경제적 충격은 적을 것이다. 왜냐하면 미국·일본 입장에서도 아시아 대륙 교두보로서 북한 지역은 중요하므로, 남북 통일로 인한 경제적 충격을 충분히 받아 줄 수 있기 때문이다.

통일이 된다면 미국과 일본의 자본이 자연스레 북한에 투입 될 것이므로 굳이 우리가 무리하게 통일 비용을 투입하지 않아도 북한의 발전과 혁명을 이룩할 수 있게 된다.

잘만 처신하면 우리의 희생이 거의 없이 북한의 노예해방과 경제 발전과 우리 국민의 안전과 번영과 행복이라는 다섯마리 토끼를 다 잡을 수도 있다. 때문에 우리 국민들이 현명하게 처신해야 하는 것이다.

한·미·일이 정치적 통일을 제외한 모든 면에서의 일체화를 시작하고, 훗날 대만과 동남아와 호주 등의 나라들 중 지원국을 끌어들여서 한반도를 평화 기지로 만들면서 그 영역을 확장하고 중국 대륙에 자유와 인권의 빛을 전하는 아시아 대혁명의 기반을 다지는 것이 옳은 방향이다.

'독서의 나라' 일본 입장에서는 '책을 안읽는 나라' 한국과 다시 하나로 뭉치면 한국인의 낮은 의식 때문에 다소 애먹는 일도 있을 순 있겠지만, 우리의 정신 수준은 급격히 향상될 것이고 일본에게는 결국 득이 더 많을 것이다.

대륙과 이어진 곳에 하나의 경제권을 만들 수도 있고, 한일간 해저 터널 사업으로 경제에 활력소가 생겨 불황에서도 벗어날 것이다.

후진 문명권(누가 정치해도 더럽고 부패한 대륙의 문명권)의 북한 주민들의 정신적 발달이 한국을 따라 오려면 반세기 이상 걸리겠지만, 한국인의 정신적 발달은 아마 20~30년 후에는 선진 문명권(누가 정치해도 깨끗한 해양 세력의 문명권)과 비슷해질 것이고, 그 과정에서 물질적 발달도 근접해 갈 수 있으니, 모든 조건은 갖추어지는 것이다.

미국으로서는 자국민보다 지적 수준이 한참 떨어지는 나라와 하나 되었을 시의 골치 아픈 점도 있겠지만, 논의가 시작되면 미국 국민들도 찬성표를 던질 공산이 크다.

우선 아시아의 확실한 교두보가 생긴다.

미국도 아시아 쪽으로 다양한 진출을 모색해야 하고, 중국으로 인한 안보의 위험도 동시에 고려해야 하는데, 한반도와 하나가 되면 그 플러스 요인은 엄청날 것이다.

우선 안보 면에 있어 미국의 턱밑에는 중국이 없지만 중국의 턱 밑에는 미국이 있게 되어 경제적 군사적으로 엄청난 메리트다.

그 하나만으로도 중국은 미국을 영원히 넘볼 수 없게 되며, 우리 측이 먼저 제안한다면 미국 국민들도 동의할 공산이 크다.

최악의 경우, 미군이 떠나고 중국이 한반도에 핵을 때린다고 쳤을 때, 미국의 핵우산이 살아 있더라도 중국과의 핵전쟁까지 감수하면서 핵반격을 해 줄 공산이 적지만, 미국과 하나가 되면 그런 위협조차 못한다. 중국이 하와이를 공격할 꿈조차 못꾸는 것처럼....

미국은 강력한 교두보를 얻고, 우리는 초강대국의 일원이 되어 북미 영토의 전부가 우리 땅이 되며, 아시아 혁명의 강력한 동력이 생기는 것이다. 미국령이 된 하와이·괌은 안보와 관광에만 도움이 될 뿐이지만, 한국은 대중국 교역의 교두보까지 월등한 잇점을 누리게 되는 윈윈 게임이다. 때문에 우리 국민들이 눈을 떠서 논의만 시작되게 만들면, 성사될 공산이 크다.

우리에게는 정치적 경제적 군사적 모든 위험에서 벗어나는 대혁명이 되고 한·미·일 모두에게 큰 이득이 되는 것이다.

그리 되면 한국인이 대통령이 안될 공산이 크다고 걱정할 사람이 있겠지만 미국은 건국 후부터 지금까지 자기 주 출신 대통령을 한번도 보지 못한 국민이 많고, 그 누구도 그 사실에 대해 불행하다고 여기지 않는다. 제주도와 울릉도 사람이 자기 지역 출신이 대통령 되지 않았다고해서 불행을 느끼지 않는 것과 같은 이치다.

하와이 사람들도 자기 주 사람이 대통령이 되는 것을 꿈도 안꾸지만 그런 데 신경 안쓰고 잘 살고 있다.

오히려 그x의 선거 때문에 국민이 패가 갈리고 서로 싸우는 것이며, 그런 데 신경 안쓰고 사는게 더 낫다.

그렇게 해서 한미일 3국이 완전한 하나가 되면, 미국 일본과 대등한 초강대국의 일원이 되어 자유와 인권의 빛을 아시아 곳곳에 전하는 주역이 될 수 있다.

우리는 인류 사회의 책임 있는 일원으로서, 아시아에 자유와 인권과 광명의 빛을 전하는 대변혁을 주도할 수 있게 되는 것이다.

이를 위해서는 언어 쯤은 중요한 게 아니다.

한국어는 어차피 외국에 나가서는 써먹지도 못하는 언어이고, 소멸 될 공산이 크니 결단력 있는 척 하면서 내다버려도 된다.

그러면 타국에도 우리 언어(영어) 대열에 동참하는 부류가 생길 것이고, 우리는 인류사 변혁의 주역이자 모범 사례로 남게 될 것이다.

우리 것만이 좋은 것이라는 민족주의 좌파적 낡은 사고는 버려야 한다. 우리는 세계인이 되어야 하고 지구인이 되어야 한다.

이를 위해 모 기업인이 말했던,

아내와 자식 빼고는 다 바꿀 수 있다는 자세를 가져야 한다.

책임의식을 겸비한 정신적 자유인이 될 때 우리는 인류가 공동 번영하는 세상의 한 축을 담당 할 수 있을 것이다.

'민족'이라는 허상에서 벗어나 인류 보편의 가치로 뭉쳐야 한다.

암흑의 아시아에

자유와 인권과 광명의 빛을 밝히는 등불이 될 것인가,

친일파 청산 노래나 개굴개굴 떠들다가

역사의 패자로 사라질 것인가?

◉중국은 우리가 선도해주고 이끌어 주어야 할 나라

한국민들의 사고는 상당히 수동적이어서, 어떤 좌파 지식인은 한국은 결국 중국에 빨려 들어갈 거라는 어리석은 소리를 하기도 한다.
그런데 한국은 자유와 인권의 나라지만, 중국은 인권 말살의 나라다. 한국은 거의 선진국이지만 중국은 후진국이며, 식인 문화까지 남아 있다. 중국이 우리보다 나은 점은 딱 하나, 덩치가 크다는 점이다.
덩치 차이 하나 때문에 선진 문명국이 후진국에게 빨려들어 가는 것은 인류사의 역행이고, 우리가 가야 할 길이 아니다.
조선은 중국이 만든 정신 세계를 숭앙 했기 때문에 중국과 동등 수준이 되는 것은 불가능했다.
그러나 낡은 대륙의 수구 진영에서 벗어나 해양의 문명 전파 세력과 합류했기 때문에 오늘의 한국이 있는 것이다.
과거 미국이 일본을 이끌어주고, 일본이 우리를 이끌어주었다.
마찬가지로 이제는 우리가 중국을 이끌어 주는 것이 순리이자 정의다. 이는 과거 같은 방식이 아니라 친구로서 이끌어 주는 것이다.
낡은 이념과 사상, 가짜 역사 세뇌가 인간을 악마로 만드는 것이며, 그 낡은 정신을 폐기 시키고 올바른 길로 갈 수 있도록 돕는 것은 극소수 특권층에게는 해가 될 수도 있으나 대다수의 중국 인민들에게는 진정한 도움의 길이 되는 것이다.
단지 덩치가 작다는 게 문제라면, 이를 극복할 방안은 무엇인가?
그 또한 인류 보편의 가치로 우리의 우방들과 함께 뭉치는 것이다.
중국은 자멸하지 않으려고 등 떠밀려 개방한 나라다.

공산 독재 체제와 자본주의는 원래 맞는 조합이 아니며, 공산 체제의 지속에는 한계가 있을 것이다.

국민이 눈 뜨기 시작하면 다른 욕구가 생기고, 자유와 풍요의 맛을 본 중국 인민은 독재 체제를 계속 구경만 하진 않을 것이다.

중국은 구조적으로 붕괴를 피하기 어려운 나라다.

공산주의 체제를 끌어 안은 채 반짝 성장기를 끝내고 다시 쇠락의 길로 가건, 민주화를 선택하건, 어느 쪽으로 가건 중국 체제는 붕괴를 피하기 어려울 것이다.

만약 중국이 붕괴되어 다국 시대가 되면 우리에게는 그 중 뜻이 맞는 세력과 하나 되어 더 큰 그룹을 이룰 수도 있어야 하는데, 우리에게는 그런 능력이 없지만, 한·미·일 연합만 된다면 가능해 진다.

한·미·일·대 연합까지가 쉽지 않다면 우선 한일 연합국가라도 만들어 이를 바탕으로 대만 및 아시아 각국과 호주 등을 끌어들이는 큰 그림을 그릴 수도 있고, 미국과 동서양 자유 대연합 등으로 이어 나갈 수도 있다.

그러면 한·미·일 연합에 편입을 원하는 세력이 더 나오게 될 수도 있고, 동남아 각국과 호주, 중국에서 분리된 국가까지도 한 영역권으로 뭉치는 게 가능할 수도 있다.

세계가 단일 헌법 하에 뭉치는 지구 대연합의 미래, 국가가 없어지고 경찰만 있는 사회, 대포와 핵무기가 필요 없는 세상, 누군가를 겨냥한 온갖 무기 개발에 열중하지 않아도 되는 세상…

그 진정한 진보의 길은 한층 더 가까이 우리에게 다가올 것이다.

⊙한국은 친구가 없는 나라

한국은 지구상 어디에도 친구가 없는 나라다. 몇 안되는 친구라고 있어봤자 그들의 과거의 작은 잘못을 침소봉대하여 죽어라고 욕이나 하는 자들을 진보라고 부르는 나라이니 친구가 사라지는 것은 당연하다.

세계 지도를 펼쳐 놓고 보면, 한반도도 좁고 일본도 좁다. 한국과 일본이 하나로 되더라도 미국이 떠나면 안전을 장담할 수 없다.

그런데 그마저도 안된다면 한국의 미래는 도저히 답이 없다.

적어도 백두산이 터지면 일본으로 피할 수도 있어야 하고, 후지산이 터지면 한국으로 피할 수도 있어야 한다.

만약 대한민국이 적화되어 베트남처럼 보트피플이 된다면 도망갈 이웃 나라는 일본 외에는 없다. 만약 그런 경우 일본은 우리를 받아줄까? 눈만 뜨면 일본을 욕하는 사람들을 당신이라면 받아 주겠는가? 그러나 필자의 생각에 일본은 받아줄 가능성이 더 높다고 본다.

그런데 만약 똑같은 일이 일본에서 벌어진다면, 한국은 일본 난민들을 받아 줄까? 아마 받아 주지 않을 가능성이 더 높아 보인다.

대부분의 일본인들은 한국을 다른 나라보다 더 가까운 특별한 이웃 나라로 여기는 반면 한국인의 머릿속에는 정치인들이 심어 놓은 온갖 허위 날조교육과 반일 세뇌로 꽉 차 있기 때문이다.

만약 한국이 일본 난민을 인도적으로 받아주지 않을 나라임을 일본인들이 깨닫게 되면 일본 또한 한국 난민을 받아 주지 않을 것이다.

만약 미국이 떠나고 중국과 북한이 한국을 공격해 올 경우, 한국은 유일한 이웃인 일본의 도움을 얻을 수 있을까? 물론 알 수 없다.
하지만 분명한 것은, 우리는 만약에 그런 사태가 일어나더라도 일본은 절대 한국을 도와선 안된다는 운동을 우리 스스로 열심히 하고 있다는 사실이다. 위안부 소녀상을 세우고 일본 대사관 앞에서 유사시 한국을 절대 돕지 말아야 함을 열심히 외치는 어리석은 독립투사들, 인터넷에서 일본에게 온갖 욕설을 퍼붓는 진보 간판의 어리석은 독립투사들을 포함해서, 수많은 어리석은 진성빠보들이 열심히 일본을 설득하고 있다.
한국에서 불행한 일이 생겨도 절대로 한국을 도와선 안된다고....
좌파의 어리석음으로 인해, 급변 사태시 누구의 도움도 받지 못한 채, 그 어리석음의 댓가를 죽음으로써 치르게 될 수도 있다.

◉한국은 목 좋은 곳에 위치한 미니 구멍가게

한국은 운 좋게도 목 좋은 곳에 위치한 미니 구멍가게다.
센놈들 틈바구니에 절묘하게 끼어 있는 탓에, 가게 주인의 지적 수준이 낮아도 떡고물을 얻어 왔지만, 지나가던 차가 실수로 한번 들이받으면 다 죽는 구조다. 때문에 위치의 잇점을 활용할 수 있을 때 대형 마트와 협상해서 대형 마트의 지분을 두둑히 챙김으로써 대형 마트의 한 축이 되는 방안을 추진할 필요가 있는 것이다.
언제까지 '우리민족끼리'나 외치면서 강대국들 틈바구니에서 눈치나 보면서 살 것인가? 언제까지 2류 3류 국가로 살 것인가?
왜 우리 후손들에게 작고 불안전한 나라의 국적을 물려 주어야 하는가? 거대한 다국적 기업들도 살기 위해 합병을 하지 않는가?
한국은 튕길 처지가 아니라 매달릴 처지다. 우리 국민 의식이 살아 있다면, 수구좌파를 눈뜬 장님으로 만들어버린 한국사 교과서를 갈아 엎어야 한다. 이 길은 그들을 깨우쳐주고 함께 가야 하는 길이다.

◉한국의 지도자가 혜안을 가진 지도자라면

세상은 더하기 빼기 잘하는 사람이 미분 적분 잘하는 사람을 이끌면서 가는 곳이다. 위대한 인물들도, 크게 성공한 기업인도 다 더하기 빼기 잘한 인물들이다.

그런데 우리는 미분 적분은 그리도 잘 하면서 더하기 빼기를 왜 이리도 못하는가?

제대로 된 지도자라면 먼저 판 전체를 읽을 것이고, 어떤 데서 국가적 위기가 올 수 있는지, 어떤 길이 그 위기의 가능성을 최소화 시키면서 국민에게 안전과 행복을 가져다 주는 길인지도 판단 할 것이다.

때문에 그런 지도자가 나타난다면, 국민들에게 이를 이해시키고 설득 하면서 끌고 갔을 것이다. 그리고 아마 이랬을 것이다.

"야, 민국아, 일번아, 니들 돈 많고 땅 넓지!?
하지만 니들에게 부족한 게 있을거야.
우리에게는 니들이 못가진 게 있어. 설명 안해도 알겠지!?
어때? 우리랑 통 크게 딜 해보지 않을래?"

이러면서 빅딜을 성사 시켜서 국민에게 초강대국의 신분증을 선사하고, 알래스카도 후지산도 그랜드캐년도 다 국내 여행지로 만들고, 무역 장벽 높아질까봐 걱정, 안보 걱정 안하는 세상을 만드는게 진짜 위대한 리더다.

국민 의식이 이를 받아들일 수준이 되지 않고 독립 만세나 외치고 친일파 청산 노래나 개골거린다면, 설득하고 선도할 수 있어야 한다. 리더는 국민의 뜻에 따르기만 하는 존재가 아니라, 국민의 뜻이 옳지 않다면 바로잡으면서 끌고 가야 하는 존재다.

국민의 뜻에 따르기만 할거라면 로봇으로 대체하는 게 낫다.

후쿠자와 유키치나 김옥균 박영효 이용구 같은 선각자가 왜 나올 수 없는가?

바로 영웅과 악당을 뒤집어 놓는 한국사 사기교과서 때문이다.

국사 교과서의 장난이 국민들의 분별력을 망쳐 놓은 것이다.

한국과 일본은 같은 종족에서 나와서 둘 다 작은 땅덩어리의 나라다. 영토가 작으면 불리한 점이 많은데, 양국이 하나 되어 자유롭게 오가며 공부도, 사업도 하고, 서로 물건도 쉽게 사고 파는 세상을 만드는 것이 국익에 부합하는데, 박영효와 이용구는 그 일을 한 선구자들이다. 단지 북한 정권과 좌파의 사익을 위해 친일파로 매도되는 것일 뿐이다.

⊙ 남북 통일보다 한일 재통일이 훨씬 더 쉬운 이유

남북 통일보다 한일 재통일이 쉬울 수 밖에 없는 이유는, 북한과는 분모가 다르고 일본과는 같기 때문이다.

그 분모란 사상적 베이스, 즉 체제인데, 자유민주주의 체제를 거부하는 세력과 백날 말해봐야 소용없다.

북한이 자유민주주의 체제가 되기 전에는 북한과의 통일은 적화통일 외에는 있을 수 없으며, 그런 무늬만 통일은 오히려 재앙이다.

북한 개방이 어려운 이유는, 개혁 개방하면 권력이 무너지기 때문이다. 북한 주민들은 자신들이 일제 시대보다 잘사는 줄 알고, 6.25도 북침인 줄 아는데, 모든 게 들통나면 김씨는 살아 남기 어렵다.

남북한 국민이 자유 왕래하면서 살게 되면 정치적 통일은 중요한 게 아닌데, 북한이 자유왕래와 통신과 이산가족 상봉마저 가로막는 이유도 진실이 드러나면 권력이 붕괴되기 때문이다.

그러니 중국은 개방해도 북한은 절대 개방할 수 없는 것이다.

그러나 미국 일본은 속일 게 없다.

역사 사기꾼들의 장난이 문제일 뿐이다.

만약 현재의 좁은 영토에 안주한다면 불의의 사고 하나만 터져도 남한 인구가 전멸 할 수도 있다. 한일 연합국과 한미일 연합국가는 주판알 튕길 문제가 아니라 생존이 걸린 문제다.

김옥균 박영효 이용구 같은 애국 선각자가 다시 나와야만 하는 것이다. 그들은 친일파라 욕을 먹지만, 한국인을 가장 크게 살려낸 인물들이다.

지금은 역사조작 세뇌교육에 의해 악당화 되어 있지만 언젠가는 국민들도 깨닫고 그 분들의 참 뜻을 알게 될 것이다.
또 알아주지 않으면 어떤가? 후세들에게 더 풍요롭고 안전한 세상을 만들어 물려주면 족한 것이지.
그래서 그 분들은 다른 세상에서도 뿌듯해 하실 것이다.

남북 통일이건 한일 국가연합이건 간에, 부국과 빈국이 합병이 되면 각 세력들 간에 극명한 이해관계가 대립한다.
빈국의 정치인들은 대부분 연합국가를 반대할 수 밖에 없다.
왜냐하면 자기들의 밥그릇, 즉 권력형 일자리가 줄어들기 때문이다. 그래서 민족주의를 선동하게 된다.
한국인들은 보통 '묻지마 통일주의'이니 따질 필요 없을지도 모르나, 통일이 어려운 주요 이유는 피해 세력이 동의하지 않을 것이기 때문이다.

남북 통일의 최대 희생자는 북한 지배층과 남한의 서민 계층이다. 한국인 임금의 반만 받고서라도 일하고 싶어 하는 사람들이 한국에 몰려든다면 남한 기업에게는 이득이나 하급 노동자의 피해는 크다.
결국 남북한의 평화적 통일은 구조적으로 불가능할 것이다.
하지만 일본과의 재통일은 모두에게 이익이 될 공산이 크다.
한국인과, 일본인, 북한인 모두에게 말이다.

⦿ 거대한 인류 역사 대변혁의 시작

한국과 일본은 각기 한 나라지만, 미국은 실제는 다국가 연합체다. 그런 국가연합 속에 한국과 일본과 대만이 그 일부가 되고, 동아시아의 일부 국가들을 추가로 들어오게 하고, 북한도 훗날 추가로 합쳐진다면, 우리는 강대한 나라의 국민으로서, 세계사의 주역의 위치에 설 수 있다. 낮과 밤조차 서로 다른 지구 반대편의 나라 간에 무슨 넘의 연합국가냐 고 할런지도 모르나, 같은 나라 내에서도 낮과 밤이 다른 나라가 있다.

또 미래 시대는 수상 부양식 교통 혁신이나, 에너지 혁신으로 인한 항공 운송 수단의 혁신 등으로 전 지구 1시간 생활권 시대가 올 것이다. 100년 전의 우리가 오늘날 같은 발전을 예상 못했듯이 미래 또한 그럴 것이며, 우리는 미래에 대비해야 하는 것이다.

그러는 과정 속에서 중국은 계속 낡은 공산주의를 끌고 갈 것인지, 자유민주 진영으로 전환할 것인지를 그들 스스로 선택 하게 될 것이며, 어느 쪽으로 가건 간에 분열이 발생할 가능성이 크다.

그러면 중국에서 이탈한 세력들도, 대연합에 참가 할 것인지, 빈깡통의 문명권에 머무를 것인지를 선택하게 될 수도 있고, 같은 분위기가 아시아 각지로 전달 될 수 있다.

세계사를 주도할 자유 대연합, 새로운 거대 문명권이 바로 작은 거인 한국을 중심으로 시작 되는 것이다.

역사상 패권국가의 지속 기간은 길어야 100여년 정도지만, 미국은 그 선진적인 시스템 상 선도국에서 쉽게 벗어나지는 않을 것으로 보인다. 미국의 쇠락은 우리에게 불행이 될 공산이 크지만, 미국이 쇠락한다면, 그 주도권을 중국에 넘겨줄 순 없다.

그것을 우리가 넘겨 받을 준비를 해야 하고, 또 한·미·일 연합국가가 미국의 쇠락을 막아줄 강력한 수단이 될 것이며, 지구대연합 시대의 주역으로 이어질 공산이 크다.

중국은 분열이나 붕괴될 공산이 더 크지만, 어떤 좌파 학자가 말한 것처럼, 한국은 중국 속으로 빨려 들어가는 성격도 없는 게 아니다. 그러면 우리의 대응 방향을 미리 정해야 하는데, 중국은 인류의 구심점이 될 만한 나라가 아니며, 세계사의 주도권은 한·미·일·대 연합 국가가 갖는 것이 인류의 이익에도 부합한다.

만약 미국과 멀어지는 사태가 생긴다면 우리의 희망은 일본 외에는 없다.

만약 한·일 연합국이 성공 했을 때 그 국호는 U·S·J·K가 아니라 U·S·K·J가 될 것이다. 그리 보는 이유는, 한국은 일본의 서쪽에 있는 바다를 일본더러 동해라고 부르라고 떼 쓰는 데서 보여지듯이, J가 먼저냐 K가 먼저냐 하는 쓸 데 없는 것에 집착하는 나라지만, 일본은 그렇지 않으니, 결국 일본이 양보 할거라 보기 때문이다.

미국도 바르기만 한 나라는 아니지만 그래도 초강대국이 될 만한 나라다. 그리고 일본은 그 미국에게 제대로 배운 나라다.

미국에 대적하는 나라를 용맹하다거나 부럽다고 말하는 분들이 있는데, 그 분들은 미국과 대적해 싸운다는 나라의 국민 인권이 어떤 상태인지도 같이 볼 수 있어야 한다.

⊙과거의 기백을 완전 상실한 참담한 우파

한국은 덩치 큰 조폭 두목에게 계속 뜯기기만 하는 노숙자 거지 신세였다가, 우여곡절 끝에 대기업의 하청업체로 급격히 성공한 나라다. 그 중간 과정에서 옆집 친척과 A 대기업이 다시 도와주어서 현재의 대기업 하청업체로 재기한 것이다.

때문에 언제 잘릴지 모르는 대기업의 하청 업체의 외줄타기를 계속할 것인지, 또 다시 조폭 두목의 졸개가 되어 조공을 바치고 큰절하며 연명할 것인지, 다시 옆집과 함께 더 강한 나라를 만들 것인지를 선택해야 할 시점인 것이다.

이 기본 분별을 못하고, 하청업체가 대기업 동업자보다 좋은 벼슬인 줄 알고, 독립 만세나 외치고 친일파 청산이나 떠드는 진보 간판의 수구파를 깨우쳐 주지 못하는 것은 우파 진영의 무능 때문이다.

일본과 함께 낡은 봉건 체제를 뒤엎고 이 땅을 자유와 인권의 세상으로 변혁시킨 참진보 세력, 친일파 혁명 세력의 기백이 현 우파에게는 없다.

없을 뿐만 아니라 오히려 좌파와 함께 일본을 욕하기도 하고 좌파를 흉내 내기도 한다. 우파가 어쩌다 이 꼴이 되어버렸는가?

⊙대만은 단 1초도 중국의 일부였던 적이 없다

중국은 하나의 중국을 외치면서 대만을 중국의 일부인 것처럼 왜곡하지만, 대만은 단 1초도 중국의 일부였던 적이 없다.

대만은 해양 태평양국가이며, 언어도 중국과 완전히 다르다.

대만의 다른 영어 명칭인 '포모사(Formosa)'도 1500년대 배를 타고 대만을 지나가던 포르투갈인들이 '일하 포모사(Ilha Formosa·아름다운 섬이란 뜻)'라고 명명한 것으로 이 역시 중국과 전혀 무관하다. 정확하게 말하면 중국은 점령한 적이 전무하고 청나라 한 나라 뿐이다.

명나라 부흥 운동을 벌이던 정성공(鄭成功)이 1661년 대만 일부를 점령했다가 1683년 청나라에 투항했고, 청나라는 1684년부터 청일전쟁 패전 직후인 1895년 일본에 영구할양할 때까지 211년간 대만을 다스렸던 게 전부인데, 청나라조차 200여년간 대만을 중요 영토로 여기지 않았다. 청일전쟁후 시모노세키 조약 협상 책임자인 리홍장(李鴻章)은 본국에 보고한 문서에서 '대만은 독(毒)이 만연한 황무지이고 미지의 섬이다. 섬에는 개화되지 않는 사람들이 살고 있고 버려도 아깝지 않은 곳'이라고 했다.

1722년 청나라 5대 황제인 옹정제도 '대만은 자고로 중국에 속하지 않았다'고 말한 게 증거다.

마오쩌둥(毛澤東)도 1947년 3월8일 옌안(延安)에서 '우리는 대만 독립을 찬성하고 대만이 스스로 자신들이 요구해온 나라를 건립하는데 찬성한다'고 밝혔다.

에드가 스노우가 쓴 〈중국의 붉은 별〉이란 책에도, 마오쩌둥은 1936년 7월16일 '대만의 독립을 지지한다'고 했다. 중국공산당이 대만을 독립된 별개의 지역으로 여겼다는 물증들이다."

중국이 '하나의 중국'을 외치기 시작한 것은 1954년 공산당 관영 인민일보가 시작이며, 단지 영토적 야욕, 침략자적 본성 때문이다.

무엇보다도 대만의 국민들이 자신들을 중국의 일부라고 여기지 않으며, 중국의 겁박 행위는 인간의 자유에 대한 중대한 도전이다.

한국,일본,대만은 민주정치,선진기술, 중국·러시아·북한과 인접해 있다는 공통점이 있다.

한국은 대만에 대해 거하게 뒤통수 때렸던 나라다.

그런데 만약 억만분의 일 확률로라도 대만이 중국에게 점령 당하는 사태가 생긴다면, 그 다음 순서는 바로 한국이라는 점 정도는 알아야 될 것이다.

만약 한·미·일·대 네 나라가 소프트파워적 국력을 공유하는 연합국가의 새미래를 이루어 낸다면, 아시아와 태평양의 자유와 번영을 더 촉진함은 물론 인류 역사 발전의 획기적인 전환점이 될 것이다.

⊙ 미국의 선택에 대한 종합적인 형세 분석

미국 입장에서 보면 한국은 참 골치 아픈 계륵 같은 나라다.

주요 군사 기술을 전수해 주려고 해도 믿을 만한 상대가 아니어서 전해 줄 수도 없다. 종북 좌파가 쉽게 득세하는 나라이니 좌파 정권이 북한이나 중국에 몰래 넘기지 말란 보장이 없기 때문이다.

미국 일각에서 아시아태평양의 한-미-일로 이어지는 방어망에서 Korea-Passing 하고서 미-일-호주로 바꾸자는 분위기도 그 때문이다. 하지만 미국은 그런 선택까지는 하기 어려울 것이다.

버릇을 고쳐주기 위해 어느 정도 곤경에 빠뜨릴 수는 있겠지만, 골치 아프다며 완전히 뺐다가 한국이 정말로 공산화 된다면, 미국의 위상은 급격히 낮아지고 현재보다 훨씬 더 골치 아파지기 때문이다.

때문에 극단적인 상황까지 가지 않는 한 미국은 한국이 밉더라도 쉽게 버릴 수는 없다.

단 극단적인 상황까지 가지 않는다는 전제다.

또 미국은 한미 연합을 거부하더라도 한일이 하나 되는 것을 싫어하지는 않을 것으로 보인다.

왜냐하면 과거 한국을 독립(=한일분단)시킬 때에는 일본 견제가 중요했었지만 지금은 중국 견제가 중요하기 때문이다.

⊙미래는 예측하는 것이 아니라 만들어 나가는 것이다.

현재 한국의 위치를 말하기 위해 앞에서 많은 설명을 했었다.
현재의 객관적 처지를 알아야 미래 선택에 도움 되기 때문이다.
한국은 굶어 죽는 노예였다가, 중견 기업의 주요 주주로 비약 성장한 후, 일약 거대 그룹의 2대 주주가 될 뻔 하다가, 부도나서 노숙자로 전락했었지만, 미국의 하청업체로 재기한 나라다.
그런데 보통 큰 돈을 버는 것은 원청업체이며, 하청으로는 크게 재미 보기가 어렵다. 그러니 민족이니 뭐니 따지지 말고 크게 뭉쳐서 다시 원청 대기업 하자는 소리다.

"야, 나 하청업체 싫어, 하청 말고… 우리 셋이서 동업하자"

반미니 반일이니 하면서 그 하청 업체에서까지 짤려 부도 날 짓 하는 좌파도 어리석지만, 대기업 구매 담당자에게 굽신거리는 우파도 문제 있으니, 대기업 오너에게 이렇게 타진할 필요가 있다는 소리다. 상대가 솔깃할 만한 빅딜 재료가 있음을 명확히 인식 하고서 말이다.
이 얘기를 대기업 오너가 먼저 꺼내기는 어렵다.
한일 통일 때도 우리가 먼저 꺼냈기 때문에 일이 쉽게 풀렸던 것이다.

"뭐? 동업하기 싫어? 그러면 우리…중국에 붙어버릴까?"

이런 뻥은 필요도 없이 말이 통할 공산이 크다.
만약에 진짜로 동업을 거부한다면? 그러면 진짜로 중국에 붙어버리는 모션을 취해가면, "야 농담이었어. 동업 하자니깐" 이러면서 찬성하게 되어 있다. 개인사건 국가사건 이치는 똑 같다.
그러면 반대하는 수구좌파는?

한국사 교과서가 수십 년간 싼 똥을 치우는 게 쉬운 일은 아니지만, 역사 조작의 똥을 꾸준히 치우면서 설득해 나가야 하는 것이다.

선진 강국과 합병되면 나라 빼앗기는 거라고?

우리 민족이 사라지는 거라고?

지금까지 말귀 충분히 알아 들었으면서, 장난 하지 말고~

한국사 교과서의 봉건지배층 중심주의 사기극은 시험 답안 쓸 때만 참고하고, 한쪽 귀로 흘려 보낸 후 현실을 냉정히 보아야 할 것이다.

작은 우리가 세계사를 선도할 가능성이 열려 있고 기회는 마냥 대기 하는 게 아니며, 우리는 인류사적 책임 또한 있다.

그런데 우리는 귀한 에너지를 헛된 곳에 쓰면서 아까운 시간을 허비하고 있는 상태다.

우리 후세들은 과연 우리에게 잘했다고 할까?

미래는 예측하는 것이 아니라, 만들어 나가는 것이다.

⊙ 새 시대와 새 미래의 개척은 정치인들의 전유물이 아니다.

새미래의 개척은 정치인들의 전유물이 아니다.

가령 한국 선수와 일본 선수가 경기를 하고 있다면, 일본 선수가 넘어지기를 바라거나 야유를 할게 아니라, 훌륭한 선수가 있다면, 응원해 주고 박수 쳐주면서, 국민 개개인이 주체가 되어서 인류 화합 시대를 열어 나가야 하는 것이다.

진정한 혁명은 의식 개혁에서 비롯되며, 국가의 품격도 세계사

의 주도국도 국민의 개별적인 인격들이 성숙 했을 때 비로소 찾아오는 것이다.

위대한 리더 또한 위대한 국민 속에서만 나올 수 있다.

국민 의식이 현 상태를 벗어나지 못한다면 리더의 수준도 같을 것이고, 설령 위대한 지도자가 나타났어도 국민들은 그를 밟아버릴 것이다.

먼저 우리도 높은 국민 의식을 가졌음을 보여 주어야 한다.

그러려면 최소한 '낡은 이념과 지역주의'에서 벗어났다는 정도라도 보여 주어야 한다. 우리의 가장 큰 문제는 국민 의식이다.

개혁도 정치인의 전유물이 아니다.

문제는 정치인이 아니라 국민이다.

우리는 이성계의 위화도 회군 이래, 줄곧 중국의 졸개로만 살아 왔으니, 중원을 장악할 기회가 없었다.

그러나 미래에는 중원 뿐만 아니라 전 지구의 장악도 가능하다.

성숙된 국민의 힘, 인류 화합의 힘으로 말이다.

언제까지 민족이니 친일파니 하는 낡은 진[성]보 놀음에서 허우적댈 것인가? 언제까지 아시아 대혁명을 가로막는 ttongcha로 남을 것인가?

우리가 반만 년간 움츠렸던 세계사의 변두리 촌동네 국가에서 세계사의 중심 세력으로 우뚝 섬과 동시에,

지구촌의 일원으로서 인류사적 책임을 다하고

인류 발전에도 크게 기여해 보려는

진짜 진보적인 마인드를 이제 가져 볼 만도 하지 않은가?

한국의 역사조작 이념사기극(3)

1판 1쇄	2022년 3월 2일	
지 은 이	이방주	
펴 낸 이	새미래북스	
등 록 일	2022년 01월 25일	
등 록 번호	제2022-000018호	
주 소	경기도 파주시 중앙로 308, 1305호(현대금촌타워)	
대표 전화	0505-815-1472	
팩 스	0505-747-1472	
이 메 일	smrbooks@naver.com	
가 격	15,000원	

ISBN 979-11-977759-2-5
주문,후원:농협 301-0274-7182-11
             (새미래북스)
*파손된 책은 교환해 드립니다.